Bauten der sowjetischen und russischen Staatssicherheit

Straflager, Wohnhäuser und Verwaltungsgebäude

Bauten der sowjetischen und russischen Staatssicherheit

Straflager, Wohnhäuser und Verwaltungsgebäude

Dmitrij Chmelnizki

Vorwort

Zwei Jahrzehnte nach Putins Amtsantritt hat die russische Geheimpolizei, der »Föderale Dienst für Sicherheit der Russischen Föderation« (*Federalnaja sluschba besopasnosti Rossijskoi Federazii*, FSB), eine ähnliche Stellung inne wie seine Vorgänger (OGPU-NKWD-MGB) in der Stalinzeit. Sie ist zur mächtigsten Behörde des Landes geworden, die fast alle anderen staatlichen Behörden, die Wirtschaft, die Wissenschaft, das Bildungswesen, die internationalen Beziehungen und den Kampf gegen Andersdenkende überwacht und kontrolliert. Der FSB ist zusammen mit dem Auslandsgeheimdienst (*Sluschba Wneschnei Raswedki*, SWR) und dem militärischen Geheimdienst (*Glawnoje Raswedywatelnoje Uprawlenije*, GRU) auch im Bereich der Auslandsaufklärung tätig.

Die Zahl der FSB-Mitarbeiter in den Zwanzigerjahren des 21. Jahrhunderts (bis zu eine halbe Million, einschließlich des militärischen Personals) ist vergleichbar mit der des NKWD in den späten Dreißigerjahren des 20. Jahrhunderts, wobei das heutige Russland weniger Einwohner hat als die damalige Sowjetunion.

Die Ära Putin hat auch der Architektur der Sicherheitsbehörden eine Renaissance gebracht. Im ganzen Land, in vielen zentralen und regionalen Städten, werden Verwaltungs-, Bildungs- und Wohnbauten des FSB errichtet. Anders als zu Stalins Zeiten gibt es keinen einheitlichen Stil, so dass sich die örtlichen Sicherheitsbehörden nach Herzenslust verwirklichen können, auch wenn – in bester stalinistischer Tradition – neoklassizistische Bauten mit Säulenportikus und Empire-Dekor vorherrschen. Umso interessanter ist es heute, die Geschichte der Bautätigkeiten der sowjetischen und der russischen Sicherheitsdienste nachzuzeichnen, die seit mehr als 100 Jahren nicht unterbrochen worden ist.

Die Rolle, die die Staatssicherheitsbehörden in der sowjetischen Architekturgeschichte spielten, wird nicht nur unterschätzt. Sie wurde zu Sowjetzeiten sorgfältig verborgen und in den folgenden Jahrzehnten von der Forschung ignoriert. Doch tatsächlich ist diese Rolle nicht nur groß, sondern sogar von entscheidender Bedeutung. Das Phänomen einer »Architektur der Staatssicherheit« und einer »Architektur des GULAG« hat es so in der Geschichte der Menschheit zuvor noch nicht gegeben.

Nahezu alle ab den frühen Zwanzigerjahren maßgeblichen sowjetischen Architekten arbeiteten mit der sowjetischen Geheimpolizei zusammen, führten deren Aufträge aus und standen unter ihrer Kontrolle. Diese Behörde war die reichste und einflussreichste des Landes. Sie hatte die Möglichkeit, schnell und in hoher Qualität viel zu bauen, und die Freiheit, jeden gewünschten Architekten zu beauftragen.

So enstanden viele Wohn-, Verwaltungs- und Sportbauten sowie öffentliche Gebäude, die heute zu den besten und bekanntesten sowjetischen Architekturdenkmälern zählen, im Auftrag und unter der Kontrolle der OGPU beziehungsweise des NKWD. Zugleich wurde ihre Zugehörigkeit zu dieser Behörde in der Sowjetzeit geheim gehalten und bis heute nie publik gemacht oder gar untersucht.

Darüber hinaus standen dem sowjetischen Geheimdienst ein Vierteljahrhundert lang, vom Beginn der Dreißiger- bis zur Mitte der Fünfzigerjahre, Millionen von

Zwangsarbeitern und GULAG-Häftlingen zur Verfügung. Mit deren Arbeitskraft realisierten die Staatssicherheitsbehörden im Auftrag der Regierung Abertausende Industrieanlagen, Bergwerke und Kanäle, nahmen Rodungen vor, entwickelten Agrarbetriebe sowie vieles mehr. Die der Staatssicherheit unterstellte Verwaltung umfasste ein weitläufiges Gebiet mit einem ausgedehnten Netz von Konzentrationslagern und Siedlungen für Wachleute und freie Arbeiter. Ausgehend von den großen Lagerzentren entstanden in der Stalinzeit Industriestädte in Nordeuropa, Sibirien und im Fernen Osten. Alle damit zusammenhängenden städtebaulichen und architektonischen Aufgabenstellungen lösten die Staatssicherheitsbehörden mithilfe ihrer eigenen Planungsbüros und ihrer eigenen Architekten, die sowohl Häftlinge als auch Freie waren. In jedem großen Lager gab es Projektierungsbüros, die für dessen gesamte Gestaltung verantwortlich waren. Hunderte Menschen waren dort beschäftigt. Das enorme Ausmaß der Bauarbeiten im GULAG war ein absolutes Geheimnis. Die Entwürfe und auch die Gebäude wurden nicht in der Presse veröffentlicht, ebenso wenig die Namen der Architekten.

Zugleich ist die immense, vielfältige Architektur der Lager auch von künstlerischem Interesse. Die Architekten, sowohl die freien als auch die internierten, arbeiteten unter geradezu mittelalterlichen Bedingungen. Sie waren vollständig der Gnade der örtlichen Lagerkommandanten ausgeliefert. Zugleich entgingen sie jedoch der zentralisierten, vereinheitlichenden Zensur, der die gesamte sowjetische Architektur in der Außenwelt ab 1932 unterworfen war. In den Siedlungen für die Lagerwaltungen entstanden daher mitunter unerwartete, individuelle Gebäude, die in den »normalen« sowjetischen Städten so nicht hätten gebaut werden dürfen.

Das vorliegende Buch ist der erste Versuch einer umfassenden Studie über die Bautätigkeiten der sowjetischen beziehungsweise russischen Staatssicherheitsbehörden. Die Untersuchung hat folgende Ziele:

1) die Entwicklung des Systems der Planungsbüros der Staatssicherheit darzulegen;
2) die Typologie der architektonischen Gestaltung für die staatlichen Sicherheitsbehörden verständlich darzustellen und die interessantesten und charakteristischsten Projekte und Bauten vorzustellen;
3) die städtebaulichen und architektonischen Aspekte des GULAG zu analysieren;
4) die interessantesten Biografien sowohl von freien als auch von internierten Architekten im Dienst der Staatssicherheit kurz darzulegen;
5) die Kontinuität zwischen der Architekturtradition der sowjetischen Staatssicherheit und der Architektur des FSB in der Ära Putin aufzuzeigen.

Es bleibt zu hoffen, dass die Traditionen der sowjetischen und der russischen Staatssicherheitsdienste sowie ihre über ein Jahrhundert währende (nicht nur architektonische) Geschichte bald ein Ende finden werden.

I. Kurze Geschichte der sowjetischen und russischen Staatssicherheit

1 Die Staatssicherheitsbehörden im ersten Jahrzehnt der Sowjetmacht

Die Notwendigkeit einer politischen Polizei ergab sich für die Bolschewiken unmittelbar nach ihrer Machtergreifung im Oktober 1917. Die Diktatur der Partei (die im Parteijargon als »Diktatur des Proletariats« bezeichnet wurde) brauchte mehr als eine reguläre Polizei, um ihre Sicherheit zu gewährleisten. Das Verbot von politischen Freiheiten konnte nicht ohne Repressionen gegen alle anderen politischen Parteien und politischen Gegner im damaligen Russland durchgesetzt werden.

Unmittelbar nach dem Staatsstreich, am 26. Oktober (8. November) 1917, wurde das Volkskommissariat für Innere Angelegenheiten der Russischen Sozialistischen Föderativen Sowjetrepublik (NKWD RSFSR) gegründet. Zwei Tage später, am 28. Oktober, erließ das NKWD ein Dekret über die »Aufstellung einer Arbeitermiliz«. Zu den Aufgaben des NKWD gehörten:

- Organisation, Rekrutierung und Kontrolle der Aktivitäten der örtlichen Sowjets;
- Überwachung der Ausführung von Anordnungen der Zentralregierung an Ort und Stelle;
- Schutz der »revolutionären Ordnung« und Gewährleistung der Sicherheit der Bürger;
- allgemeine Verwaltung der beruflichen, finanziellen und wirtschaftlichen Tätigkeiten der Polizei, der Strafvollstreckung und der Feuerwehr;
- Verwaltung der kommunalen Wirtschaft.

Die Bekämpfung politischer Gegner gehörte nicht zu den Aufgaben des NKWD, so dass der Rat der Volkskommissare der RSFSR (SNK RSFSR) bereits am 7. (20.) Dezember 1917 die Gründung der Allrussischen Außerordentlichen Kommission zur Bekämpfung von Konterrevolution, Spekulation und Sabotage (WeTscheKa) unter dem Vorsitz von Felix Dserschinski beschloss. Die WeTscheKa war nicht Teil des

NKWD, im März 1919 wurde Dserschinski jedoch zum Volkskommissar für innere Angelegenheiten ernannt, behielt aber auch den Vorsitz der WeTscheKa.

Im August 1918 erhielt die TscheKa die Bezeichnung »Allrussische Außerordentliche Kommission beim SNK zur Bekämpfung von Konterrevolution, Spekulation und Verbrechen von Amts wegen«. Es entstanden Provinzkommissionen für Notfälle, Sonderabteilungen der TscheKa in der Roten Armee, bei den Eisenbahnen usw.

1918 wurde der sogenannte rote Terror ausgerufen, der auch von den Organen der TscheKa ausgeführt wurde. Ab Februar 1918 waren sie zu summarischen Hinrichtungen berechtigt. Laut SNK-Erlass »Sozialistisches Vaterland in Gefahr« vom 21. Februar 1918 waren »feindliche Agenten, Profiteure, Rowdys, konterrevolutionäre Agitatoren und deutsche Spione bei Sichtkontakt zu erschießen«[1].

Mit der Einführung des ersten Strafgesetzbuchs der RSFSR im Mai 1922, das die Verantwortlichkeit für »konterrevolutionäre Aktivitäten« festschrieb (§ 58 mit zahlreichen Klauseln), erlangten die Sicherheitsdienste einen Anschein von Legalität. Darüber hinaus enthält das Gesetzbuch Paragraphen, die die Verbreitung unerwünschter Informationen unter Strafe stellten: § 69: »Antisowjetische Agitation und Propaganda«; § 70: »Propaganda und Agitation zur Unterstützung der internationalen Bourgeoisie«; § 72: »Herstellung, Aufbewahrung und Verbreitung konterrevolutionärer Literatur«; § 73: »Gerüchte und Verbreitung unwahrer Gerüchte oder ungeprüfter Daten zu konterrevolutionären Zwecken, die Panik oder Misstrauen hervorrufen und die Behörden in Misskredit bringen können«.

Im nächsten Strafgesetzbuch der RSFSR aus dem Jahr 1926 findet sich der Paragraph 58-10, der »Propaganda oder Agitation, die zum Sturz, zur Untergrabung oder zur Schwächung der Sowjetmacht oder zur Begehung bestimmter konterrevolutionärer Verbrechen aufruft, sowie die Verbreitung oder Herstellung oder Lagerung von Literatur gleichen Inhalts« unter Strafe stellte. Diese betrug mindestens sechs Monate Haft. Paragraph 58 fand Eingang in die Strafgesetzbücher der Unionsrepubliken (manchmal unter anderen Nummern), wurde mehrmals überarbeitet und erst 1961 abgeschafft. Im Strafgesetzbuch der RSFSR von 1961 ist er durch die Paragraphen 64 bis 88 ersetzt, als Teil des Kapitels »Staatsverbrechen«. Es gab zwei Strafen für »Antisowjetismus«, festgelegt in § 70 (»Antisowjetische Agitation und Propaganda«, bis zu sieben Jahre Haft) und in § 190 (»Verbreitung bewusst falscher Informationen, die den sowjetischen Staat und die Gesellschaftsordnung diskreditieren«, bis zu drei Jahre Haft).

Beide Paragraphen wurden unter Gorbatschow am 11. September 1989 abgeschafft. Dies hatte zur Folge, dass in der UdSSR ab sofort eine unabhängige Presse sowie Rede- und Versammlungsfreiheit und politische Betätigung möglich waren. Innerhalb weniger Monate ging die sowjetische Regierung und mit ihr die Kommunistische Partei unter. Das Sowjetregime hatte vom ersten bis zum letzten Moment seines Bestehens ausschließlich auf politischem Terror beruht und zerbrach, als die Sicherheitsbehörden die Macht verloren, die Bevölkerung für »falsches« Denken zu bestrafen. Erst unter Putin, als die Diktatur nach Russland zurückkehrte und die bürgerlichen Freiheiten wieder abgeschafft wurden, erhielten sie diese Machtbefugnisse zurück.

Der Kampf gegen politische Gegner und Dissidenten war ursprünglich die zentrale Aufgabe der staatlichen Sicherheitsbehörden der Sowjetunion. Aber es war nicht ihre einzige Funktion.

Im Dezember 1920 wurde die Auslandsabteilung (INO) der WeTscheKa gegründet. Sie war zuständig für die Aufklärung, Sabotage, Agentenanwerbung und Wirtschaftsspionage im Ausland. All diese Aufgaben nimmt nach wie vor der Auslandsgeheimdienst (SWR) wahr, der 1991 aus dem reformierten und umbenannten KGB ausgegliedert wurde.

1922 wurde die WeTscheKa in die Staatliche Politische Abteilung (*Gossudarstwennoje polititscheskoje uprawlenije*, GPU) beim NKWD der RSFSR umgewandelt, die NKWD-Truppen wurden zu GPU-Truppen. So wurden die Verwaltungen der Polizei und der Staatssicherheit in einer Behörde konzentriert.

Mit der Gründung der UdSSR im Dezember 1922 wurde die Vereinigte Staatliche Politische Abteilung (*Objedinjonnoje gossudarstwennoje polititscheskoje uprawlenije*, OGPU) beim Rat der Volkskommissare (SNK) der UdSSR geschaffen. Sie umfasste die GPU der Unionsrepubliken, die den Kommissariaten für innere Angelegenheiten (NKWD) der Unionsrepubliken unterstellt waren. Dadurch wurde den Regierungen der Unionsrepubliken die Kontrolle über die lokalen Sicherheitsbehörden entzogen. 1924 wurden die Polizei und die Schutzpolizei operativ der OGPU der UdSSR und ihren lokalen Einheiten unterstellt.

Nach der Auflösung der Volkskommissariate für innere Angelegenheiten in den Unions- und Autonomen Republiken erließen das Zentrale Exekutivkomitee der UdSSR und der Rat der Volkskommissare (SNK) der UdSSR 1930 das Dekret »Über die Verwaltung der Polizei und der Kriminalpolizei durch die OGPU«, das die Polizei, die Schutzpolizei und deren Agentennetze vollständig der OGPU unterstellte.

Zu diesem Zeitpunkt hatte sich die OGPU unter Beibehaltung ihrer früheren Funktionen als politische Polizei und Nachrichtendienst bereits zu einer völlig anderen Behörde entwickelt, die schnell wuchs. 1928 begann Stalins Industrialisierungspolitik und die OGPU wurde beauftragt, sie mit Arbeitskräften zu versorgen. In kürzester Zeit entwickelte sich die OGPU zu einem riesigen Produktionsbetrieb, der Hunderttausende Zwangsarbeiter beschäftigte.

2. Industrialisierung und Staatssicherheit

Die stalinistische Industrialisierung der späten Zwanziger- und der Dreißigerjahre wurde in der sowjetischen Geschichtsschreibung (wie auch in der sowjetischen Propaganda) traditionell als Methode beschrieben, die Wirtschaft der UdSSR auf Weltniveau zu heben. Dies war offenkundig unwahr.

Unter normalen Bedingungen geht ein Wirtschaftswachstum mit der Entwicklung des Handels und der Infrastruktur, einer Zunahme des Konsums der Bevölkerung und einer Steigerung des allgemeinen Lebensstandards einher. Und die Industrialisierung der Volkswirtschaft bedeutet in erster Linie die Industrialisierung der Produktion von Konsumgütern.

In der UdSSR war jedoch das Gegenteil der Fall. Das starke Wachstum der Produktivkräfte ging einher mit der Liquidierung des Handels, einem hohen Rückgang der Produktion von Konsumgütern, einem Rückgang des Konsums selbst auf ein Minimum und demzufolge einer katastrophalen Verringerung des Lebensstandards der Bevölkerung. Die sowjetische »Industrialisierung« hatte nichts mit der Entwicklung der Wirtschaft des Landes zu tun, im Gegenteil: Sie schloss sie aus. Die ersten Fünfjahrpläne sahen vor, die größte technisierte Armee der Welt aufzubauen, mit allem, was dazugehört. Dies sollte innerhalb von etwa zehn Jahren erfolgen, das heißt: innerhalb von zwei Fünfjahrplänen.

Im Rahmen der Neuen Ökonomischen Politik (*Nowaja ekonomitscheskaja politika*, NEP) standen Stalin die Mittel zur Realisierung dieser Pläne nicht zur Verfügung und konnten auch nicht bereitgestellt werden – weder Finanzen noch Arbeitskräfte. Die Steuern und die Einnahmen aus der verstaatlichten Großindustrie, der privaten Landwirtschaft, der privaten Kleinindustrie und dem Handel reichten kaum aus, um den Staatsapparat aufrechtzuerhalten und die vorhandene Rüstungsindustrie auf dem gleichen, mehr oder weniger sicheren Niveau zu halten wie in den umliegenden Ländern. Erste Versionen der Konzepte für den ersten Fünfjahrplan wurden ab 1926 parallel im Obersten Sowjet der Volkswirtschaft (WSNCh, für die staatliche Industrie, Leiter: Abram Ginsburg) und im Gosplan der UdSSR (für die gesamte Volkswirtschaft, Leiter: Stanislaw Strumilin) entwickelt. Im Mai 1929 verabschiedete der V. Allrussische Sowjetkongress den ersten Fünfjahrplan, der mit den ersten Entwurfsfassungen jedoch wenig gemein hatte. Insgesamt gab es sechs oder sieben Varianten, die unter zunehmendem Druck des stalinistischen Flügels im Politbüro entstanden waren.

In diesen vier Jahren hatte sich in der UdSSR ein Wechsel des staatlichen Systems und der staatlichen Wirtschaftsprinzipien vollzogen, und dementsprechend hatten sich auch die Ziele und Methoden des ersten Fünfjahrplans geändert. Die Diktatur des Politbüros, das nach Lenins Tod eingerichtet worden war und dessen Mitglieder sich in ihren Ansichten über die künftige Wirtschaftspolitik der Sowjetregierung nicht einig waren, wurde durch die Ein-Mann-Diktatur Stalins ersetzt.

Den Wunsch, Lenins Neue Ökonomische Politik fortzusetzen und weiterzuentwickeln, der von »rechten« Kommunisten, die bis 1928 im Politbüro saßen, verteidigt worden war, ersetzte das stalinistische Ziel, die NEP abzuschaffen, die Zwangsarbeit einzuführen und alle Ressourcen auf den Aufbau einer (de facto militärischen) Schwerindustrie zu konzentrieren, die keineswegs auf die Versorgung der Bevölkerung mit dem Lebensnotwendigen ausgerichtet war.

Die ersten Varianten der Fünfjahrpläne der Verfechter der NEP gingen von einem ausgewogenen Wachstum von Landwirtschaft und Industrie aus, die sich gegenseitig mit den notwendigen Ressourcen versorgten, sowie infolgedessen auch von einer allmählichen Steigerung des Lebensstandards der Bevölkerung. Die Expansionspläne der Bolschewiken und die Träume von der »Weltrevolution« waren allen sowjetischen Funktionären gleichermaßen nahe. Die »Rechten« unter der Führung des sowjetischen Ministerpräsidenten Alexei Rykow (zu denen auch Dserschinski gehörte, der ab 1924 die Leitung der OGPU mit dem Amt des Vorsitzenden des Obersten Sowjets der Volkswirtschaft verband) waren nicht dazu bereit, die junge sowjetische Wirtschaft zu ruinieren, um das Land zu militarisieren, wie es die »Linken« unter der Führung von Leo Trotzki forderten. Stalin stellte sich im innenpolitischen Kampf zunächst auf die Seite der Rechten, doch nach Trotzkis Entmachtung erlangte er die Mehrheit im Politbüro und damit die absolute Macht. Er begann, Trotzkis Ideen umzusetzen, und zwar in extremster Form. Dserschinski starb 1926, und Walerian Kuibyschew, der ihm als Vorsitzender des Obersten Sowjets der Volkswirtschaft folgte, war Stalins Mann.[2]

Der 1929 verabschiedete Fünfjahrplan hatte bereits jeden Bezug zu sinnvollen wirtschaftlichen Berechnungen verloren. Er kombinierte hohe, um jeden Preis zu erreichende Wachstumsziele für die Industrie mit bewusst unrealistischen, weit hergeholten Wachstumszielen für Arbeitsproduktivität, Konsumgüter, Wohnungsbau usw. Die Umsetzung von Stalins Plänen für die industrielle Produktion konnte nur auf Kosten der Bevölkerung erreicht werden.

1931 wurden die ersten Autoren der Fünfjahrpläne, darunter auch Ginsburg, in den »Menschewiki-Prozessen« vor Gericht gestellt und zu mehrjährigen Haftstrafen verurteilt. Diejenigen, die verschont geblieben waren, lebten den Aphorismus, der dem ehemaligen Gosplan-Direktor Strumilin zugeschrieben wird: »Es ist besser, für hohe Preise zu stehen, als für niedrige zu sitzen.«

Die sowjetische Repressionspolitik der späten Zwanziger- und der Dreißigerjahre war im ersten und in den folgenden Fünfjahrplänen in den Bereichen vorgesehen, die sich mit der geplanten Zunahme der Stadtbevölkerung, der Reduzierung der Landbevölkerung und der Versorgung von Baustellen mit Arbeitskräften befassten. Diese Prozesse hatten nichts Natürliches an sich. Neue Industriebetriebe wurden in der Nähe von Rohstoff- und Energievorkommen angesiedelt; die Verfügbarkeit von Arbeitskräften blieb dabei außer Acht, diese sollten in der erforderlichen Anzahl beschafft werden. Ende der Zwanzigerjahre gab es in der UdSSR jedoch keine Reserven an freien Arbeitskräften in dieser Menge. Die einzige Möglichkeit, dieses Problem zu lösen, bestand darin, die Landbevölkerung und »überflüssige« Stadtbewohner zwangsweise zu den Baustellen zu transportieren. Dies erfolgte durch die OGPU.

Demselben Ziel diente die von Stalin 1928 eingeleitete Kollektivierung der sowjetischen Landwirtschaft. Die verschiedenen Formen von Kolchosen, die Mitte der Zwanzigerjahre existierten und etwa zwei Prozent der Bauernschaft ausmachten, waren zu diesem Zeitpunkt wirtschaftlich bereits völlig ruiniert. Trotz staatlicher Subventionen war ihre Produktivität wesentlich geringer als die der privaten Betriebe. Alle Ökonomen, die die Fünfjahrpläne erarbeiteten, waren sich dessen bewusst. Mit der Kollektivierung der ländlichen Gebiete beabsichtigte die Regierung nicht, die landwirtschaftliche Produktion zu steigern – das würde durch gegenteilige Maßnahmen erreicht werden. Vielmehr ging es um eine Erhöhung der Nahrungsmittelproduktion, die die Behörden praktisch kostenlos und ohne organisatorische Schwierigkeiten vom Land abzuziehen beabsichtigten. Dieser Trick würde jedoch bei Privatbetrieben nicht funktionieren. Die »Vergesellschaftung« der bäuerlichen Betriebe löste zwar die Probleme der Regierung, führte aber automatisch zur Schwächung der Landwirtschaft insgesamt und zu einem starken Rückgang der landwirtschaftlichen Produktion.

Die Kolchosen wurden bewusst so organisiert, dass es dem Staat so leicht wie möglich fiel, alle landwirtschaftlichen Erzeugnisse einzuziehen und die Arbeitskräfte beliebig zu dirigieren. Aus den von der Partei beauftragten Kolchosen konnte eine beliebige Anzahl von Arbeitskräften für den Bau von Industrieanlagen, Rodungen, den Straßenbau etc. abgestellt werden. Dies geschah unter anderem in Form von Deportationen der sogenannten Kulaken, Zwangsrekrutierungen und der »Mobilisierung« von Saisonarbeitern. Die Vorsitzenden der Kolchosen wurden lediglich angewiesen, eine bestimmte Menge an Arbeitskräften bereitzustellen, für die der Staat die Kolchosen bezahlte. Ohne den Terror der OGPU hätte ein solches System nicht funktionieren können.

In dem 1927 von Gosplan unter der Leitung von Stanislaw Strumilin ausgearbeiteten Fünfjahrplan wurde die Zunahme der Stadtbevölkerung während des avisierten Zeitraums auf eine Million Menschen, der Zustrom der Landbevölkerung in die Städte auf 500.000 pro Jahr oder noch weniger geschätzt.[3] Diese Daten spiegeln die natürlichen Prozesse der Migration in die Städte Mitte der Zwanzigerjahre wider. Nach Stalins Fünfjahrplan von 1929 sollte die städtische Bevölkerung bis 1931/32 auf 34,7 Millionen Menschen anwachsen, das heißt um 6,8 Millionen (24,4 Prozent Wachstum, jährliche Zunahme um 1,4 Millionen Menschen).

Nach den Ergebnissen des ersten Fünfjahrplans zählte die Stadtbevölkerung 38,7 Millionen Menschen im Jahr 1932,[4] was einem Anstieg von 13 Millionen gegenüber 1927 entspricht. Die Landbevölkerung sank von 119,9 Millionen Menschen im Jahr 1927 auf 117,2 Millionen (der Plan von Ginsburg hatte einen Anstieg auf 130,1 Millionen Menschen vorgesehen). Die Kolchosbevölkerung wuchs ab 1928 um das 33-fache (von 2 Millionen auf 66,7 Millionen Personen).[5] Die Zahl der Beschäftigten in der (Schwer-)Industrie hatte sich seit 1928 auf 6,311 Millionen verdoppelt.[6]

Die Gesamtzahl der Lohnempfänger war um elf Millionen gestiegen. Privater Handel und Kleinindustrie waren fast vollständig verschwunden. Die in diesen Betrieben beschäftigten Personen wurden als Lohnarbeiter im allgemeinen

Wirtschaftssektor eingesetzt. Infolgedessen stellte die UdSSR die Produktion fast aller Konsumgüter ein, die zuvor von der mittelständischen Industrie und vom privaten Handel hergestellt worden waren. Der private Handel wurde 1930 durch geschlossene Verteilerzentren ersetzt, die nur ihre Angestellten und Arbeiter mit Lebensmitteln und Grundversorgungsgütern belieferten. Der Lebensstandard sank auf das niedrigstmögliche Niveau und sogar noch tiefer – dies führte zu den unzähligen Opfern der großen Hungersnot von 1931–1933. Doch es waren nicht nur die Bauern in erster Linie von der Kollektivierung betroffen, sondern auch die Stadtbewohner: Ihr (Über-)Leben hing von Lebensmittelkarten ab, die ausschließlich in den Fabriken zu beziehen waren.

So gelang es der sowjetischen Regierung mithilfe eines leistungsfähigen Bestrafungssystems, der OGPU, bis zum Ende des ersten Fünfjahrplans (1928–1932) die gesamte städtische und ländliche Bevölkerung der Sowjetunion zu unterwerfen und ihr die Umsetzung ihrer Industrialisierungspläne aufzuzwingen. Ab 1928 funktionierte die sowjetische Wirtschaftsplanung ungehindert, wobei Millionen von Menschen willkürlich über das Land verteilt und/oder für die industrielle Produktion aus der Landwirtschaft abgezogen wurden.

Ein charakteristisches Beispiel hierfür sind die Berechnungen der Arbeitskraftressourcen der Uralregion im zweiten Fünfjahrplan, die 1932 in der Publikation *Ural w plane Uralo-Kusnezkogo Kombinata* (*Der Ural im Plan des Ural-Kuznezk-Kombinats*) von B. I. Ewentschik veröffentlicht wurden. Das Buch basiert auf im Herbst 1930 erschienenen Berichten des Autors. Nach den Angaben des Ural-Plans sollte die Bevölkerung der Region, die 7,686 Millionen im Jahr 1931 betrug, bis 1938 auf 11,023 Millionen ansteigen, das heißt um 3,337 Millionen.[7] Zugleich wurde das natürliche Bevölkerungswachstum auf nur 1,282 Millionen geschätzt:

»Darüber hinaus ist ein Zuzug von Menschen von außerhalb der Region in Höhe von 2.055 Tausend Menschen geplant, davon 1.478 Tausend im arbeitsfähigen Alter. Nur unter dieser Bedingung, aber auch unter der Bedingung der vollständigen Einbeziehung der Frauen in die Produktion, unter der Bedingung der Reduzierung der in der Landwirtschaft Beschäftigten von 1.976 Tausend im Jahr 1931 auf 1.185 Tausend im Jahr 1937 und der Freisetzung von 919 Tausend Menschen aus der Landwirtschaft für die Industrie – nur unter solchen Bedingungen kann der Bedarf des Urals an Arbeitskräften gedeckt werden.«[8]

Die Erfüllung des zweiten Fünfjahrplans (1932–1937) war also an die Zwangsumsiedlung von zwei Millionen Menschen in den Ural innerhalb von sieben Jahren und den Abzug von fast einer Million Menschen aus der Landwirtschaft in der Uralregion gebunden. Dabei wurde von einer 100-prozentigen Beteiligung von Frauen an der Produktion ausgegangen. Ewentschik verliert kein Wort über die Methoden zum Erreichen dieser Ziele, aber diese waren weder für den Autor noch für die Leser ein Geheimnis.

In den sowjetischen Publikationen, die im Zeitraum des ersten Fünfjahrplans erschienen, ist es äußerst schwierig (und in den späteren Veröffentlichungen erst recht), Hinweise auf die tatsächlichen Ziele und Methoden der Zerschlagung der

Sozialstruktur des Landes und der Einführung der massenhaften Zwangsarbeit zu finden. Eine Ausnahme stellt Emmanuil Kwirings Buch *Sadatschi postrojenija sozialisma w SSSR. O generalnom plane na 10–15 let* (*Die Aufgaben des Aufbaus des Sozialismus in der UdSSR. Über den Generalplan für 10–15 Jahre*) von 1931 dar. Der Autor war zum Zeitpunkt der Abfassung des Buchs stellvertretender Vorsitzender von Gosplan der UdSSR sowie davor, 1925–1927, Erster Sekretär des ZK KP (b) der Ukraine.

Kwiring listet alle Formen von Zwangsarbeit auf, die in jener Zeit entwickelt und angewandt wurden: planmäßige Zwangsumsiedlung von Arbeitern im gesamten Land, Zwangszuweisung von Arbeitern durch Kolchosen für den Städtebau, »Mobilisierung« von Arbeitskräften, Arbeitsarmeen, allgemeine Wehrpflicht, Einsätze von »Sondersiedlern« und Häftlingen:

»Es ist sehr wahrscheinlich, dass neben der organisierten Zuteilung von überschüssigen Arbeitskräften durch die Kolchosen für den Einsatz auf dem Bau auch die Frage der Mobilisierung von Arbeitsarmeen aufgeworfen werden muss. (...) Es ist durchaus möglich, dass es in den kommenden Jahren zur Regulierung des Arbeitsmarkts notwendig sein wird, Gruppen von Arbeitnehmern zu schaffen, die in schwächeren Bereichen eingesetzt werden können. (...) Es gibt die Frage der Arbeitspflicht für alle Bürger – sowohl für Männer als auch für Frauen – ab einem bestimmten Alter. Die Erfahrung wird zeigen, ob sechs Monate oder ein Jahr ausreichen. Eine solche Armee von einigen Hunderttausend Menschen würde vollkommen genügen, um den richtigen Einsatz der Arbeitskräfte im ganzen Land zu regulieren. (...) Die Frage der Zwangsarbeit für sozial gefährliche Elemente lasse ich hier beiseite. Nach der Abschaffung der Klassen wird es noch viele Jahre das Problem der ehemaligen Grundbesitzer, Kapitalisten, Kulaken und Nepmans [Geschäftemacher, d. h. private Händler] geben. (...) Der Kampf endet hier nicht mit der Abschaffung der Klassen. Diejenigen, die liquidiert wurden, wollen die Tatsache nicht akzeptieren, dass sie ehemalige Bürger sind. Und wenn sich die kapitalistischen Länder gegen uns erheben, werden diese Ex-Bürger noch aktiver werden.

Wir müssen jede Möglichkeit verhindern, dass uns diese Gruppe in den Rücken fällt. Zugleich müssen wir sie in einen funktionierenden Zustand versetzen, damit sie nicht zu Parasiten werden. (...) Ich habe oben bereits über ›rechtsfreie Räume‹ geschrieben. Solche Bereiche, so scheint mir, werden ganz natürlich aus den heutigen Konzentrationslagern hervorgehen. (...) Anders als in der Kommune der Zukunft werden die Menschen in solchen Bereichen erstens ein eingeschränktes Bewegungsrecht haben, zweitens wird ihnen das Wahlrecht vorenthalten und drittens wird der Staat durch Kommissare die wirtschaftliche Arbeit lenken.«[9]

Es ist anzunehmen, dass Kwirings Buch unter Umgehung der Zensur veröffentlicht wurde. Begriffe wie »Konzentrationslager«, »Arbeitsdienst« und »Arbeitsarmeen« sind in späteren (und auch früheren) sowjetischen Publikationen sehr selten zu finden. Darüber hinaus ist davon auszugehen, dass Kwirings Ausführungen die Diskussionen über den Einsatz von Arbeitskräften widerspiegeln, die 1930–1931 in der Parteispitze geführt wurden. Offenbar erwog man ernsthaft die Einführung eines allgemeinen Arbeitsdienstes für sechs Monate bis ein Jahr. Vorrang hatte jedoch die Schaffung von Arbeitsarmeen, bestehend aus Häftlingen und »Sondersiedlern« (d. h. zwangsumgesiedelten Personen). Die »Hauptverwaltung der Lager« (*Glawnoje Uprawlenije Lagerej*, GULAG) wurde im April 1930 eingerichtet,[10] als Kwirings Buch gerade verfasst beziehungsweise zur Veröffentlichung vorbereitet wurde.

Laut dem Historiker Pawel Poljan wurde die Idee der Zwangsarbeit und der Zwangsumsiedlung »erstmals 1928 von N. M. Janson, dem stellvertretenden Kommissar der Arbeiter- und Bauerninspektion der RSFSR, geäußert, der den verstärkten Einsatz von Sträflingsarbeitern (›kriminellen Häftlingen‹) bei der Erschließung entlegener Gebiete, insbesondere in der Forstwirtschaft, vorschlug. 1930 analysierte er (bereits als Justizkommissar der RSFSR) die neuesten Entwicklungen im Gefängnis- und Lagersystem der RSFSR für das Jahr 1929 und konstatierte insbesondere eine allgemeine Zunahme der Zahl der Verurteilten (bis zu 1,2 Millionen Personen), einen Rückgang des Anteils der zu einer Haftstrafe Verurteilten (bis zu 1,2 Millionen), die Verringerung des Anteils der zu kurzen Haftstrafen (bis zu einem Jahr) Verurteilten, einen starken Anstieg der zu Zwangsarbeit Verurteilten (bis zu 50,3 Prozent gegenüber 15,3 Prozent im Jahr 1928), den Beginn der Verlegung von Häftlingen aus Gefängnissen und Besserungsanstalten in OGPU-Arbeitslager, die nach dem Selbstkostenprinzip eingerichtet wurden (im Laufe des Jahres erreichte die Zahl der Häftlinge in diesen Lagern 166.000; etwa 60.000 Häftlinge arbeiteten in Strafarbeitskolonien des NKWD der RSFSR). Zugleich behaupteten er und der NKWD-Volkskommissar für Innere Angelegenheiten W. Tolmatschew, dass die Arbeit der ›Sträflinge‹ effektiv und ihre Arbeitsproduktivität oft höher sei als die der Freien (…) Es ist klar, dass ein solch erfolgreiches Experiment eine ›große Zukunft‹ hatte.«[11]

Die GULAG-Behörde und alle Strukturen der OGPU beziehungsweise des NKWD begannen ab 1930 rasch zu wachsen. 1938 entstand Dalstroj, die Hauptverwaltung für das Bauwesen im Hohen Norden (GUSDS). 1940–1941 erfolgte im NKWD eine Reform der Organisation. Es entstanden neue Hauptverwaltungen für die Produktion: die Hauptverwaltung für Forstwirtschaft (GULLP), die Hauptverwaltung für Bergbau und Hüttenwesen (GULGMP), die Hauptverwaltung für Eisenbahnbau (GULSchD), die Hauptverwaltung für Flugplatzbau (GUAS), die Hauptverwaltung für Industriebau (Glawpromstroj) und die Hauptverwaltungs für Wasserbau (Glawgidrostroj). Ende 1948 gab es 79 Lagerkomplexe, und 1953 zählte das NKWD-MGB-System 16 Produktionszentralen und 166 Lagerkomplexe.[12]

Bis 1941 erreichte die Zahl der Gefangenen in der UdSSR fast zwei Millionen (so viele, wie es 15 Jahre zuvor Industriearbeiter in der UdSSR gegeben hatte).[13] Während des Deutsch-Sowjetischen Kriegs sank sie auf 1,18 Millionen im Jahr 1944 (mit einer jährlichen Sterblichkeitsrate von 23 Prozent). Nach dem Krieg stieg sie erneut an bis auf 2,5 Millionen im Jahr 1953. Es ist klar, dass die Zahl der Häftlinge in der UdSSR in direktem Zusammenhang mit dem Bedarf der Staatssicherheitsbehörden an Arbeitskräften stand und dass die Repression geplant war.

1950 betrug die Gesamtzahl der Arbeiter und Angestellten in der Volkswirtschaft 40,4 Millionen: Von den 2,5 Millionen Häftlingen der GULAG-Lager und -Kolonien waren etwa 2 Millionen arbeitsfähig.[14] Der Bestand an Arbeitskräften der Lager und Strafkolonien belief sich somit auf etwas mehr als 6 Prozent des gesamten Arbeitskräftebestandes der Sowjetunion. Zur gleichen Zeit, im Zeitraum 1935–1953, stellte das NKWD durchschnittlich 8,6 Prozent des gesamten Investitionsaufbaus der Sowjetunion.[15]

Die Angaben zum Anteil der Lagerproduktion an der sowjetischen Volkswirtschaft sind nicht ausreichend, um ihre Bedeutung für die stalinistische Wirtschaft zu charakterisieren. Mithilfe der Häftlinge wurden Aufgaben gelöst, die auf normalem Wege – mit freien Lohnarbeitern – unmöglich gewesen wären. Dies galt insbesondere für Rodungen sowie den Bau von Kanälen, Straßen, Bergwerken und militärisch-industriellen Komplexen in den abgelegenen Gebieten der UdSSR.

Fast unmittelbar nach Stalins Tod im März 1953 veranlasste die neue Regierung eine Reform des sowjetischen Lagersystems. Viele der kostspieligen und rein militärischen Projekte Stalins wurden eingestellt. Eine Amnestie führte zur Freilassung von 1,2 Millionen Menschen. Bis 1956 sank die Zahl der Gefangenen durch weitere Entlassungen auf weniger als eine Million. Die Hauptverwaltung der Lager (GULAG) wurde 1956 in »Generaldirektion der Strafkolonien« sowie 1959 in »Generaldirektion der Haftanstalten des Innenministeriums« (MWD) umbenannt. Zu diesem Zeitpunkt spielte die Häftlingsarbeit in der Wirtschaft der UdSSR bereits keine bedeutende Rolle mehr.

3. Die Staatssicherheitsbehörden in den 1930er bis 1950er Jahren

1929/1930 änderte sich der Charakter der OGPU drastisch. Von einer politischen Polizei, die Bürger wegen mangelnder Staatstreue bestrafte, und einem Geheimdienst entwickelte sie sich (ohne dabei ihre früheren Funktionen zu verlieren) zu einem gigantischen Industrieunternehmen, das sowohl sich selbst als auch andere Produktionsbetriebe mit kostenlosen Arbeitskräften versorgte. Dies war nur möglich, indem das Tempo der Massenrepression mit den Plänen zur Industrialisierung in Einklang gebracht wurde. Daraus ergibt sich die unglaubliche Absurdität der meisten Verurteilungen in der Zeit Stalins. Die Zwangsrekrutierung von Arbeitskräften für die Bauvorhaben des Fünfjahrplans blieb in Form von Ermittlungsverfahren bestehen, während deren rechtliche Bedeutung völlig entkräftet wurde.

Im Mai 1934 starb Wjatscheslaw Menschinski, der Dserschinski als Leiter der OGPU abgelöst hatte. Im Juli 1934 wurde das Volkskommissariat für innere Angelegenheiten (NKWD) der UdSSR gegründet. Dessen Chef wurde Genrich Jagoda, der zuvor Menschinskis erster Stellvertreter gewesen war.

Der NKWD der UdSSR umfasste fünf Hauptverwaltungen: die Hauptverwaltung für Staatssicherheit (GUGB, ehemals OGPU der UdSSR), die Hauptverwaltung der Arbeiter- und Bauernmiliz (GU RKM), die Hauptverwaltung für Grenzschutz und innere Sicherheit (GU PiWO), die Hauptverwaltung für Feuerschutz (GUPO) und die Hauptverwaltung für Strafarbeitslager und Arbeitssiedlungen (GULAG). Der GU PiWO unterstanden die Grenz- und Innentruppen. 1938 betrug ihre Zahl 280.000 Mann, von denen 117.500 zu den Grenztruppen, 28.800 zu den Konvoitruppen und 25.000 zu den internen Truppen des operativen Einsatzes gehörten.[16]

Genrich Jagoda, der Volkskommissar des NKWD, war auch Leiter der GUGB. Im September 1936 wurde Jagoda vom Posten des Volkskommissars des NKWD abgezogen und zum Kommissar für Kommunikation ernannt. Dieses Amtes enthob man ihn jedoch im Januar 1937. Am 28. März desselben Jahres wurde Jagoda verhaftet, im dritten Moskauer Schauprozess 1938 zum Tode verurteilt und am 15. März 1938 erschossen. 1936–1938 leitete Nikolai Jeschow das NKWD. Ihn richtete man im Februar 1940 hin. Jeschows Nachfolger wurde Lawrenti Beria; er wurde nach Stalins Tod im Dezember 1953 erschossen.

Stalins bürokratische Spielchen führten immer wieder zu Umstrukturierungen innerhalb der Staatssicherheitsbehörden. Im Februar 1941 wurde das NKWD in zwei getrennte Volkskommissariate aufgeteilt: das NKWD der UdSSR (Leitung: Lawrenti Beria) und das NKGB der UdSSR (Leitung: Wsewolod Merkulow).[17] Im Juli 1941 erfolgte die Wiederherstellung der vormaligen einheitlichen Struktur des NKWD und Merkulow wurde zu Berias Stellvertreter ernannt. Im Oktober desselben Jahres erhielt die Sonderkommission des NKWD der UdSSR das Recht, Todesurteile gemäß den Paragraphen 58 und 59 des Strafgesetzbuchs der RSFSR zu verhängen. Dieser Befehl wurde erst am 1. September 1953 im Zusammenhang mit der Auflösung dieser Sonderkommission aufgehoben.

1943 wurde erneut ein separates Volkskommissariat für Staatssicherheit der UdSSR unter der Leitung Merkulow eingerichtet. Sergej Kruglow ersetzte im Dezember 1945 Beria als Volkskommissar des NKWD. 1946 erfolgte die Umbenennung aller sowjetischen Volkskommissariate in Ministerien. Das NKGB hieß nun Ministerium für Staatssicherheit (MGB UdSSR) und das NKWD Ministerium für innere Angelegenheiten (MWD UdSSR).

Beria wurde im März 1946 zum Marschall der Sowjetunion befördert sowie zum Mitglied des Politbüros und stellvertretenden Vorsitzenden des Ministerrats, der die Tätigkeit des MWD, MGB und des Ministeriums für staatliche Kontrolle überwachte. Ab August 1945 leitete Beria die Arbeiten an dem streng geheimen sowjetischen Atombombenprojekt (»Atomprojekt«).

4. Staatssicherheit nach Stalin

Stalins Tod am 5. März 1953 war ein schwerer Schock für das Ministerium für Staatssicherheit. Im April 1953 wurde das MGB abgeschafft und mit dem Innenministerium (MWD) zusammengelegt, dessen Vorsitzender Beria war. Im Juni 1953 wurde Beria verhaftet, im Dezember 1953 hingerichtet. Drei Monate später, im März 1954, wurde die Abteilung für Staatssicherheit erneut aus dem Innenministerium ausgegliedert, und zwar als ein neues Gremium, das Komitee für Staatssicherheit (KGB). Es war dem Ministerrat der UdSSR unterstellt, hatte nun aber einen niedrigeren Status als zuvor und den Rang eines Ministeriums verloren. Erst 1959 wurde das KGB als Behörde der nationalen Regierung anerkannt und mit den Rechten eines Ministeriums ausgestattet, das dem Präsidium des Zentralkomitees der KPdSU und dem Ministerrat unterstand. Zwischen 1953 und 1955 reduzierte sich der Personalbestand der Staatssicherheitsbehörden um mehr als die Hälfte.

Chruschtschows Liberalisierung führte zu einem drastischen Abbau des Lagersystems und zu einer Reform der gesamten sowjetischen Wirtschaft. Die Zahl der Häftlinge ging rasch zurück. Es war nicht mehr die Aufgabe der Staatssicherheit und des Justizsystems, die Lager zu füllen. Mitte der Fünfzigerjahre begann eine Ära, in der die Staatssicherheitsbehörden begannen, sich mit der Verfolgung von echten Dissidenten zu befassen, anstatt Gerichtsverfahren zu manipulieren, um ihre Ziele für die Bereitstellung von Arbeitskräften zu erreichen. Diese Zeit wurde als »Tauwetter« bezeichnet, nach dem gleichnamigen Roman von Ilja Ehrenburg aus dem Jahr 1954.

Von März 1955 bis zum 17. Dezember 1965 existierte ein eigenes Komitee für Staatssicherheit, das dem Ministerrat der RSFSR unterstellt war. 1978 wurde das KGB unter Juri Andropow erneut von einer Abteilung des Ministerrats der UdSSR zu einem zentralen Organ der Staatsverwaltung der UdSSR mit den Rechten eines Staatskomitees aufgewertet und erhielt den Namen »Komitee für Staatssicherheit der UdSSR« (KGB UdSSR).

Bis zum Zusammenbruch der UdSSR im Jahr 1991 bestanden die Hauptaufgaben des KGB in der Auslandsaufklärung (Erste Hauptverwaltung), der Spionageabwehr (Zweite Hauptverwaltung), der operativen Suche, dem Schutz der Staatsgrenze der UdSSR, dem Schutz der KPdSU (bis 1990) und der Staatsführung der UdSSR, der Organisation und Aufrechterhaltung der staatlichen Kommunikation und der Bekämpfung abweichender Meinungen (Fünfte Verwaltung). Zu den Aufgaben des Nachrichtendienstes gehörten darüber hinaus seit den Anfängen der sowjetischen Sicherheitsbehörden traditionell die Wirtschaftsspionage und die Anwerbung von Agenten unter ausländischen Bürgern. In der Tat waren alle staatlichen und öffentlichen sowjetischen Organisationen, die mit Ausländern zu tun hatten, wie zum Beispiel die zahlreichen sowjetischen Freundschaftsgesellschaften mit verschiedenen Ländern, KGB-Einheiten.

5. Staatssicherheit nach dem Ende der UdSSR

Die Reformen Gorbatschows, deren offensichtliche Ziele ab 1989 die Demokratisierung der UdSSR und die faktische Entmachtung der KPdSU waren, veränderten auch die Rolle der Staatssicherheitsbehörden dramatisch. Durch die Abschaffung der Paragraphen 70 und 190 des Strafgesetzbuches der RSFSR, die »Antisowjetismus« unter Strafe stellten, im September 1989 wurde dem KGB die Möglichkeit entzogen, die Bevölkerung zu terrorisieren, und der Bevölkerung die Angst vor dem KGB genommen. Innerhalb eines Jahres schrumpfte die Macht der KPdSU auf Null und die UdSSR begann zu zerfallen. Am 8. Dezember 1991 wurde der Zusammenbruch der Sowjetunion mit einem Abkommen besiegelt, unterzeichnet von den Führern der drei unabhängigen Republiken Russland, Ukraine und Weißrussland.

Für das KGB war die Situation katastrophal. Das sozialistische Lager und die UdSSR wurden nach 1991 durch sehr unterschiedliche Staaten ersetzt. Einige wurden vollständig demokratisiert und die früheren Sicherheitsbehörden abgeschafft. In anderen Ländern bildeten sich feudale Diktaturen heraus. Des Weiteren entstanden Übergangsregime mit einer veränderten Ideologie, aber unter Beibehaltung der alten Strukturen der Staatssicherheit und ihrer früheren Ziele. In den letzten Jahren und Monaten des Bestehens der UdSSR war das KGB damit beschäftigt, die Geheimdienstmitarbeiter der ehemaligen sozialistischen Länder und ehemaligen Sowjetrepubliken unter seinen Schutz zu stellen und zu übernehmen.

Gorbatschow verfolgte keine konkreten Pläne, die Staatssicherheitsbehörden abzuschaffen und ihre Mitarbeiter zu entlassen. Das gesamte System wurde beibehalten, aber einer Reform unterzogen. Anfangs wurde sie von Gorbatschow nahestehenden Personen wie Wadim Bakatin geleitet, der zuvor Innenminister gewesen war. Nach dem Staatsstreich vom August 1991 avancierte Bakatin zum Vorsitzenden des KGB, zu dessen Führungsriege auch der bisherige KGB-Chef Wladimir Krjakow gehörte. Die wichtigsten Grundsätze der Umstrukturierung durch Bakatin waren:

1. Desintegration. Aufspaltung des KGB in eine Reihe unabhängiger Agenturen, die ein Gleichgewicht bilden und miteinander konkurrieren würden.
2. Dezentralisierung. Gewährung der vollen Autonomie für die Sicherheitsbehörden der Unionsrepubliken der UdSSR.
3. Entideologisierung.
4. Bekämpfung von Korruption und organisierter Kriminalität als Hauptziel.
5. So viel Offenheit wie möglich.

Im Oktober 1991 wurde das KGB in »Interrepublikanischer Sicherheitsdienst der UdSSR« (MSB) umbenannt. Spezialeinheiten, die Regierungsgarde (das künftige FSO), das staatliche Fernmeldewesen (das künftige FAPSI, das jetzt wieder zum FSB gehört), der Auslandsnachrichtendienst (der künftige SWR) und die Grenztruppen wurden seiner Zuständigkeit entzogen.

Nach dem Zusammenbruch der UdSSR wurde im Januar 1993 das russische Sicherheitsministerium (basierend auf dem Russischen Föderalen Sicherheitsdienst FSB, dem Nachfolger des KGB der RSFSR, und dem Interrepublikanischen Sicherheitsdienst MSB der UdSSR) gegründet.

Im selben Jahr wurde das Ministerium für Sicherheit in »Föderaler Dienst für Spionageabwehr« (FSK) umbenannt. Dieser übernahm alle früheren Strukturen des Ministeriums für Sicherheit mit Ausnahme der Grenztruppen (diese wurden zu einer eigenen Dienststelle, dem Föderalen Grenzdienst der Russischen Föderation). 1995 erfolgte eine Umbenennung des FSK in FSB, ohne dass sich die Struktur änderte.

In den Neunzigerjahren herrschte bei den staatlichen Sicherheitsbehörden Verwirrung, denn die beiden Hauptgründe ihrer Existenz waren verschwunden:

1) Ideologischer Terror war nach der Abschaffung der »antisowjetischen« Paragraphen des Strafgesetzbuchs 1989 nicht mehr möglich – die Behörden konnten das soziale und politische Gesellschaftsleben nicht mehr kontrollieren.

2) Subversion und Geheimdienstarbeit gegen die westliche Welt waren bedeutungslos geworden, weil Russland (für kurze Zeit) eine Demokratie mit vollen bürgerlichen Freiheiten wurde und die westlichen Demokratien von Feinden zu Verbündeten, Partnern und Investoren wurden.

Nachdem Putin 1999 an die Macht gekommen war, begann er damit, die sowjetische Ordnung Schritt für Schritt wiederherzustellen. Es wurden Gesetze verabschiedet, die regierungsfeindliche Reden und Äußerungen sowie »falsche« Interpretationen der sowjetischen und der russischen Geschichte unter Strafe stellen.

Die subversive und nachrichtendienstliche Arbeit gegen den Westen erfolgt seither sogar in einem viel größeren Umfang als zu Sowjetzeiten. Dies gilt umso mehr, als die Bedingungen seit der Öffnung des »Eisernen Vorhangs« und der russisch-sowjetischen Emigration von Millionen Menschen in alle Teile der Welt erheblich günstig sind. In den Zwanziger- und Dreißigerjahren des 20. Jahrhunderts rekrutierte der sowjetische Geheimdienst seine Spione unter den zwei Millionen russischen Emigranten in Europa. Heute ist es für den FSB noch leichter, Agenten zu gewinnen, denn die sowjetischen Auswanderer sind heute weltweit etwa zehnmal so zahlreich. Darüber hinaus sind viele dieser Emigranten noch in der Sowjetunion aufgewachsen. Dementsprechend haben sich die Möglichkeiten für das Eindringen von Agenten der russischen Sicherheitsdienste in politische, wirtschaftliche, finanzielle und wissenschaftliche Kreise der demokratischen Welt im Vergleich zur Sowjetzeit erheblich verbessert.

Unter Putin haben Abteilungen des Staatssicherheitsdienstes, die unter dem Deckmantel öffentlicher Organisationen mit verschiedenen Emigrantengruppen im Ausland zusammenarbeiten, große Bedeutung erlangt, wie beispielsweise die von Wjatscheslaw Nikonow, dem Enkel Molotows, geleitete Stiftung *Russki Mir*. Moskau hat weltweit eine große Zahl von einflussreichen Institutionen etabliert – quasi öffentliche Menschenrechts-, Wissenschafts-, Literatur- und Sportorganisationen, geleitet vom FSB und von seinen Ablegern.

Die Zahl der FSB-Mitarbeiter liegt heute offiziell bei etwa 350.000 (genaue Zahlen werden nicht bekannt gegeben). Von ihnen sind etwa 66.200 Militärangehörige, darunter befinden sich ungefähr 8.000 FSB-Spezialkräfte (Alpha, Wympel etc.). Hinzu kommt der FSB-Grenzdienst mit 160.000 bis 220.000 Beschäftigten. Chef des FSB ist derzeit General Alexander Bortnikow. Der Auslandsnachrichtendienst der Russischen Föderation besteht aus dem FSB, dem SWR (Auslandsnachrichtendienst, ehemals Erste Hauptverwaltung des KGB) und der GRU (Militärischer Nachrichtendienst), die unabhängig voneinander arbeiten.

2016 wurde der Föderale Dienst der Nationalgarde (Rosgwardija) gegründet. Die Zahl der Mitarbeiter beträgt 340.000. Direktor ist Armeegeneral Wiktor Solotow, ein Mann, der Putin sehr nahesteht. Die Rosgwardija ist Putin unterstellt, ihre Hauptaufgabe ist die Bekämpfung politischer Proteste. Es kann davon ausgegangen werden, dass sie Putins wichtigstes Machtinstrument ist und mit dem FSB konkurriert.

Putins Herrschaft hat zu einer dramatischen Stärkung der staatlichen Rolle der Sicherheitsdienste geführt. Zu Sowjetzeiten war das KGB dem Politbüro des Zentralkomitees der KPdSU unterstellt und wurde von diesem vollständig kontrolliert. Unter Putin ist der FSB zu dessen persönlicher Agentur geworden und hat eine enorme Bedeutung erlangt. In der Tat kontrolliert Putin mithilfe des FSB alle staatlichen Strukturen und die Gesellschaft (Unternehmen, Wirtschaft, Kultur). Zugleich entzieht sich der FSB selbst jeglicher staatlichen Kontrolle. Ehemalige FSB-Offiziere, darunter auch Minister, sind in alle wichtigen Regierungsämter berufen worden. In allen großen Unternehmen, Banken, wissenschaftlichen Institutionen, Archiven sind die zweiten (oder sogar ersten) Positionen mit FSB-Agenten besetzt.

Wie zu Sowjetzeiten gibt es an den russischen Universitäten wieder spezielle Sicherheitsabteilungen, die die internationalen akademischen Aktivitäten überwachen. So unterliegen beispielsweise alle russischen Beiträge auf internationalen Konferenzen der Zensur. Die Zahl der Hochschulen, die Angehörige der Sicherheitsdienste ausbilden, hat drastisch zugenommen. Dabei handelt es sich in erster Linie um die Akademie des Föderalen Sicherheitsdienstes der Russischen Föderation (einschließlich des Instituts für Kryptografie) in Moskau, das Staatliche Moskauer Institut für Internationale Beziehungen (MGIMO), die Moskauer Staatliche Lomonossow-Universität (MGU), Fachbereiche Journalismus und Geschichte, sowie um viele weitere Bildungseinrichtungen.

II. Planungsbüros der Staatssicherheit

Die ab Beginn der Zwanzigerjahre in den Sicherheitsbehörden eingerichteten (und oft bis heute bestehenden) Planungsbüros hatten hauptsächlich drei Aufgaben:

1) den internen Bedürfnissen der staatlichen Sicherheitsorgane zu dienen. Dazu gehörte der Bau von Verwaltungsgebäuden, Wohnungen, Sporteinrichtungen, Sanatorien und anderen Dienstleistungseinrichtungen.
2) Dienstleistungen für andere staatliche Behörden. Von Anfang an waren die Planung und die Errichtung von Bauten für verschiedene Ministerien und Volkskommissariate (sowohl Verwaltungs- und Wohngebäude als auch andere Bauten) geheim und unterlagen der Kontrolle der OGPU. Der OGPU beziehungsweise dem NKWD unterstanden die beteiligten Planungs- und Konstruktionsbüros ebenso wie die in ihnen beschäftigten Architekten.
3) die Planung und Errichtung von Industrie- und Wohnanlagen im GULAG.

In der Zeit der Neuen Ökonomischen Politik (NEP), zwischen 1923 und 1927, war die architektonische Planung innerhalb der OGPU auf die ersten beiden Punkte beschränkt. Planungsbüros gab es sowohl bei den zentralen Behörden der OGPU als auch in ihren regionalen Verwaltungen.

Mit Beginn der Industrialisierung und dem Aufkommen des Lagersystems in der gesamten Sowjetunion wurde die GPU und später das NKWD-MGB mit der Planung und dem Bau der zahlreichen Industrieanlagen und des Lagersystems selbst betraut. Dies erforderte die Gründung von Planungsbüros in allen großen Lagerzentren. Ihnen ist nicht nur das gesamte Lagersystem der UdSSR mit Millionen von Häftlingen zu verdanken, sondern auch eine immense Anzahl von Lagersiedlungen, von denen einige unter Stalin in große Industriestädte umgewandelt wurden.

Es ist nicht leicht, das System der OGPU-NKWD-MGB-Projektierungsbüros in der Zeit Stalins zu erfassen. In der sowjetischen Presse fanden sie als solche fast nie

Erwähnung. Praktisch verschwiegen wurde auch, welche Planungsbüros bestimmte, sogar recht bedeutende Gebäude und Bauwerke entworfen hatten. Die Behördenzugehörigkeit der Architekten war in der Sowjetzeit ebenfalls ein Tabu. Wer wo arbeitete und wer wem unterstellt war – diese Aspekte wurden in den Studien zur sowjetischen Architekturgeschichte nie behandelt. Sie sind jedoch sehr wichtig, weil hier die Frage der Urheberschaft berührt wird. Die Architektur als freier Beruf existierte in der UdSSR in der Zeit der NEP nur in einer sehr eingeschränkten Form und Ende der Zwanzigerjahre hörte sie ganz auf zu existieren: Die private Berufsausübung wurde verboten. Sämtliche Architekten endeten als Angestellte der sowjetischen Planungsbüros. Alle hatten Chefs, die die endgültigen künstlerischen Entscheidungen trafen oder genehmigten. Unter diesen Umständen wurde die offizielle Urheberschaft zu einer sehr zweifelhaften Angelegenheit. Die nebulösen Umstände der Genese der Bauprojekte machten es unmöglich, die kreative Leistung ihrer offiziellen Entwurfsverfasser zu beurteilen.

In dem grundlegenden Werk des Architekturhistorikers Igor Kasus *Sowjetskaja architektura 1920-ch godow: organisazija projektirowanija* (*Sowjetische Architektur der 1920er Jahre. Die Organisation der Planung*), das eine Zusammenstellung der sowjetischen Projektierungsbüros bis 1933 enthält, werden die Planungsbüros der OGPU mit keinem Wort erwähnt – so, als ob es sie nie gegeben hätte. Selbst in den seltenen Fällen, in denen OGPU-Bauten aufgeführt werden, wie zum Beispiel die OGPU-Wohngebäude und der OGPU-Klub »Dserschinski« in Samara des Architekten Leonid Wolkow,[1] wird der Name des Planungsbüros, Promstroj (Samara), nicht mit der OGPU in Verbindung gebracht. Allerdings finden OGPU-Objekte in diesem Buch nur sehr selten Erwähnung, obwohl sie doch einen großen Teil der bekanntesten sowjetischen Bauten der Zwanzigerjahre ausmachen.

Ab 1923 entstanden in der UdSSR Aktiengesellschaften aller Art, die zwar formal unabhängig waren, aber zumeist von den verschiedenen sowjetischen Behörden zu Produktionszwecken gegründet wurden.

Eine der ersten war die im Mai 1923 von den größten sowjetischen Forstverwaltungen gegründete AO Standartstroj.[2] Das Unternehmen war auf Holzbau spezialisiert, insbesondere bei Wohngebäuden. 1925 erhielt es die Erlaubnis, auch alle anderen Arbeiten im Wohnungs- und Industriebau auszuführen.[3] Im November 1927 wurde das Unternehmen aufgrund seiner Unrentabilität in die Allunionsstaatliche Aktiengesellschaft für Industrie- und Wohnungsbau Promschilstroj umgewandelt und letztlich einen Monat später aufgelöst.

Im Frühjahr 1923 leitete Arkadi Langman, ein Architekt, der 1904–1911 am Wiener Polytechnikum studiert hatte, die Planungs- und Konstruktionsabteilung von Standartstroj. Im Juni 1927 wurde Langman Chefarchitekt von Strojdombjuro, »einer Tochtergesellschaft von Strojbjuro AOU (Verwaltungs- und Organisationsabteilung) der OGPU der UdSSR«[4] – in dieser Position folgte er Boris Iofan. Laut Andrej Artamonow arbeitete Standartstroj eng mit dem OGPU-Strojdombjuro zusammen und realisierte in dessen Auftrag Kasernen, Wohngebäude und Militärlager für die Staatssicherheitsbehörden. Die Entstehung der ersten offiziellen Planungsbüros innerhalb der OGPU lässt sich bis ins Jahr 1927 zurückverfolgen.

So sandte die OGPU im August 1926 ein Schreiben an Standartstroj mit der Bitte(!), »Genosse Langman, Chefarchitekt von Standartstroj, für einen Posten als stellvertretenden Leiter der Ingenieurinspektion der Sektion Grenzschutz und der Hauptinspektion der OGPU-Truppen« zur Verfügung zu stellen. Standartstroj lehnte das Ersuchen ab und begründete dies mit der Unabkömmlichkeit von Langman.[5] Ein Jahr später wurde Langman jedoch zur OGPU versetzt und Standartstroj aufgelöst.

Es ist davon auszugehen, dass die erwähnte Ingenieurinspektion der Sektion Grenzschutz und die Hauptinspektion der OGPU-Truppen die erste Einheit der OGPU war, die eigenständig Ingenieurleistungen erbrachte. Möglicherweise ist es die 1924 gegründete OGPU-Ingenieurinspektion, auf die die offizielle Geschichte der heute bestehenden Verwaltung für Kapitalbau des FSB zurückgeht.[6]

Im April 1931 schuf die OGPU eine Abteilung für Ingenieurwesen und Bauwesen, (ISO) in der das frühere Baubüro der OGPU und die Ingenieurinspektion der GUPO und der OGPU-Truppen aufgingen.[7] Der Leiter der ISO OGPU (ab 1934 ISO GUPWO NKWD, ab Januar 1936 ISO NKWD der UdSSR) war von deren Gründung bis zu seiner Verhaftung und Hinrichtung im Jahr 1937 Alexander Lurje, ehemals sowjetischer Geheimdienstoffizier in Lettland und ehemaliger kaufmännischer Direktor der OGPU-Genossenschaft. Artamanow ist der Meinung, dass Arkadi Langman seine Karriere Lurje zu verdanken hatte. »Seit Juni 1927 war (…) A. Ja. Langman Leiter und Ausführender zahlreicher streng geheimer Bauvorhaben für Wohn- und Verwaltungsgebäude in Moskau sowie für medizinische und gesundheitliche Einrichtungen des geschlossenen Typs an der Schwarzmeerküste des Kaukasus.«[8] Das Planungsbüro von Strojbjuro der OGPU der UdSSR befand sich im Dynamo-Gebäude, errichtet 1928–1931 von Arkadi Langman und Iwan Fomin, gleich hinter den runden Fenstern des siebten Stockwerks.

Mitte der Zwanzigerjahre hatte sich in der UdSSR ein Kreis von Architekten gebildet, die der Regierung und der OGPU nahestanden und für besonders wichtige, geheime Projekte herangezogen wurden: Alexei Schtschussew, die Brüder Wesnin, Iwan Scholtowski, Ilja Golossow, Iwan Rerberg und andere. Aber es war Langman, der in den Zwanziger- bis Dreißigerjahren den Posten des leitenden Stabsarchitekten der OGPU beziehungsweise des NKWD bekleidete. Langman war der offizielle Entwurfsverfasser vieler Wohnhäuser, Verwaltungsgebäude und Sanatorien, die in den Zwanziger- und Dreißigerjahren für die Staatssicherheit entstanden. Zu ihnen zählt auch das sogenannte Jagoda-Haus, ein prächtiges Gebäude mit neun Wohnungen im Miljutinski pereulok 4, in dem die Führungsspitze der Sicherheitsbehörden wohnte.

Im Juli 1934 wurde gleichzeitig mit der Gründung des NKWD der UdSSR eine Verwaltungs- und Wirtschaftsabteilung (AChU NKWD) geschaffen. Ab April 1938 übernahmen die AChU NKWD und die 1. Abteilung des GUGB NKWD der UdSSR für viele Jahrzehnte die Oberaufsicht über alle außerstädtischen Residenzen der Regierung in der UdSSR (ab April 1946 hießen diese Objekte »Staatliche Datscha«, Gosdatscha). Von April 1938 bis August 1991 sollten die Staatssicherheitsbehörden nicht nur die Erholungs- und Wohnobjekte der sowjetischen Führung schützen, sondern auch ausnahmslos alle staatlichen Sommerresidenzen planen und bauen. Aber es war die AChU NKWD der UdSSR, die von April 1938 bis März 1946 verantwortlich zeichnete für die Entwicklung von Gebäuden und den Bau von ländlichen Residenzen sowie für deren Sanierung und Wartung, für die Versorgung dieser Residenzen mit Lebensmitteln, Sicherheitsausrüstung, Telefon und Radio, Transportmitteln und Personal sowie zusammen mit der Operativen Abteilung des NKWD (später 1. Abteilung GUGB NKWD der UdSSR) für Resorts, Erholungsheime, Krankenhäuser und Bauernhöfe.

Bereits im Januar 1945 war innerhalb der Verwaltungs- und Finanzabteilung (AChFU) des NKGB ein Architektur- und Konstruktionsbüro eingerichtet worden. Es wurde im August 1946 der Hauptverwaltung für Architektur und Planung des Ministeriums für Staatssicherheit der UdSSR (MGB) unterstellt und erhielt den Namen »Planungsbüro des Ministeriums für Staatssicherheit der UdSSR«. Das Büro befand sich in der Siedlung Marfino in der Nähe von Moskau. Ein Zweigstelle entstand auf der Grundlage der Abteilung für militärischen Aufbau im Nordkaukasus der MGB-Truppen der UdSSR in Sotschi.[9]

Zu den Aufgaben des Planungsbüro gehörte es, für das Zentralkomitee der Kommunistischen Partei der Allunion (der Bolschewiki) WKP(b), den Ministerrat der UdSSR und die Zentralbehörde des MGB der UdSSR folgende Projekte zu entwickeln:

— Staatsdatschen für das Politbüro des Zentralkomitees der Kommunistischen Partei der Allunion (der Bolschewiki);
— das Präsidium des Zentralkomitees der WKP(b) mit einem Komplex von Nebengebäuden und -strukturen;
— Sanatorien, Erholungsheime, Krankenhäuser und Kliniken;
— Staatsdatschen für Sicherheitsbehörden;
— Wohngebäude mit besonderer Planung.

In diesem Büro waren die Architekten Gleb Makarewitsch, Jewgeni Rybizki, G. D. Borisow, Dmitri Morosow, Miron Merschanow und A. D. Wyschinski beschäftigt, die letzten beiden waren Häftlinge.[10]

Zu den realisierten Bauten des Büros zählen unter anderem:

— das MGB-Sanatorium »F. E. Dserschinski« in Sotschi;
— das MGB-Sanatorium »Lunjowo« (Region Kostroma);
— das MGB-Sanatorium »Gluchowskaja« (Baschkirien);
— die Staatlichen Datschen Nr. 5 und Nr. 11 am Riza-See (Abchasische ASSR);
— das Hotel Riza am Riza-See;
— die Staatliche Datscha Nr. 8 »Schwalbennest« in der Siedlung Nowy Afon (Abchasische ASSR);
— Wohnbauten für das MGB der UdSSR in der Nowopodmoskowskaja uliza, Semljanoj Wal, Moskau;
— das Dynamo-Schwimmbad, Leningradski prospekt, Moskau;
— die Staatliche Datscha Nr. 1 »Blischnjaja«, Moskau (1948 Rekonstruktion);
— die Staatliche Datscha Nr. 17 »Botscharow Rutschej« in Sotschi.[11]

Wie Artamonow feststellt, »... änderten sich der Name und der Status dieser Organisation mehrmals im Laufe der Jahre, vom Zentralen Projektierungsbüro des KGB (ab 25. Januar 1960) zum Projektierungsinstitut des KGB (ab Januar 1969) und schließlich zum heutigen Föderalen Staatlichen Unitarbetrieb ›Projekt-Institut‹ des FSB der Russischen Föderation. Gegenwärtig befindet sich das ›Projekt-Institut‹ in Moskau, in der Nähe der Metrostation Kaluschskaja, in der uliza Butlerowa 11 (...). Seit mehr als 60 Jahren entwickelt das Nachfolgeunternehmen der Projektierungsbüros des MGB/KGB der UdSSR Bau- und Kostenvoranschlagsunterlagen für mehr als 1.500 Objekte (...).«[12]

Neben den eigenen Konstruktionsbüros nahm die OGPU beziehungsweise das NKWD auch die Dienste angegliederter Bau- und Projektierungsbüros in Anspruch.

1926 gründeten der Oberste Rat für Volkswirtschaft (WSNCh) und eine Reihe anderer sowjetischer Bauunternehmen die Aktiengesellschaft Gospromstroj. Ihre Aufgabe war es, den »Baubedarf von hauptsächlich staatlichen Industrieunternehmen in der RSFSR« zu decken.[13]

Die Art der Beziehung zwischen der OGPU und Gospromstroj wird ersichtlich, wenn man einen Blick auf die Entstehungsgeschichte des OGPU-Wohn- und Verwaltungsgebäudes Dynamo in Moskau wirft: »... die Planung des ›Dynamo-Hauses‹ an der Lubjanka vollzog sich wie folgt: Am 20. Februar 1928 sandte ›OGPU-Natschadminorgupr Woronzow‹ folgendes Schreiben an Gospromstroj: ›Nach persönlichen Verhandlungen mit Ihnen, die das von uns ausgearbeitete Programm übermittelten, bitten wir Sie, einen Wettbewerb für den Bau eines Hauses gemäß den im Programm genannten Bedingungen zu organisieren. Wir möchten folgende fünf Bewerber auffordern, sich am Wettbewerb zu beteiligen: 1. die Brüder Wesnin, 2. I. Golossow, 3. Gebr. Iofan, 4. S.E. Tschernyschew, 5. Akad. Fomin. Die Bezahlung der Teilnehmer in Höhe von 10.000 Rbl. erfolgt durch uns.‹«[14] Der Siegerentwurf war am 2. April 1928 bei Gospromstroj einzureichen, das die Ausführungspläne anfertigen sollte, »die den Verfasser des Siegerentwurfs in die allgemeine Leitung des gesamten Projekts und seines Fassadenbereichs einbeziehen« würden, sofern »er dies wünschte«.[15] Hier wird der Kreis der Architekten genannt, die der OGPU nahestanden und an geheimen Projekten arbeiten durften.

1928 begann Gospromstroj zudem mit der Errichtung des SNK-Hauses »Dom na nabereschnoj« (»Haus an der Uferstraße«) in Moskau (Entwurf: Boris Iofan). Die Projektierung erfolgte durch Strojdombjuro und der stellvertretende Direktor der OGPU, Genrich Jagoda, war für die Bauausführung verantwortlich.

In einer Anzeige von Gospromstroj, erschienen 1928 in der Ausgabe 5 des Jahrbuchs der Moskauer Architektengesellschaft (MAO), heißt es, dass Gospromstroj, neben Kraftwerken und Fabriken, ebenso am Bau von staatlichen (das heißt in der Regel geheimen) Objekten mitwirke: etwa am Zentralen Telegrafenamt (Architekt: Iwan Rerberg), am Haus der *Iswestija* (Architekt: Grigori Barchin) oder am Haus der *Prawda* (Architekt: Panteleimon Golossow), alle in Moskau.[16] Allerdings unterlagen Kraftwerke als bedeutende strategische Objekte auch der direkten Kontrolle durch die sowjetischen Behörden.

1926 gründeten die Moskauer Stadtverwaltung, die Mosgorbank, die Handelsgesellschaft Mostorg und die Moskauer Hotelbehörde in Moskau die Wohnungsbaugenossenschaft Domostroitel. Diese errichtete 1927–1928 in Moskau zwei Wohnhäuser sowie an der Ecke uliza Iljinka/Tscherkasski pereulok ein Bürogebäude nach dem Entwurf von Wladimir Majat.[17] Letzteres Objekt ist das Gebäude der Aktiengesellschaft Arkos, einer der frühesten Verwaltungsbauten der OGPU. Majat war siegreich aus einem 1924 ausgeschriebenen Wettbewerb hervorgegangen, an dem viele führende sowjetische Architekten teilgenommen hatten. Die 1920 gegründete Gesellschaft Arkos, vorgeblich eine Gesellschaft mit beschränkter Haftung mit Hauptsitz in London, war die inoffizielle Handelsvertretung der Sowjetunion in Großbritannien und verfügte über Niederlassungen in Nordamerika, Europa und Asien. Zugleich (oder vielmehr hauptsächlich) dienten die Arkos-Niederlassungen im Ausland als Spionage- und Propagandazentren.

Die streng geheime Planung von staatlichen Sanatorien in Zusammenarbeit mit der OGPU beziehungsweise dem NKWD erfolgte ab 1930 durch die Planungsabteilung Giprogor des NKCh (Volkskommissariat für kommunale Dienstleistungen) der RSFSR sowie ab 1932 durch das Architektur- und Planungsbüro Nr. 1 des NKCh unter der Leitung von Nasim Nessis, einem Emigranten aus der Tschechoslowakei. Nessis war unter anderem Architekt des 1937 errichteten Sanatoriums Nr. 1 »Stalin« (1942 gesprengt) in Schelesnowodsk. Er wurde 1938 verhaftet und erschossen.

Von besonderem Interesse sind die geheimnisumwitterten Projektierungsbüros unter der Leitung von Alexei Schtschussew. Unmittelbar nach der Revolution nahm Schtschussew nach Scholtowski den zweiten Platz in der Hierarchie der sowjetischen Architekten ein.[18] Den dritten Platz besetzte Iwan Fomin. Alle drei vorrevolutionären »Akademiker der Architektur« waren in den Zwanziger- und Dreißigerjahren eng in die Gestaltung der Objekte der sowjetischen Staatssicherheit eingebunden.

Von 1914 bis zur Revolution war Schtschussew an der Planung und am Bau des Kasaner Bahnhofs in Moskau beteiligt. Er setzte diese Arbeit zwischen 1922 und 1926 mit demselben Mitarbeiterstab fort.[19] Wie das Büro hieß und welchen formellen Status es hatte, ist nicht bekannt. Schtschussews Auftraggeber war der Volkskommissar für Verkehr Felix Dserschinski, Chef der WeTscheKa 1921–1924 sowie danach der OGPU. So begann vermutlich Schtschussews Zusammenarbeit mit der OGPU.

Es folgte 1924 die Arbeit am Lenin-Mausoleum, das er irgendwo »in den Tiefen der OGPU« entwarf. Schtschussew wurde hierfür direkt von der Regierung beauftragt, höchstwahrscheinlich noch zu Lenins Lebzeiten. Danach kam eine Reihe geheimer militärischer und staatlicher Einrichtungen: ein Sanatorium in Mazesta, die Intourist-Hotels (OGPU) in Baku und Batumi, Gebäude des Narkomsem (Volkskommissariat für Gesundheit), eine Militärtransportschule etc. Der Name des Büros, in dem Schtschussew tätig war, taucht in den Quellen jedoch nicht auf. In einem Vorwort, das Schtschussew für die Ausgabe 5 des Jahrbuchs der Moskauer Architektengesellschaft (MAO) von 1927 verfasste, findet sich der Satz: »Jetzt, wo Produktion und Projektierung bei den Staatsorganen in großen Kollektiven zusammengefasst sind ...«[20]

Im Jahr 1927 begannen Stalins »Reformen«: die Entwicklung des ersten Fünfjahrplans und des Plans zur Kollektivierung der sowjetischen Wirtschaft und der gesamten sowjetischen Gesellschaft – einschließlich der Architektenschaft. Zweifellos stand Schtschussew zu diesem Zeitpunkt an der Spitze eines solchen »großen Kollektivs« in den »Staatsorganen«. Sein Name und seine Behördenzugehörigkeit bleiben jedoch ein Geheimnis. In der von Pawel Schtschussew, dem Bruder des Architekten, herausgegebenen Biografie Alexei Schtschussews findet sich eine Episode aus dem Jahr 1933, als Schtschussew das Hotel Mossowjet umgestalten musste: »Mehr als einmal, wenn er abends nach Hause kam, sagte er, auf seiner Gitarre klimpernd, dass er nicht noch ein Büro leiten wolle und wie schwierig es sei, einen neuen Typus eines sowjetischen Hotels auf der Grundlage der konstruktivistischen Formen des bestehenden Gebäudes zu schaffen.«[21] Dieser Satz deutet darauf hin, dass Schtschussews erstes geheimes Büro nach seiner Übernahme der Leitung des 1933 gegründeten Mossowjet-Büros Nr. 2 weiter bestand. Dies belegt auch die Tatsache, dass nicht alle Mitarbeiter Schtschussews, die an Projekten der Zwanziger- und Dreißigerjahre beteiligt waren, als Mitarbeiter des Büros Nr. 2 bekannt sind.

Schtschussew leitete das Mossowjet-Büro Nr. 2 bis 1937 (Scholtowski leitete Büro Nr. 1, Fomin Büro Nr. 3). 1937 war Schtschussew kurzzeitig Repressalien ausgesetzt (vgl. S. 39f.) und wurde seines Postens enthoben. Bereits ein Jahr später stand er jedoch dem Institut Akademprojekt vor, wo er 1939 mit der Planung des NKWD-Hauptquartiers am Lubjanka-Platz in Moskau begann. Akademprojekt war formal der Akademie der Wissenschaften unterstellt, tatsächlich jedoch mit der Planung von geheimen militärischen Forschungseinrichtungen befasst und stand in enger Verbindung zum NKWD. Es existiert noch heute unter dem Namen GIPRONII (Allrussisches Institut für Planung und Forschung zur Projektierung von wissenschaftlichen Forschungseinrichtungen, Laboren und wissenschaftlichen Zentren).

Die Leitung des Mossowjet-Büros Nr. 2 übernahm nach Schtschussew dessen Schüler Dmitri Tschetschulin. Tschetschulin bekleidete 1945–1949 den Posten des Moskauer Chefarchitekten. In dieser Funktion beaufsichtigte er unter anderem die Planungen an acht Moskauer Hochhäusern (von denen letztlich sieben verwirklicht wurden: die *Sieben Schwestern*). Zwei dieser Bauten entwarf Tschetschulin selbst: das Wohnhaus an der Kotelnitscheskaja-Uferstraße und das Verwaltungshochhaus in Sarjadje (bei dem nur die Fundamente realisiert wurden). Beide Gebäude waren Objekte des NKWD-MGB, errichtet von Häftlingen.

Ab 1951 hieß Tschetschulins Atelier Mosprojekt-Büro Nr. 13. Noch im selben Jahr wurde es von der Baudirektion des Palastes der Sowjets (ebenfalls eine Staatssicherheitsbehörde) übernommen. Hier entstand unter anderem der Entwurf für das Hochhaus in Sarjadje. 1953 wurde es wieder Mosprojekt unterstellt und durch das Büro von Lew Rudnew zum Büro Nr. 16 erweitert, das an der Planung des Hauptgebäudes der Moskauer Staatlichen Universität auf den Lenin-Bergen (heute Sperlingsberge) beteiligt war. Dieses Hochhaus (ebenfalls eine der *Sieben Schwestern*) wurde (zusammen mit geheimen Forschungsinstituten und vielen anderen Bauten) von Häftlingen unter dem Kommando von General Alexander Komarowski, dem Leiter von Glawpromstroj, der Hauptverwaltung der industriellen Baulager des NKWD, errichtet. Zu den weiteren Bauten von Büro Nr. 16 zählen zahlreiche Objekte des NKWD und des MGB, darunter das Gebäude am Majakowski-Platz (1939–1956), das später zum Hotel Pekin wurde.

Nach Tschetschulins Tod im Jahr 1982 fusionierte Büro Nr. 16 mit Büro Nr. 24 zum Mossowjet-Büro Nr. 20, das in dieser Funktion bis heute besteht. In den Neunzigerjahren befasste es sich auch mit staatlichen Projekten, die direkt mit der Staatssicherheit in Verbindung standen, und es ist eher unwahrscheinlich, dass sich diese Besonderheit bis heute geändert hat.[22]

Die regionalen Sicherheitsorgane verfügten ebenfalls über eigene Projektierungsbüros. Die TscheKa, später die OGPU und schließlich das NKWD unterhielten überall im Land bevollmächtigte Vertretungen. In der Regel handelte es sich um Wirtschaftsdezernate mit eigenen, manchmal recht großen Projektierungsabteilungen oder -büros. In der zweiten Hälfte der Zwanzigerjahre errichteten sie in allen großen Städten der Sowjetunion Verwaltungsgebäude, Wohnkomplexe, Dynamo-Klubs und -Stadien sowie Erholungsheime und Sanatorien. In diesen Büros arbeiteten auch freie Architekten und Exilanten. Einer der bekanntesten und größten Wohnkomplexe dieser Art entstand 1929–1936 in Swerdlowsk (heute Jekaterinburg), das sogenannte Tschekistenstädtchen (Architekten: Iwan Antonow, Weniamin Sokolow, Arseni Tumbasow, Alexander Stelmaschtschuk). In Nowosibirsk, Iwanowo, Irkutsk und in vielen anderen Städten, vorrangig natürlich in den Hauptstädten der Unionsrepubliken, gab es umfangreiche Bautätigkeiten im Auftrag der OGPU beziehungsweise des NKWD.

1929 erfolgte eine radikale Reform der sowjetischen Staatssicherheitsbehörden. Von einer Geheimpolizei und einem Strafsystem wandelten sie sich, ohne ihre früheren Funktionen zu verlieren, zu einem gigantischen Industrieunternehmen, das die Auflagen der Regierung mithilfe von Zwangsarbeit ausführte. Von nun an waren die Repressionen geplant, und das Ausmaß der Verhaftungen und die Größe des Systems der Konzentrationslager entsprachen Stalins Plänen für Industrie und Bauwesen.

Am 11. Juli 1929 verabschiedete der Rat der Volkskommissare der UdSSR (SNK) den Erlass »Über den Einsatz von Arbeit durch Strafgefangene«, der alle Häftlinge mit einer Strafdauer von mehr als drei Jahren der OGPU unterstellte. Am 7. April 1930 erließ der SNK das »Statut über Strafarbeitslager«, in die Personen kamen, die von einem Gericht zu einer Freiheitsstrafe von mindestens drei Jahren oder auf besondere Anweisung der OGPU verurteilt worden waren.[23] Am 25. April desselben Jahres wurde auf Anordnung der OGPU die OGPU-Verwaltung der Strafarbeitslager (ULag OGPU) gegründet, die am 30. Oktober 1930 zur OGPU-Hauptverwaltung der Strafarbeitslager (GULAG) wurde (ab 1934 GULAG NKWD).[24]

Die Zahl der sowjetischen Häftlinge stieg ab 1928, das heißt nach Beginn der Industrialisierung, rapide an. 1928 gab es 85.000 Gefangene, 1930 179.000, 1935 990.500.[25] Am 1. Januar 1939 waren in den Lagern, Strafkolonien und Gefängnissen des GULAG fast 1.990.000 Menschen interniert. Im Januar 1941 befanden sich etwa 2,9 Millionen Personen in Lagern, Strafkolonien und Gefängnissen; weitere 930.000 lebten in der Verbannung.[26] Anfang 1953, am Vorabend von Stalins Tod, waren etwa 2,5 Millionen Menschen in Lagern und Kolonien interniert, weitere 2,8 Millionen waren verbannt.[27]

Das gigantische Lagersystem, das die Sowjetunion überzog, war lediglich produktiv sinnvoll. Es war eine Möglichkeit, Arbeitskräfte in den Händen des Staates zu konzentrieren und diese für seine Belange zu nutzen. Die Wiederauffüllung der »Reserven« war durch die sowjetischen Strafgesetze geregelt. Diese wurden speziell angepasst, um sicherzustellen, dass es im Lagersystem nicht zu einem Arbeitskräftemangel kam.

Die Häftlinge arbeiteten in der Forstwirtschaft, bauten Kanäle (Weißmeer-Ostsee-Kanal, Moskwa-Wolga-Kanal, Wolga-Don-Kanal), Wasserkraftwerke, Hüttenwerke; sie legten Eisenbahnenstrecken und Bergwerke an. Viele sowjetische Städte entstanden zunächst als Lagerzentren (Komsomolsk am Amur, Sowjetskaja Gawan, Dudinka, Workuta, Uchta, Inta, Petschora, Molotowsk/heute Sewerodwinsk, Dubna, Nachodka, Angarsk, Wolschski, Kengir/heute Schesqasghan). Ihre Planung und ihr Bau oblagen der GULAG-Führung und dem NKWD. In allen großen Lagern gab es Projektierungsbüros, in denen hauptsächlich inhaftierte, zuweilen einst hochrangige Architekten tätig waren. Die erste Bewährungsprobe für die Leistungsfähigkeit der Massengefangenenarbeit war der Bau des Weißmeer-Ostsee-Kanals, der den Onegasee mit dem Weißen Meer verband. Er war 1932 fertiggestellt.

1931 wurde Dalstroj, eine staatliche Treuhandgesellschaft für den Straßen- und Industriebau in der Region Oberkolyma, gegründet; ab 1938 hieß sie Oberste Bauverwaltung des NKWD der UdSSR für den Hohen Norden. Ihre Aufgabe war die Exploration und Gewinnung von Gold und anderen Bodenschätzen im Fernen Osten. Die Arbeitskräfte waren Häftlinge des Sewwostlag (Arbeitslager der Strafvollzugsanstalt Nordost). Der Direktor von Dalstroj (1931–1937 Eduard Bersin) hatte sämtliche Machtbefugnisse über ein Gebiet von etwa 400.000 Quadratkilometern. Vor dem Krieg lebten etwa 190.000 Häftlinge in Sewwostlag, zwischen 1932 und 1956 wurden insgesamt 876.000 Menschen nach Kolyma verbracht.[28] 1935 wurde in der Siedlung Ust-Utinaja innerhalb des Dalstroj-Gebiets eine Planungs- und Vermessungsstation eingerichtet. Diese wurde im Februar 1938 nach Magadan verlegt, dort hatten ihre Mitarbeiter die Aufgabe, Entwürfe für alle Bauvorhaben von Dalstroj zu erstellen, einschließlich der Planung der Stadt Magadan.[29] Es scheint, dass Dalstroj hauptsächlich freie Architekten beschäftigte, was für das NKWD-Lagersystem untypisch war.

1931 wurde das Strafarbeitslager Uchta und Petschora (Uchtpetschlag) auf Grundlage der Uchta-Expedition des NKWD in der Oblast Komi gegründet. Es befand sich in der Siedlung Tschibju (dem späteren Uchta). Aufgabe des Lagers waren die Exploration und Förderung von Kohle und Erdöl in Uchta, Workuta und Petschora, der Bau von Straßen sowie Rodungen etc. Bis zu 90.000 Menschen waren dort interniert. 1938 wurde das Lager geschlossen, an seiner Stelle entstanden vier

Internierungs- und Arbeitslager (ITL): Workutlag, Uchtischemlag, Sewscheddorlag, Ustwymlag. 1941 betrug die Zahl der Häftlinge in Komi 186.000, 1950 waren es 242.800.[30] Fast alle heutigen Städte der Republik Komi – Uchta, Workuta, Petschora, Abes, Inta – sind aus Lagerzentren hervorgegangen. Sie alle wurden von Häftlingen entworfen und errichtet.

1937 wurde die Projektierungsabteilung des Uchtpetschlag[31] aus verschiedenen Planungsgruppen gebildet, die in der Siedlung Tschibju arbeiteten. Auch in anderen Lagern gab es Projektierungsabteilungen. In Workuta waren zwei ehemals hochrangige Architekten, Michail Krjukow und Wjatscheslaw Oltarschewski, inhaftiert. 1939 wurde Oltarschewski zum Leiter der Projektierungsabteilung von Workutstroj NKWD und zum Chefarchitekten von Workuta (1939–1942) ernannt. Nach seiner Entlassung im Jahr 1943 erlangte er seine Stellung innerhalb der sowjetischen Architektenhierarchie zurück, als er den Entwurfsauftrag für zwei der Moskauer Hochhäuser erhielt. Krjukow, ehemaliger Bauleiter des Palastes der Sowjets und erster Rektor der Akademie für Architektur, starb 1944 in Workuta.

Im Dezember 1931 wurde in Kasachstan auf Grundlage des Staatsbetriebs OGPU-KasITLAG »Gigant« das hinsichtlich der Fläche und Häftlingsanzahl riesige Landwirtschaftliche Strafarbeitslager Karaganda (Karlag) eingerichtet. Das Zentrum von Karlag befand sich in der Siedlung Dolinka in der Oblast Karaganda, 45 Kilometer von der Stadt Karaganda entfernt. In Dolinka entstanden in den Dreißigerjahren äußerst interessante Gebäude – Lagerbauten, ein Klub, ein Krankenhaus etc. Deren Entstehungsgeschichte liegt jedoch im Dunkeln. Überliefert ist lediglich der Name des angeblichen Entwurfsverfassers, des »Chefarchitekten von Karaganda, Kos«[32]. Angeblich war er bereits ein sehr alter Mann und starb kurz nach seiner Entlassung aus dem Lager als Obdachloser auf einem Bahnhof bei Karaganda.[33]

Die Architekturhistorikerin Jelisaweta Malinowskaja nennt in ihrem Buch *Repressirowannaja architektura* (*Unterdrückte Architektur*, 2018) mehrere Architekten, die im Projektierungsbüro des Landwirtschaftsdepartements von Karlag tätig waren: Wladimir Uklejn (Remigrant aus der Tschechoslowakei, gest. 1986), Jekaterina Asmus (gest. 1946), Antonina Minitskaja (1905–1991) und Georgi Lewin (1911–2009?).[34]

In der Strafkolonie Steplag-Osoblag (Steppenlager-Sonderlager) in Kengir (heute Schesqasghan), Kasachstan, existierte ebenfalls ein Projektierungsbüro. Dort war Genrich Ljudwig (1983–1973), zuvor wissenschaftlicher Sekretär der Allunions-Akademie für Architektur, an mehreren Orten inhaftiert. Ebenfalls in diesem Lager tätig waren Lew Mejlman (1900–1960), ein Verwandter Trotzkis, der mit seiner gesamten Familie interniert worden war, Juri Grunin (1921–2014) und der Architekt Schweder, der im Lager starb.[35]

Zur Errichtung des Nickelkombinats Norilsk wurde 1935 in der sibirischen Region (Kraj) Krasnojarsk das ITL Norilsk (Norillag) des NKWD gegründet. Zu Beginn des Jahres 1941 waren dort etwa 20.000 Häftlinge interniert, Anfang 1945 waren es 35.000. Der Höchststand wurde 1951 mit 72.500 Gefangenen erreicht. Dreiunddreißig Architekten arbeiteten im Projektierungsbüro des Norilsker Kombinats, elf von ihnen waren Freie, 22 waren Häftlinge oder Verbannte.[36] Es gab mindestens zwei bekannte internierte Architekten, Geworg Kotschar (1901–1971) und Mikael Masmasjan (1899–1971). Beide waren (gemeinsam mit Karo Halabjan) Gründungsmitglieder der WOPRA (Allrussische Organisation proletarischer Architekten), beide waren 1937 verhaftet worden. Nach ihrer Entlassung aus dem Lager zu Beginn der Fünfzigerjahre erlangten beide ihre Stellung innerhalb der Hierarchie der sowjetischen Architektenschaft wieder und wurden zu Klassikern der sowjetisch-armenischen Architektur.

1929 begann die OGPU mit der Einrichtung von »Technischen Spezialbüros« (OKB, OKTB), die in den Dokumenten als »Spezialgefängnisse« bezeichnet wurden. Sie beschäftigten verurteilte technische Fachleute, die verschiedene Arten von Militärtechnik entwickelten. Zu den ersten Zwangsarbeitern gehörten Ingenieure, die 1930 im Prompartija-Prozess (Schauprozess gegen die Vertreter der sogenannten Industriepartei) verurteilt worden waren, angeblich weil sie einen Putsch gegen die sowjetische Regierung geplant hatten. 1934 wurden alle der OGPU unterstellten OKBs aufgelöst, ab 1938 jedoch wieder etabliert.

In einigen dieser OKBs wurden auch Architekturentwürfe erstellt. So konzipierte das OKTB-12 in Leningrad (heute Sankt Petersburg) das 1931–1932 errichtete OGPU-Gebäude Bolschoj Dom (»Großes Haus«) am Liteiny Prospekt. An diesem Projekt waren sowohl freie (Noi Trozki, Alexander Gegello, Andrej Ol) als auch internierte Architekten (Nikolai Lansere und Boris Roerich) beteiligt.

Ende der Dreißigerjahre stieg die Zahl der dem NKWD zugewiesenen Neubauten rasant, entsprechend wuchs die Zahl der lokalen ITL-Verwaltungen. Der GULAG begann zu zersplittern. Neben der seit 1938 bestehenden Verwaltung für Bauwesen im Hohen Norden (Dalstroj) wurden 1940 neue Hauptverwaltungen gebildet: die Hauptverwaltung für Wasserbau (Glawgidrostroj) und die Hauptverwaltung für Lager des Eisenbahnbaus (GULSchDS). Anfang 1941 entstanden die Hauptverwaltungen für Flugplatzbau (GUAS) und für Industriebaulager (Glawpromstroj, GULPS).[37]

Zweifellos wurden in all diesen Abteilungen auch architektonische Entwürfe für den eigenen oder den abteilungsübergreifenden Bedarf erstellt, doch ist darüber nur sehr wenig bekannt. Lediglich von der GUAS sind Pläne überliefert. Die GUAS wurde kurz vor dem Deutsch-Sowjetischen Krieg ursprünglich für den Bau von Militärflugplätzen an den westlichen Grenzen der UdSSR gegründet. Der Überfall Hitlerdeutschlands auf die Sowjetunion machte dieses Ziel jedoch zunichte. Die GUAS war an einer Vielzahl von Bauvorhaben beteiligt. So entstand 1944–1946 nach dem Entwurf von Iwan Scholtowski die GUAS-Siedlung Schelesnodoroschny in der Region Moskau. 1946–1947 war die GUAS auch am sowjetischen Atombombenprojekt beteiligt: In Moskau wurden am Oktjabrskoje polje für das von Igor Kurtschatow geleitete Laboratorium Nr. 2 der Akademie der Wissenschaften der UdSSR eine Wohnsiedlung sowie eine Villa für Kurtschatow errichtet. Die Pläne hierfür stammten ebenfalls von Scholtowski. Eine weitere GUAS-Siedlung, die »Siedlung der Ölarbeiter« in Gurjew (heute Atyrau) in Kasachstan (Architekten: Sergej Wasilkowski, Alexander Arefjew), erbaut 1944–1945, wurde 1946 mit dem Stalinpreis 2. Klasse ausgezeichnet.

III. Architekten der Staatssicherheit

Die Architekten, die für die sowjetischen Staatssicherheitsbehörden arbeiteten, können zwei Gruppen zugeordnet werden: Es gab diejenigen, die frei waren, und diejenigen, die Repressionen ausgesetzt beziehungsweise inhaftiert waren.

Erstere machten Karriere, während sie auf freiem Fuß blieben. Sie waren entweder in den internen Projektierungsabteilungen der Staatssicherheitsbehörden beschäftigt oder in angegliederten Planungsbüros, Ateliers und Instituten. Da sämtliche Aktivitäten dieser Einrichtungen der Geheimhaltung unterlagen, durften nur Personen an deren Projekten arbeiten, die von den betreffenden Behörden zuvor überprüft worden waren.

Fast alle Vertreter der ersten Reihe der sowjetischen Architekten der Zwanziger- bis Fünfzigerjahre waren für die Staatssicherheitsbehörden tätig; für viele waren OGPU-NKWD-MGB sogar die Hauptauftraggeber: allen voran Alexei Schtschussew, Iwan Scholtowski, Iwan Fomin, Ilja Golossow, Noi Trozki … Einerseits konnte sich die reichste und einflussreichste sowjetische Behörde die besten Architekten für ihre Belange aussuchen, andererseits gewährleistete allein die Zusammenarbeit mit der Staatssicherheit diesen Architekten ihre Stellung innerhalb der sowjetischen Hierarchie, ihre Karriere und vor allem eine relative persönliche Sicherheit. Die Arbeit für die Staatssicherheit war kaum zu vermeiden: Wenn man nicht emigrierte, hatte man seinen freien Willen verloren.

Bei der zweiten Gruppe stellt sich die Situation komplizierter dar. Gezielte Repressionen gegen Architekten gab es zu Stalins Zeiten praktisch nicht. Bauschaffende fielen während der einen oder anderen Terror-Kampagne zusammen mit den anderen Verfolgten dem Unterdrückungsapparat zum Opfer. Es kann wohl lediglich eine Ausnahme genannt werden: die Verhaftung der gesamten Führungsriege der 1934 gegründeten Allunionsakademie für Architektur im Jahr 1938 inklusive des Rektors Michail Krjukow, seines Stellvertreters Alexandrow, seines wissenschaftlichen Sekretärs Genrich Ludwig und dessen Assistenten Nikolai Troizki. Im

Anschluss wurde die Akademie aufgelöst. 1939 erfolgte die Neugründung, allerdings nicht mehr als Hochschule, sondern als wissenschaftliche Institution, als Akademie für Architektur der UdSSR. Ihr Präsident wurde Wiktor Wesnin.

Eine Reihe deutscher Architekten, die in den frühen Dreißigerjahren in die Sowjetunion gekommen waren und dort bis 1937 festgehalten wurden, erlitt Repressalien; fast alle von ihnen verloren ihr Leben. Der einzige GULAG-Überlebende war Philipp Tolziner (1906–1996), ein Bauhaus-Absolvent und ehemaliger Mitarbeiter in der Gruppe von Hannes Meyer. Kurt Meyer (1888–1944), ein deutscher Kommunist und Stadtplaner, der der sowjetischen Regierung nahestand, starb im Lager.

Einige der verhafteten Architekten wurden sofort zum Tode verurteilt. Zwar waren es vergleichsweise wenige, jedoch gehörten Architekten auch nicht zur größten Berufsgruppe in der Sowjetunion. Erschossen wurde beispielsweise Josef Friedland (1898–1937), der Chefarchitekt des Moskwa-Wolga-Kanals und Schwager des ebenfalls hingerichteten NKWD-Kommissars Genrich Jagoda. Im Anschluss fiel der gesamte Jagoda-Klan dem Terror zum Opfer.

Diejenigen, die in Lagern interniert waren, waren mehr oder weniger in ihrem Spezialgebiet in den zahlreichen GULAG-Projektierungsbüros tätig, meist in Zusammenarbeit mit freien Architekten.

Einige wenige Architekten, die vor ihrer Verhaftung Karriere gemacht hatten, überlebten das Lager und konnten sich nach ihrer Entlassung wieder etablieren, indem sie Titel und Auszeichnungen neu erwarben. Zu ihnen gehörten etwa Geworg Kotschar, Mikael Masmasjan, Wjatscheslaw Oltarschewski und Miron Merschanow.

Es gibt keine genaue Statistik der in der Sowjetunion verfolgten Architekten. In der von der Organisation Memorial erstellten »Offenen Liste der Opfer politischer Repressalien in der UdSSR«, die 3,3 Millionen Namen umfasst, finden sich 307 Einträge über Personen, bei denen als Beruf »Architekt« angegeben ist.[1] Doch ist diese Liste sicher nicht vollständig.

Insgesamt sind die Beiträge der Architekten der Staatssicherheit zur sowjetischen Architektur immens und vielfältig. Im Folgenden werden die Schicksale der bedeutendsten Vertreter skizziert.

1. Freie Architekten

Alexei Schtschussew

Unter den Architekten der älteren Generation, die unter den Bolschewiken die ersten Plätze in der Hierarchie der sowjetischen Architektenschaft besetzten, war Alexei Wiktorowitsch Schtschussew (1873–1949) der erste und engste Mitarbeiter der OGPU.

Alexei Schtschussew, 1873–1949.
Zeichnung: Natascha Meuser

Geboren wurde Schtschussew in Kischinew (Chișinău) als Sohn einer adligen Familie. 1891–1897 studierte er an der Höheren Kunstschule der Kaiserlichen Akademie der Künste in Sankt Petersburg. Ab 1901 stand er im Dienst der Kanzlei des Oberprokurors des Heiligsten regierenden Synods: Er studierte, restaurierte und entwarf Kirchen. Vor der Oktoberrevolution war Schtschussew einer der besten und eigenwilligsten Architekten des russischen Jugendstils, was in seinen Kirchenentwürfen deutlich wird. In den Zwanzigerjahren wandte er sich äußerst erfolgreich dem Konstruktivismus zu. 1931 wechselte er zum neuen stalinistischen Stil und gehörte letztlich zu dessen Begründern, indem er die allerersten stalinistischen Bauten entwarf.[2] Seine zahlreichen Titel und Auszeichnungen (darunter vier Stalinpreise) sowie seinen Status als einer der führenden sowjetischen Architekten verdiente er sich in der stalinistischen Zeit. Schtschussews damalige Entwürfe waren ohne jeden künstlerischen Wert, bedienten aber am besten den Geschmack seiner staatlichen Auftraggeber. Zugleich blieben seine wirklichen Erfolge – in der Zeit vor der Revolution und in den Zwanzigerjahren – praktisch im Dunkeln. Vorrevolutionäre Kirchenarchitektur durfte in der Sowjetzeit nicht ernsthaft besprochen werden. Doch stand der stalinistische Eklektiker Schtschussew stets, auch in der späten Sowjetzeit, im Schatten des raffinierten und emotionalen Konstruktivisten Schtschussew.[3]

Schtschussews tatsächliche Haltung gegenüber der Sowjetmacht spiegelt sich in vielen seiner mündlich überlieferten Äußerungen wider, wie etwa: »Wenn ich wüsste, wie man mit den Priestern verhandelt, würde ich auch mit den Bolschewiken verhandeln.«[4] Oder über die NKWD-Hauptverwaltung an der Lubjanka: »Sie hatten mich gebeten, einen Knast zu bauen, und ich baute ihnen einen fröhlicheren Knast.«

Unter Schtschussews Bauten lassen sich leicht diejenigen identifizieren, die im Auftrag oder unter der Kontrolle der OGPU errichtet wurden. Dazu gehören sowohl konstruktivistische als auch stalinistische Gebäude, die jeweils charakteristische Beispiele ihres jeweiligen Baustils sind.

Schtschussew kam im Januar 1924 vermutlich erstmals direkt mit der OGPU in Berührung, als er (ohne vorherigen Wettbewerb) mit der dringlichen Planung des Mausoleums für Lenin, der am 21. Januar verstorben war, beauftragt wurde. Auf die drei von ihm konzipierten Varianten (zwei hölzerne Bauten und ein steinernes Mausoleum) wird in einem späteren Kapitel (vgl. S. 69ff.) näher eingegangen. Festzuhalten ist, dass sämtliche Entwurfs- und Bauprozesse unter Aufsicht der OGPU erfolgten und der Ort selbst bis heute ein Mysterium ist: Was sich wirklich hier befindet, abgesehen von der Grabkammer mit Lenins Leichnam, ist nur Eingeweihten bekannt.

1927 erhielt Schtschussew den Auftrag, eines der ersten staatlichen Sanatorien in der UdSSR zu konzipieren: das Hotel-Sanatorium Nr. 7 in Mazesta (bei Sotschi). 1928 begann er mit der Entwurfsarbeit an einem der berühmtesten sowjetischen Bauten der Zwanzigerjahre, dem Gebäude des Volkskommissariats für Landwirtschaft (Narkomsem-Haus, Fertigstellung 1933) in der Sadowaja Spasskaja uliza in Moskau. Ein Jahr später starteten die Bauarbeiten an dem von Schtschussew konzipierten Gebäude der Militärakademie für Transportwesen in Moskau (Fertigstellung 1934, ab 1938 Militärpolitische Akademie, heute Militäruniversität des Verteidigungsministeriums der Russischen Föderation).

Im Dezember 1929 wurde durch einen Erlass des Rates für Arbeit und Verteidigung (STO) der UdSSR die staatliche Aktiengesellschaft für ausländischen Tourismus in der UdSSR, Intourist, gegründet. Der Umgang mit Ausländern fiel in die Zuständigkeit der OGPU. So gehörte Intourist eigentlich immer zur OGPU beziehungsweise zum NKWD, für eine kurze Zeit im Jahr 1938 sogar offiziell, allerdings blieb dies sogar vor den eigenen Mitarbeitern geheim.[5] Intourist-Hotels waren also tatsächlich von der Staatssicherheit kontrollierte Hotels.[6]

Ab 1931 ließ Intourist vier Hotels errichten: in Kislowodsk, Batumi, Baku und Tiflis;[7] Schtschussew erhielt Aufträge für die Hotels in Batumi und Baku. Ab April 1931 war Lawrenti Beria Chef der Geheimpolizei (GPU) des SNK der Transkaukasischen Sozialistischen Föderativen Sowjetrepublik (SSFSR). Im November desselben Jahres wurde Beria zum Generalsekretär des Transkaukasischen Regionalkomitees ernannt, gleichzeitig behielt er das Amt des Generalsekretärs des ZK der KP (b) Georgiens. In der Tat war Beria so ein direkter Auftraggeber Schtschussews. Es kann davon ausgegangen werden, dass Schtschussew in diesem Jahr Beria kennenlernte und dass ihre langfristige Zusammenarbeit, die sich für Schtschussew 1937, in der Zeit seiner Verfolgung, wahrscheinlich als lebensrettend erweisen sollte, mit den Hotels in Batumi und Baku begann.

Für Moskau gab es keine Pläne für ein Intourist-Hotel, jedoch wurde 1931 ein Wettbewerb für den Entwurf eines Mossowjet-Hotels (das spätere Hotel Moskwa) ausgeschrieben. Offenbar sollte es das Haupthotel der Moskauer OGPU werden. Wettbewerbsgewinner waren die Mossowjet-Architekten Oswald Stapran und Leonid Saweljew. Höchstwahrscheinlich standen sie im Dienst der OGPU (Stapran hatte 1930 einen Entwurf für ein OGPU-Wohnhaus im 1. Troizki pereulok in Moskau erstellt).[8] Ihr konstruktivistisches Gebäude befand sich bereits im Aufbau, als die stalinistische Wende einsetzte. Schtschussew wurde damit betraut, das Mossowjet-Hotel im Stil des stalinistischen Klassizismus umzugestalten.

Im August 1937 startete die sowjetische Presse eine Hetzjagd auf Schtschussew, die sicherlich von jemandem aus dem Politbüro, aber wohl kaum von Stalin selbst gebilligt worden war, denn sonst wäre ihr Ende für den Architekten sehr bedauerlich gewesen. Eine von Chruschtschow überlieferte Version der Geschichte besagt, dass Schtschussew hinter den Kulissen des Ersten Architektenkongresses im Juni 1937 versehentlich etwas Positives über den Militär Iona Jakir gesagt hatte, der im selben Monat nach dem »Prozess der Generäle« hingerichtet worden war.[9] Einem anderen

Bericht zufolge war es während des Kongresses zu einer Auseinandersetzung zwischen Schtschussew und Molotow gekommen.[10] Es ist möglich, dass beide Versionen wahr sind. Der Kongress endete am 26. Juni 1937. Die Kampagne gegen Schtschussew begann am 30. August mit einem offenen Brief von Saweljew und Stapran in der *Prawda*, in dem sie ihn aller Vergehen gegen die Partei bezichtigten, darunter der Käuflichkeit und antisowjetischer Äußerungen. Dies wurde durch Briefe und Erklärungen vieler anderer Architekten gestützt, die in der *Prawda*, der *Architekturnaja Gasjeta* und anderen zentralen Medien veröffentlicht wurden. Offenbar hatte es eine Anweisung an alle Mitarbeiter des Mossowjet-Büros Nr. 2, das Schtschussew leitete, und an den sowjetischen Architektenverband gegeben. Schtschussew wurde die Büroleitung entzogen und aus dem Vorstand der Moskauer Geschäftsstelle des Architektenverbandes entfernt. Im Oktober 1937 hörten die Schikanen jedoch abrupt und ohne Begründung auf. Ein knappes Jahr später, im Sommer 1938, war Schtschussew komplett rehabilitiert und wurde zum Direktor des eigens für ihn geschaffenen Instituts Akademprojekt berufen. Bald darauf begann er mit der Planung des Gebäudes der NKWD-Zentrale an der Lubjanka. Wahrscheinlich hatte Beria, der damals Volkskommissar des NKWD wurde, Schtschussew geschützt.

Bis zu seinem Tod im Jahr 1949 stand Schtschussew dem Institut Akademprojekt vor, das sich mit der Planung von geheimen militärischen Forschungsinstituten sowie von Einrichtungen des sowjetischen Atombombenprojekts (Laboratorium Nr. 2 der Akademie der Wissenschaften der UdSSR, geleitet von Igor Kurtschatow, überwacht von Beria) befasste.

1942 saß Schtschussew offiziell an Entwürfen für ein bizarres Wiederaufbauprojekt der während der kurzen deutschen Besatzung zerstörten Stadt Istra bei Moskau. Vorgesehen war, Istra in ein Skitourismuszentrum zu verwandeln. Dies erscheint umso absurder, als die damalige Kriegsfront, die sich in den folgenden anderthalb Jahren stabilisieren sollte, nur 150 Kilometer westlich der Stadt verlief und niemand genau wusste, in welche Richtung sie sich bewegen würde. Darüber hinaus gab es in der UdSSR weder vor noch nach dem Krieg Skitourismus (oder eine andere Art von Tourismus). Nichtsdestotrotz wurde das Projekt 1946 in einer luxuriösen Buchausgabe veröffentlicht. Höchstwahrscheinlich entwarf Schtschussew 1942 tatsächlich Ausbildungs- und Trainingsstützpunkte für die militärische Aufklärung,[11] deren Standort in Nähe der Frontlinie und unweit von Moskau durchaus gerechtfertigt war, und die offizielle Version des Tourismuszentrums war reine Tarnung.

Seit seinem Tod wird Schtschussew geradezu beispiellos verehrt. Jedoch findet sich in keiner seiner zahlreichen Biografien, sowohl sowjetischen als auch postsowjetischen, ein Hinweis auf seine Zusammenarbeit mit den Staatssicherheitsbehörden, die seine Karriere und seinen Ruhm als »größten Architekten der Sowjetzeit« sicherte.[12]

Iwan Scholtowski, 1867–1959.

Zeichnung: Natascha Meuser

Iwan Scholtowski

Der älteste der hochrangigen sowjetischen Architekten, Iwan Wladislawowitsch Scholtowski (1867–1959), war bereits vor der Oktoberrevolution ein angesehener Architekt, der mehrere eklektizistische Bauten geschaffen hatte. Das berühmteste davon war (oder wurde es in der Zeit des sowjetischen Ruhms von Scholtowski) die Villa Tarasow in Moskau (1912), im Wesentlichen eine Reproduktion des Palazzo Thiene in Vicenza von Andrea Palladio. Scholtowski blieb zeitlebens prinzipiell ein Eklektizist und entschied sich bei seinen Bauten stets für historische Vorlagen beziehungsweise für einen historischen Stil als Ganzes. Sein wichtigstes und bevorzugtes Vorbild war Palladio.

Der Beginn von Scholtowskis sowjetischer Karriere ist mit einem Empfehlungsschreiben von Anatoli Lunatscharski, dem Volkskommissar für Bildung der RSFSR, an Lenin vom 19. Juli 1918 verbunden: »... Ich empfehle Ihnen wärmstens den bedeutendsten russischen Architekten, der sich einen gesamtrussischen und europäischen Namen erworben hat – Bürger Scholtowski. Neben seinem großen künstlerischen Talent und seinem herausragenden Wissen ist er auch für seine tiefe Loyalität gegenüber der Sowjetmacht bekannt. Er steht der Politik fern (er war parteilos) und arbeitet seit Langem mit uns zusammen als Mitglied des Komitees für bildende Künste, das dem Volkskommissariat für Bildung untersteht. In allen Fragen der Architektur, der Kunst und sämtlicher Arten von Restaurierungen, Bauten und Wiederaufbauten in Moskau bitte ich Sie und die sowjetischen Behörden im Allgemeinen, sich direkt an ihn als Berater und Experten zu wenden.«[13]

Scholtowskis Kontakt mit Lenin erwies sich als fruchtbar. Sie trafen sich wiederholt, Scholtowski wurde sogar eingeladen, bei der Einrichtung einer persönlichen Bibliothek Lenins im Kreml mitzuwirken.[14]

1918 wurde das Architektonisch-Künstlerische Büro des Mossowjet unter der Leitung des »Senior-Architekten« Scholtowski gegründet. Schtschussew war ihr »Senior-Meister«, danach folgten in der Hierarchie: »Meister«, »Lehrlinge« und »Studenten«.[15] Diese pseudoproletarische Terminologie hatte wahrscheinlich Scholtowski selbst erdacht.[16]

1922 wurde Scholtowski unter unklaren Umständen – und entgegen den offiziellen Resultaten des ausgeschriebenen Architekturwettbewerbs – zum Entwurfsverfasser des Generalplans für die Allrussische Landwirtschaftsausstellung 1923.

Im September 1923 wurde Scholtowski »vom Akademischen Zentrum des Volkskommissariats für Bildung Narkompros nach Italien gesandt, um über Architektur zu forschen«[17]. Über den Zweck dieser Reise ist jedoch nichts bekannt. Höchstwahrscheinlich wollte Scholtowski endgültig ausreisen und die formelle »Abordnung« erlaubte es ihm, die Sowjetunion legal zu verlassen und nicht dauerhaft Brücken abzubrechen, falls sich die Situation ändern sollte.

Womit sich Scholtowski drei Jahre in Italien befasste, ist nicht bekannt. Zumindest findet dies in keiner der zahlreichen Publikationen über ihn (einschließlich der 2010 erschienenen Monografie *Iwan Scholtowski* von Selim O. Chan-Magomedow) Erwähnung. In der Regel kommen nur die Tatsache der Reise[18] und dass er den sowjetischen Pavillon für die Mailänder Landwirtschaftsausstellung 1925 entwarf, zur Sprache. Diese geheimnisumwitterte Reise und das völlige Fehlen von Informationen darüber, wo er lebte und was er tat, legen nahe, dass Scholtowski in Italien Spezialaufträge der Sowjetregierung ausführte. Etwa zur gleichen Zeit (1924–1932) unternahm der Biologe Nikolai Wawilow zahlreiche Expeditionen in verschiedene Länder. Es ist nur schwer vorstellbar, dass die freie Ausreise aus der Sowjetunion sowie vor allem die freie Rückkehr inklusive Karriereschub nicht mit besonderen Vereinbarungen mit der Auslandsabteilung der OGPU verknüpft waren.

Nach seiner Rückkehr nach Moskau im Jahr 1926 wurde Scholtowski mit eher unbedeutenden Regierungsaufträgen betraut (Haus des Sowjets der Dagestanischen ASSR, Gosbank-Gebäude, Kesselhaus des Moskauer Kraftwerks MOGES, Textilfabrik in Iwantejewka), was darauf schließen lässt, dass er zwar einige Gönner in der Führung hatte, diese zunächst jedoch nicht sehr hoch in der Hierarchie standen.

Im Dezember 1929 erhielt Scholtowski den Auftrag, eine Militärschule des Allrussischen Zentralen Exekutivkomitees (WZIK) im Kreml zu entwerfen. Dies war eindeutig ein geheimes Projekt und wurde daher von der OGPU überwacht. Scholtowskis Entwurf blieb jedoch unrealisiert. Letztlich wurde das Gebäude 1934–1935 nach dem Entwurf von Iwan Rerberg realisiert.

Den Karrierehöhepunkt Scholtowskis stellt eine der höchsten Auszeichnungen in der zweiten (unionsweiten) Phase des Wettbewerbs für den Palast der Sowjets im Jahr 1932 dar. Diesen Wettbewerb instrumentalisierte Stalin, um die moderne Architektur in der UdSSR zu vernichten und einen neuen staatlichen Stil einzuführen, der auf Stilisierungen historischer Vorbilder beruhte. Scholtowskis eklektizistischer Entwurf hätte dafür nicht besser geeignet sein können. Eigentlicher Wettbewerbsgewinner war nach der letzten Runde Stalins Hofarchitekt Boris Iofan (zu dem sich im Auftrag Stalins Wladimir Schtschuko und Wladimir Gelfreich gesellten), für kurze Zeit galt aber das Scholtowski-Projekt als der Inbegriff des neuen sowjetischen Stils. Iofan selbst war seit seiner Rückkehr aus Italien im Jahr 1925 quasi Architekt der OGPU, da der Bau des Palastes der Sowjets de facto der Staatssicherheit unterstellt war.

Der Status des »schöpferischen Direktors des Moskauer Architekturinstituts« erlaubte es (und verpflichtete) Scholtowski, die moderne Architekturausbildung zu zerschlagen, die in den Zwanzigerjahren von der WChUTEMAS vertreten worden war. In gewissem Maße war er also künstlerischer Leiter und zugleich Zensor der gesamten sowjetischen Architektur. 1933 übernahm Scholtowski den prestigeträchtigen Direktorenposten des Mossowjet-Projektierungsbüros Nr. 1.

1932–1934 entstand in Moskau einer der berühmtesten Bauten Scholtowskis (und wahrscheinlich das bekannteste Wohnhaus der Stalinzeit): das Haus in der Mochowaja uliza – unglaublich kostspielig, mit 30 großen, luxuriösen Wohnungen, die sogar Zimmer für Hauspersonal hatten. Das siebengeschossige Gebäude mit seinen riesigen korinthischen Säulen, die die Komposition des Palazzo del Capitaniato von Andrea Palladio in Vicenza nachahmen, wurde zum kanonisierten Vorbild für die sowjetische Architektur der Dreißigerjahre.

Obwohl das Haus in der Mochowaja uliza in zahlreichen historischen Studien und Lehrbüchern publiziert wurde, ist es in vielerlei Hinsicht ein Rätsel geblieben. Nach wie vor ist unbekannt, für wen es eigentlich gebaut wurde. In der Regel wird in der sowjetischen Literatur die Behördenzugehörigkeit sowjetischer Wohnbauten nicht verschwiegen. Der Verfasser dieses Textes konnte jedoch in keiner der ihm zur Verfügung stehen Quellen einen Hinweis darauf finden. Bekannt ist, dass das Gebäude nicht lange als Wohnhaus diente. Ende des Jahres 1933 entschied Stalin spontan, das Haus der US-Botschaft zu überlassen. Diese zog im Winter 1934/35 ein[19] und residierte dort bis 1953. Danach übernahm Intourist das Gebäude. Es ist davon auszugehen, dass sich die Behördenzugehörigkeit des Hauses an der Mochowaja uliza im Laufe seiner Geschichte nie änderte und dass es ursprünglich für die OGPU errichtet wurde. In diesem Fall hätten wahrscheinlich Geheimpolizeichef Jagoda und sein Mitarbeiterstab darin wohnen sollen. Warum es sich Stalin letztlich anders überlegte und das fertiggestellte Gebäude der amerikanischen Botschaft überließ, ist nicht bekannt. Sicher ist nur, dass das Haus weiterhin der OGPU unterstand, denn der Geheimpolizei oblag auch die Überwachung der ausländischen Vertretungen.

Im März 1939 wurde Scholtowski Chefarchitekt des militärischen Wojenprojekt-Instituts[20] und entwarf in dieser Funktion zwei bedeutende Bauten in Moskau, die jedoch erst nach dem Krieg fertiggestellt wurden: das Wohnhaus des Rates der Volkskommissare der Sowjetunion (Sownarkom) in der Bolschaja Kaluschskaja uliza und das Wohnhaus des Ministeriums für Staatssicherheit am Smolensker Platz. Für das erste Gebäude erhielt er 1950 den Stalinpreis zweiter Klasse. Viele seiner Bauten in den Dreißiger- und Vierzigerjahren entstanden im Auftrag des Kriegsministeriums, des Außenministeriums und des NKWD und waren geheime Projekte. Bis Ende der Vierzigerjahre war Scholtowski zudem Chefarchitekt des Quartiersamts der Hauptintendantur der Roten Armee.[21]

Ab 1942 war Scholtowski in der Anfang 1941 gegründeten Hauptverwaltung für Flugplatzbau des NKWD (GUAS) tätig. So ist er als Entwurfsverfasser der GUAS-Siedlung in der Nähe des Bahnhofs Schelesnodoroschnaja aufgeführt. 1945–1946 wurde auf dem Gelände des Labors Nr. 2 (Atombombenprojekt) der Akademie der Wissenschaften der UdSSR in Schtschukin eine von Scholtowski geplante Villa für den Projektleiter Kurtschatow errichtet. Zur gleichen Zeit entstand auf dem Perowoje-Feld in Moskau eine Siedlung »für das Personal der GUAS NKWD und das Werk Nr. 523 Narkomzwetmet, das eines der Unternehmen des sowjetischen Atomprojekts war (...) Den Inschriften auf den Projektblättern ist zu entnehmen, dass Scholtowski zu dieser Zeit offiziell Chefarchitekt der Abteilung für Planung und Vermessung von GUAS NKWD war.«[22] Nach Schtschussews Tod im Jahr 1949 übernahm Scholtowski die Leitung der Architekturabteilung im Institut Akademprojekt.[23]

Wie Schtschussew war auch Scholtowski in fast allen Jahren seiner sowjetischen Karriere mit der Staatssicherheit – manchmal direkt, manchmal indirekt über die Militärbehörden – verbunden. Er starb 1959 im hohen Alter, als das stalinistische Regime, an dessen Aufbau er direkt beteiligt war, bereits von Chruschtschow demontiert wurde und die sowjetische Architekturausbildung europäische Züge annahm.

Iwan Fomin

Von allen großen vorrevolutionären Architekten, die unter den Bolschewiken Karriere machten, war der »Akademiker der Architektur«[24] Iwan Alexandrowitsch Fomin (1872–1936) in künstlerischer Hinsicht wohl die bedeutendste Persönlichkeit. Fomin hatte an der Höheren Kunstschule der Kaiserlichen Akademie der Künste in Sankt Petersburg und anschließend an der Moskauer Schule für Bildhauerei und Architektur studiert, erlangte aber erst 1909, nachdem er bereits umfangreiche praktische Erfahrungen gesammelt hatte, den akademischen Grad als Architekt und Maler.

Iwan Fomin, 1872–1936.

Quelle: Staatliches Schusev-Museum für Architektur

Zeit seines Lebens war Fomin ein überzeugter Klassizist, jedoch kein Eklektiker. Größere Bekanntheit erlangte er zwischen 1911 und 1913 durch zwei Villenbauten in Sankt Petersburg, das Haus von Alexander Polowzew und das Haus des Fürsten Abamelik-Lasarew. Nach der Revolution suchte er seine eigene Version einer Verbindung des Klassizismus mit der modernen Architektur, die er 1920 unter den Begriffen »proletarische Klassik« und »rote Dorik« für die sowjetische Architektur entwickelte. Diese Termini hatte eine geradezu magische Wirkung auf die bolschewistischen Funktionäre.

Ab 1919 war Fomin Leiter des Architektur- und Planungsbüros des Sowjets der Kommunalen Dienste in Petrograd. Unter seinen Entwürfen und Gebäuden aus den Zwanziger- und Dreißigerjahren ragen mehrere Projekte heraus, die eindeutig im Zusammenhang mit den Staatssicherheitsbehörden entstanden.

In der ersten Hälfte der Zwanzigerjahre entwarf Fomin, der in Petrograd beziehungsweise Leningrad lebte, viele revolutionäre Denkmäler, baute zunächst aber praktisch nichts.

1924 beteiligte er sich am Wettbewerb für das Arkos-Gebäude in Moskau, bei dem er den dritten Preis errang. Arkos (engl. Arcos, All Russian Cooperative Society Limited) war die inoffizielle Handelsvertretung der UdSSR in Großbritannien mit Niederlassungen in Nordamerika, Europa und Asien. Tatsächlich jedoch dienten die ausländischen Arkos-Dependancen als Spionagezentren. 1927 wurden die Londoner Arkos-Geschäftsräume durchsucht. Das aufgefundene Spionagematerial diente als Vorwand für den Abbruch der diplomatischen Beziehungen zwischen Großbritannien und der Sowjetunion. Es ist also davon auszugehen, dass die OGPU der eigentliche Ausschreiber des Wettbewerbs für das Moskauer Arkos-Gebäude und damit auch der Auftraggeber war. Aus der Konkurrenz gingen die Brüder Wesnin siegreich hervor. Letztlich plante jedoch Wladimir Majat, der 1927 auch das Torgsin-Kaufhaus in Moskau errichtete (zweifellos ebenfalls ein OGPU-Objekt), das Arkos-Gebäude. Es ist sehr wahrscheinlich, dass die Auswahl der Wettbewerbsteilnehmer ebenfalls von der Geheimpolizei getroffen worden war. Dies bedeutet, dass Fomins erster direkter Kontakt mit der OGPU spätestens auf das Jahr 1924 zu datieren ist.

Der nächste bedeutende Wettbewerb, an dem sich Fomin beteiligte – für einen Bau der Sportgesellschaft Dynamo in Moskau –, war direkt von der OGPU organisiert (vgl. S. 28). Die Ausschreibung vom 28. Februar 1928 trägt den Titel »Programm des Wettbewerbs für die Gestaltung des OGPU-Gebäudes in Moskau«; Auftraggeber: »Vereinigte staatliche politische Verwaltung [OGPU]«.

1928 erhielt Fomin den Auftrag für den Entwurf eines Wohngebäudes mit Kaufhaus für die OGPU-Sportgesellschaft Dynamo in Moskau. Hierfür siedelte er in die Hauptstadt über. Es ist nicht bekannt, ob das Haus tatsächlich für Sportler gedacht war, aber der Komplex wies für die damaligen sowjetischen Bedingungen zahlreiche Annehmlichkeiten auf. Fomin entwarf das Projekt gemeinsam mit Arkadi Langman, der OGPU-Mitarbeiter und Architekt des Dynamo-Stadions (das gleichzeitig mit dem Dynamo-Haus errichtet wurde), des Gebäudes des Volkskommissariats für innere Angelegenheiten (NKWD) in Moskau und zahlreicher anderer Behördenbauten war. Die Pläne der Wohngeschosse des Dynamo-Gebäudes sind bis heute unbekannt. In der sowjetischen und auch in der postsowjetischen Zeit wurden sie nie veröffentlicht – obwohl in allen Büchern über die sowjetische Architektur der Zwanzigerjahre Fotos der Fassaden abgedruckt sind.

Woran genau Fomin beim Entwurf des Dynamo-Gebäudes arbeitete, wird in den verfügbaren Quellen nicht erwähnt, aber auf der Webseite des Goskatolog (Staatlicher Katalog des Museumsfonds der Russischen Föderation) findet sich ein aufschlussreiches Dokument, datiert auf den 5. Februar 1933 und abgestempelt von der Abteilung für Technik und Bauwesen (ISO) der OGPU: »Information. Dem Genossen Fomin I. A. wurde mitgeteilt, dass er vom August 1928 bis November 1929 für STROJDOMBJURO und von 1929 bis November 1931 für die OGPU arbeitete. Ausgestellt zur Vorlage bei der Dienststelle. Unterzeichner: Langman.«[25]

Neben dem Dynamo-Wohnkomplex erhielt Fomin noch einen weiteren Regierungsauftrag: Er errichtete ein neues Gebäude für den Mossowjet, offensichtlich auch ein OGPU-Objekt. Das heißt, dass Fomin zumindest zwischen 1926 und 1931 für die OGPU tätig war.

1934 entwarf und baute er schließlich das bedeutendste Bauwerk seiner Karriere: das Gebäude des NKWD der Ukrainischen SSR, das spätere Haus des Ministerrats der Ukrainischen SSR, in Kiew.

Stilistisch wandelte sich Fomin bis zu Beginn der Dreißigerjahre rasch zum Konstruktivisten, nach 1932 vollzog er allerdings eine Kehrtwende – nicht einmal zurück zur »roten Dorik«, sondern einfach hin zum banalen Eklektizismus.

Arkadi Langman

Im Gegensatz zu den meisten seiner Kollegen war Arkadi Jakowlewitsch Langman (1886–1968) vermutlich die meiste Zeit seiner beruflichen Laufbahn als Architekt für die OGPU tätig. In Charkiw geboren, studierte er 1904–1911 an der Technischen Universität Wien und erhielt 1913 sein Architektur-Diplom am Institut für Bauingenieure in Sankt Petersburg. Ab 1922 war Langman als Architekt für die Aktiengesellschaft Standartstroj tätig, die vor allem im Staatsauftrag arbeitete, darunter auch im Auftrag der OGPU. 1927 löste Langman Boris Iofan als Chefarchitekt von Strojdombjuro ab und blieb so bis zum Ende seiner Karriere im Dienst der OGPU beziehungsweise des NKWD. Eines seiner ersten Projekte war ein dreigeschossiges Wohnhaus mit neun Wohnungen für die OGPU-Führungsriege im Miljutinski pereulok 9 in Moskau, das sogenannte Jagoda-Haus (1928).

Arkadi Langman, 1886–1968.
Quelle: Зодчие Москвы. Москва 1988

Langman beaufsichtigte die Planung und den Bau vieler OGPU-NKWD-Bauten. Der Architekturhistoriker Andrej Artamonow hat eine (unvollständige) Liste seiner zwischen 1927 und 1941 entstandenen Bauten zusammengestellt:[26]

— Miljutinski pereulok 9, Moskau. Wohnhaus für die OGPU-Verwaltung, 1928;
— Komplex der Bolschewo-Arbeitskommune der OGPU der UdSSR im Dorf Kostino (sogenanntes Strojbjuro-Gebäude) mit einem Krankenhaus, zwei Wohnheimen, einem Wohnhaus, einem Kindergarten, einem Geschäft, einer Fabrikküche und einem Ausbildungszentrum (mit Lasar Tscherikower), 1928;
— 1. Meschtschanskaja uliza (heute prospekt Mira) 46A, Moskau. Wohnhaus für Mitarbeiter der OGPU und des SNK der UdSSR, 1928;
— Bolschoj Kiselny pereulok 14, Moskau. Hauptquartier der OGPU der UdSSR »Dserschinski« und ein Wohnheim für den OGPU-Zentralstab, 1927;
— Leningradskoje schosse, Haus 36 (heute Leningradski prospekt 36), Moskau. Stadion des Moskauer Sportvereins Dynamo der OGPU der UdSSR (mit Lasar Tscherikower), 1927–1928;
— uliza Dserschinskogo 12, 1/Furkasowski pereulok 1 (heute uliza B. Lubjanka 12), Moskau. Dynamo-Gebäude (mit Iwan Fomin), Langman leitete die Bauarbeiten, 1928–1931;
— Leningradskoje schosse 3/5 (heute Leningradski prospekt 3/5), Moskau. Verwaltungsgebäude für die 3. Schule der Grenzschutz- und OGPU-Truppen (mit Lasar Tscherikower), 1932;
— Haus Lomy, Bezirk Iwanowo-Wosnesenski (heute zwölf Kilometer von Iwanowo entfernt). Erholungsheim der Gesundheitsabteilung der OGPU der UdSSR »Seleny Gorodok« (»Grünes Städtchen«), 1932;
— uliza Perwomaiskaja 1/uliza Dserschinskogo 2 (heute Ecke Mjasnizkaja, Bolschaja Lubjanka), Moskau. Neubau Hauptverwaltung der OGPU der UdSSR (runder Gebäudeteil an der Ecke Furkasowski pereulok), mit Iwan Besrukow, 1928–1933;
— Erneuerung des inneren Gefängnisses der Strafvollzugsabteilung der OGPU der UdSSR, Moskau (mit Iwan Besrukow), 1932–1933;
— Bolschoj Slatoustinski pereulok 5. Wohnhaus für Mitarbeiter der OGPU, Moskau (mit Lasar Tscherikower und Nikolai Arbusnikow), 1935;

– Ochotny Rjad 1, Gebäude des Rates für Arbeit und Verteidigung SNK (später: Gosplan-Gebäude), 1932–1935;
– dreigeschossiger Neubau des Sanatoriums Nr. 1 der Gesundheitsabteilung des NKWD der UdSSR in Botscharow Rutschej bei Sotschi, mit Iwan Besrukow (heute teilweise zerstört, untersteht dem Föderalen Komitee des Innenministeriums der Republik Sacha), 1934–1937.

Hinzuzufügen sind außerdem:
– Erholungsheim »Istra« bei Moskau, Ministerium für den Bau von Schwerindustrie, 1946;
– Maly Ljowschinski pereulok, 14/9, Moskau, Wohnhaus der OGPU beziehungsweise des NKWD (Kooperative »Sozinschener«), 1935–1947.[27] In diesem Gebäude lebte Langman;
– Sanatorium »Rossija« (mit I. Kusmin), Bolschaja Jalta, 1950;
– Orlikow pereulok 8, Moskau. Wohnhaus (mit Lew Lopowok), 1951.

Ab Mitte der Dreißigerjahre wurde es allmählich still um Langman. Die Zahl seiner bekannten Bauten nahm drastisch ab. Er verfolgte keine offizielle Karriere, erhielt keine Titel und zählte nicht zu den führenden sowjetischen Architekten. In der sowjetischen Presse wurde sein Name kaum noch erwähnt. Die einzige Auszeichnung, die Langman erhielt, war im Jahr 1928 der Orden des Roten Banners der Arbeit. Wo er ab Mitte der Dreißigerjahre arbeitete und womit er sich befasste, ist ebenfalls unbekannt.

Entweder war er aus irgendeinem Grund in Ungnade gefallen oder er war einfach nur sehr verschwiegen. Ein möglicher Grund könnte sein sein, dass sein Förderer[28] und Vorgesetzter beim Geheimdienst, Alexander Lurje,[29] 1937 erschossen wurde[30] und Langmans Karriere dadurch ins Stocken geriet. Zwar wurde Langman nicht verhaftet, aber er gehörte auch nicht zu den angesehensten Architekten des stalinistischen Regimes. Seine besten und bekanntesten Bauten sind, von wenigen Ausnahmen abgesehen, eher konstruktivistisch oder jugendstilnah.

Boris Iofan

Die Karriere von Boris Michailowitsch Iofan (1891–1976) verlief ebenso glänzend wie tragisch. Vor allem aber ist sie von Geheimnissen umwölkt. Iofans Aufstieg an die Spitze der sowjetischen Architektenhierarchie und zum persönlichen Architekten Stalins in den Dreißigerjahren vollzog sich unter mysteriösen Umständen.

Boris Iofan schloss 1911 sein Studium an der Kunstschule Odessa ab. Danach studierte er an der Hochschule für Bildende Künste in Rom, wo er 1916 seinen Abschluss machte. In die UdSSR kehrte er erst 1924 zurück. Es wird allgemein vermutet, dass er von Alexei Rykow, der damals stellvertretender Vorsitzender des Rates der Volkskommissare war, eingeladen wurde, aber er muss schon vorher von der OGPU rekrutiert worden sein. Auf jeden Fall war Iofan Mitglied der 1921 gegründeten Kommunistischen Partei Italiens, was darauf schließen lässt, dass er eine enge Beziehung zur Auslandsabteilung (INO) der OGPU hatte. Unter seinen italienischen Projekten findet sich eine Entwurfsskizze von 1923 für ein sowjetisches Botschaftsgebäude. Einen solchen Auftrag konnte nur die OGPU erteilen. Ob die Botschaft damals tatsächlich realisiert werden sollte, ist nicht bekannt, vielleicht war sie auch nur ein Köder für Iofan.

Boris Iofan, 1891–1976.
Quelle: Staatliches Schusev-Museum für Architektur

Eines der ersten Werke von Iofan in der UdSSR war die OGPU-Wohnsiedlung in der Rusakowskaja uliza in Moskau von 1925. Zu dieser Zeit war Iofan Chefarchitekt von Strojdombjuro, dem Konstruktionsbüro der OGPU, das 1927 mit dem Entwurf des 1. Wohngebäudes des Zenralen Exekutivkomitees (ZIK) und des Rates der Volkskommissare (SNK) der UdSSR am Bersenewskaja-Damm (Dom na nabereschnoj, Haus an der Uferstraße) betraut wurde (1928–1931). Doch bereits im selben Jahr wurde Iofan, der die Sonderkommission für die Errichtung dieses Gebäudes leitete, durch Arkadi Langman ersetzt.[31]

Zwischen 1929 und 1934 entwarf und baute Iofan sein wahrscheinlich schönstes Gebäude, das Sanatorium des Rates der Volkskommissare (SNK) und des Allrussischen Zentralen Exekutivkomitees (WZIK) in der Siedlung Barwicha bei Moskau. Die Gesundheitsabteilung des Kreml war der OGPU beziehungsweise dem NKWD unterstellt. Zudem findet sich bei Ejgel ein Projekt für eine Hochschule der Grenztruppen aus dem Jahr 1927. Ab 1920 waren die Grenztruppen der OGPU zugeordnet, so dass auch hier klar auf den Auftraggeber geschlossen werden kann.[32]

Nach der Fertigstellung des Hauses an der Uferstraße im Jahr 1931 überwachte Iofan die Vorbereitung der ersten Phase des Wettbewerbs für den Palast der Sowjets, wahrscheinlich war er sogar dessen Initiator. Offenbar stand Iofan zu diesem Zeitpunkt Stalin sehr nahe, der 1930/1931 damit begann, das gesamte Land und dessen Wirtschaft als seinen persönlichen Besitz zu verwalten. Der Bau des enorm kostspieligen und aus praktischer Sicht sinnlosen Palastes der Sowjets in der seit Beginn des ersten Fünfjahrplans rapide verarmenden UdSSR wurde jedenfalls komplett von Stalin bestimmt. Der Verlauf der insgesamt vier Wettbewerbsrunden zeigt, dass Iofan zwar als Chefarchitekt dieses Gebäudes fungierte, seine Entwürfe jedoch nichts mit seiner persönlichen Kreativität zu tun hatten, sondern de facto eine Interpretation von Stalins Anweisungen waren. Und sie änderten sich stets, wenn sich die

Anweisungen änderten [33] – eine äußerst erniedrigende Situation für Iofan, der, nach seinen frühen Entwürfen zu urteilen, zweifellos fähig und ideenreich war. Bis zum Beginn des Zweiten Weltkriegs behielt Iofan den Status des Hofarchitekten bei. Seine Siege in geschlossenen Wettbewerben für sowjetische Pavillons auf den internationalen Ausstellungen in Paris (1937) und New York (1939) verdankte er Stalin, der persönlich die Entscheidungen traf.

Während des Krieges wurde das Projekt des Palastes der Sowjets für Stalin uninteressant und schließlich 1947 durch die zügig realisierte Idee der Moskauer Hochhäuser ersetzt. Für zwei dieser Bauten – das Hauptgebäude der Staatlichen Universität an den Leninbergen (heute Sperlingsberge) und das Außenministerium am Smolensker Platz – war das Bauamt des Palastes der Sowjets zuständig. General Alexander Komarowski, Chef der NKWD-Hauptverwaltung für industrielle Baulager, zeichnete für die Errichtung verantwortlich. Iofan war jedoch nicht mehr dabei. Aus einem nicht genau bekannten Grund fiel er in Ungnade und wurde von der Hochhausplanung ausgeschlossen. Seinen Entwurf für das Universitätshauptgebäude überarbeitete Lew Rudnew, der 1949 dafür den Stalinpreis erhielt.

Michail Motyljow, 1891–1969.
Quelle: ru.wikipedia.org

Michail Motyljow

Michail Iwanowitsch Motyljow (1891–1969) ist eine der rätselhaftesten Persönlichkeiten der sowjetischen Architekturgeschichte. Nur gelegentlich wird sein Name neben vielen anderen in den Quellen erwähnt. Sein Lebensweg ist jedoch sehr ungewöhnlich. 1916 schloss Motyljow die Moskauer Hochschule für Malerei, Bildhauerei und Architektur mit dem Titel »Architekt« sowie 1919 die Kunstakademie in Sankt Petersburg als »Architekt-Künstler« ab. Bereits als Student hatte er für Iwan Rerberg an der Planung und am Bau des Brjansker (heute Kiewer) Bahnhofs in Moskau mitgearbeitet. Später war er für Alexander Pomeranzew und ab 1917 für Alexei Schtschussew tätig. Nach seinem Abschluss wirkte Motyljow am Bau der Eisenbahnlinie Jermolino – Kinel und der Bahnhofsgebäude mit.

1919–1920 war er im Architekturbüro (Architektur- und Kunstabteilung) des Volkskommissariats für Bildung der RSFSR (Narkompros) unter Iwan Scholtowski angestellt. 1926 leitete er das (technische) Konstruktionsbüro von Sokstroj, dem Bauamt der Moskauer Bezirksverwaltung Sokolniki. Bis 1928 errichtete Sokstroj nach Motyljows Entwürfen Häuser in den Straßen Ermakowskaja, Matrosskaja Tischina, Suworowskaja, Rjasanskaja, Stromynka. Darüber hinaus entstanden die Siedlungen Bogatyrsky, Organisator, Farmorabotnik, Obrabstroj, Krasny Kurjanin und Baumanski Stroitel.[34]

Ab 1928 war Motyljow Chefarchitekt der Konstruktionsabteilung von Mosstroj, einem Bauamt des Moskauer Rates für Volkswirtschaft, dem das Konstruktionsbüro von Sokstroj angegliedert worden war. Er war auch Mitglied des Technischen Rates (Architekturrat) von Mosstroj.[35] Bis 1930 baute Mosstroj Wohnkomplexe in den Straßen Usatschewa, B. Serpuchowskaja, Mytnaja, Tulskaja, Syromjatnitscheskaja, Potschtowaja in Dubrowka, Dangauerowka, Nischni Presnja und anderen Moskauer

Stadtteilen – insgesamt mehr als 400 Gebäude.[36] 1930 war Motyljow als Chefarchitekt direkt an der Gründung von Mosprojekt beteiligt und leitete anschließend das Mosprojekt-Büro Nr. 6. Zwischen 1933 und 1940 arbeitete er in der Entwurfsabteilung des Moskauer Stadtexekutivkomitees in den Büros Nr. 2, 4 und 7. Er war »Kandidat der Architektur« ab 1956; stellvertretender Professor des Moskauer Architekturinstituts ab 1943, außerordentlicher Professor ab 1947 sowie ab 1955 Professor.

Bis Ende der Zwanzigerjahre hatte Motyljow mehr Wohnhäuser gebaut als wahrscheinlich jeder andere sowjetische Architekt. Bis 1930 war er eine der Schlüsselfiguren in der Moskauer Wohnungsbauindustrie. Aus unklaren Gründen brach seine Karriere jedoch nach 1930 ab, und sein Name taucht in der Fachliteratur kaum auf. Motyljow wurde aus der etablierten stalinistischen Hierarchie der sowjetischen Architekten entfernt. Er hatte keine akademischen Titel und erhielt keine Auszeichnungen. Erst im Alter von 64 Jahren verteidigte er seine Dissertation. Aber er wurde auch nicht verhaftet. Die Umstände seines Lebens, sein späteres berufliches Schicksal und seine Rolle in der Geschichte der sowjetischen Architektur sind bislang noch unerforscht.

Die bekannten Fakten seines Lebens- und Berufswegs geben auf den ersten Blick keine Hinweise auf etwaige Verbindungen Motyljows zur OGPU – es sei denn, man erinnert sich daran, dass die Bahnverwaltung und die WeTscheKa-OGPU in der ersten Hälfte der Zwanzigerjahre von ein und derselben Person geleitet wurden: Felix Dserschinski. Die Ressortzugehörigkeit der sogenannten Arbeitersiedlungen der Zwanzigerjahre in Moskau ist nicht eindeutig und lässt in vielen Fällen eine Verbindung zum Geheimdienst vermuten. So wurden in Dangauerowka zwei geheimnisvolle »amerikanische Häuser« nach dem Entwurf von Motyljow errichtet, während zwei Schritte davon entfernt 1937 in der 3. Kabelnaja uliza 1 eine Schule des Nachrichtendienstes entstand (heute befindet sich hier das Museum des Auslandsnachrichtendienstes).

Iwan Antonow

Auch der Lebensweg von Iwan Pawlowitsch Antonow (1887–1967), dem Architekten eines der bekanntesten Baudenkmäler des sowjetischen Konstruktivismus, der Wohnsiedlung des NKWD (»Tschekistenstädtchen«, zusammen mit Weniamin Sokolow) in Swerdlowsk (heute Jekaterinburg), ist außergewöhnlich.

Iwan (Johannes) Antonow wurde 1887 in Wyborg, Finnland, geboren. 1917 schloss er sein Studium an der Kaiserlichen Akademie der Künste in Sankt Petersburg ab, der er 1908 beigetreten war.[37] Er kehrte 1921 nach Finnland zurück, hielt sich aber mehrmals in der UdSSR auf. 1926 erhielt er schließlich »auf Empfehlung von Iwan Fomin«[38] ein langfristiges Visum und ging nach Swerdlowsk, um dort zu arbeiten. Als finnischer Staatsbürger leitete Antonow die Planung und den Bau zahlreicher Projekte, darunter auch von OGPU-Objekten, im Uralprojektbjuro, das 1927 in das Staatliche Institut für die Planung metallurgischer Anlagen (Gipromes) umgewandelt wurde. Bekannt ist, dass der Auftraggeber des Hauses der Veteranen der

Bolschewiki (1933–1934) und des Zweiten Hauses der Sowjets das Strojbjuro der OGPU im Ural war.[39] Offensichtlich war dies auch bei anderen Projekten der Staatssicherheit der Fall.

1933 musste Antonow plötzlich aus der Sowjetunion verschwinden. Seine Tochter Irene Antonoff erinnert sich: »Mein Vater erzählte mir, dass sie Swerdlowsk in großer Eile verließen. Am Morgen erhielt er von seinen Bekannten im NKWD die Ausreisepapiere und Zugfahrkarten nach Leningrad.«[40]

In Wyborg und dann in Lahti war Antonow bis Mitte der Sechzigerjahre im Architekturbüro von Jalmari Lankinen beschäftigt. Es ist nur schwer vorstellbar, dass Antonow nicht von der OGPU rekrutiert worden war, bereits bevor er 1921 das erste Mal die UdSSR verlassen hatte, oder dass die OGPU einem Ausländer, der keine berufliche Beziehung zu ihr hatte, erlaubte, an ihren Bauprojekten zu arbeiten. Noch weniger plausibel ist, dass die OGPU ihren Mitarbeiter und Agenten, der in eine Vielzahl von Geheimnissen eingeweiht war, dauerhaft und ohne jegliche Bedingungen oder Verpflichtungen ins Ausland gehen ließ.

Oswald Stapran, 1901–1984.
Quelle: ru.wikipedia.org

Oswald Stapran

Über das Werk des Architekten Oswald Andrejewitsch Stapran (1901–1984) gibt es nur wenige Informationen. Er absolvierte die Moskauer Höhere Technische Schule (MWTU) im Jahr 1925. Zwischen 1926 und 1930 war er (jeweils in großen Kollektiven) an der Gestaltung von zwei Moskauer Wohnquartieren, Nischnjaja Presnja und der Siedlung an der Piszowaja uliza, beteiligt. Darüber hinaus war er der Entwurfsverfasser von zwei Wohnbauten, dem konstruktivistischen Haus der Kooperative Sacharotrest (1931) und dem stalinistischen Gebäude in der Sadowo-Samotetschnaja uliza (1940). 1937 konzipierte Stapran ein Sommercafé auf dem Roten Platz (mit Leonid Saweljew). Sein Entwurf für das Hotel Moskwa (ebenfalls mit Leonid Saweljew) ging siegreich aus einem Wettbewerb hervor, das Gebäude wurde in den Dreißigerjahren jedoch auf Erlass Stalins letztlich von Schtschussew errichtet. In den Fünfzigerjahren plante Stapran den Glawchleb-Pavillon auf dem Gelände der Ausstellung der Errungenschaften der Volkswirtschaft (WDNCh). In den Sechzigerjahren war er Chefarchitekt von GPI-7 (Staatliches Institut für die Planung von Anlagen der Leichtindustrie Nr. 7).

Was Stapran in den letzten Jahrzehnten seines Lebens tat, ist unklar. Im Jahr 1984 verstarb er.

Staprans Name ist vor allem durch den Skandal im Zusammenhang mit dem Entwurf des Hotels Moskwa bekannt. 1931 hatte Stapran, damals bei Mosprojekt tätig, mit Saweljew den Architekturwettbewerb für den Entwurf des Mossowjet-Hotels (das auch Grandhotel oder Hotel Moskwa genannt wurde) gewonnen. Das konstruktivistische Projekt war bereits im Bau, als die stalinistische Stilreform einsetzte und die moderne Architektur in Ungnade fiel. 1932 wurde Alexei Schtschussew, in dessen Mossowjet-Büro beide Architekten beschäftigt waren, mit der Umgestaltung des Baus und der Anpassung der Fassaden an die neuen Vorgaben beauftragt. Es kam zu einem Konflikt über die Urheberschaft. Die ursprünglichen Entwurfsverfasser waren verständlicherweise verärgert. Nicht so sehr, weil Schtschussew ihr Projekt verunstaltete (er hatte gar keine andere Wahl), sondern weil sie die Anpassungen nicht selbst vornehmen durften.

1937 fiel Schtschussew in Ungnade, wenn auch nur für kurze Zeit. Es begann mit einem offenen Brief von Saweljew und Stapran, der am 30. August 1937 in der *Prawda* veröffentlicht wurde und in dem sie Schtschussew aller möglichen Vergehen bezichtigten. Schtschussew, der Architekt des Lenin-Mausoleums und zahlreicher Regierungsbauten, rangierte in der Hierarchie unermesslich höher als Saweljew und Stapran. Es war klar, dass ihr Schreiben von einem Mitglied des Politbüros arrangiert worden war, um eine Kampagne gegen Schtschussew zu starten, vermutlich von Molotow oder Kaganowitsch.

Für Schtschussew endete diese nur wenige Monate dauernde Episode relativ glimpflich. Er wechselte einfach seinen Arbeitsplatz – vom Mossowjet-Büro Nr. 2 in die Position des Direktors des eigens für ihn geschaffenen Instituts Akademprojekt. Dort befasste er sich mit allen möglichen geheimen Projekten, wie etwa dem NKWD-Gebäude am Dserschinski-Platz. Es war eindeutig, dass Beria Schtschussew gedeckt hatte (vgl. S. 40). Staprans Name dagegen verschwand praktisch aus der offiziellen sowjetischen Berichterstattung über Architektur.

Auch Stapran war für die Staatssicherheit tätig. So findet sich im Jahrbuch der Moskauer Architektengesellschaft (MAO) Nr. 6 von 1930 der »Entwurf für ein Wohnhaus für OGPU-Mitarbeiter, Architekt-Ingenieur O. A. Stapran«. Die Adresse ist nicht angegeben, aber auf dem Masterplan kann der Straßenname entziffert werden: 2. Troizki pereulok, Ecke 1. Troizki pereulok. Dieses Haus ist in Staprans offiziellen Werkverzeichnissen nicht aufgeführt.

In unmittelbarer Nähe gibt es ein Wohnhaus von ungefähr gleicher Konfiguration: 2. Troizki pereulok 6a, Haus 3. In den Quellen bleibt der Architekt ungenannt, aber die älteren Anwohner erinnern sich, dass das Gebäude zu Sowjetzeiten etwas Besonderes war. Vor dem Haus stand eine Wache und es waren ausländische Komintern-Mitarbeiter dort untergebracht.[41] Laut dem von der Organisation Memorial aufgestellten Hinrichtungsverzeichnis lebten dort nicht nur polnische Kommunisten, sondern auch verschiedene Entscheidungsträger des NKWD.[42] Zwar war es dem Autor dieses Buches unmöglich, die Pläne dieses Hauses ausfindig zu machen, um sie mit dem im MAO-Jahrbuch von 1930 veröffentlichten Unterlagen zu vergleichen, doch vermutlich handelt es sich hier ebenfalls um einen Entwurf von Stapran.

Da die Entwürfe für Bauten der Geheimpolizei im Allgemeinen geheim blieben, war die Veröffentlichung dieses OGPU-Wohngebäudes im MAO-Jahrbuch wohl eher ein Zufall, möglicherweise noch ein Nachhall der NEP. Diese kleine Entdeckung zieht eine Reihe weiterer Annahmen nach sich. Wenn Stapran in der zweiten Hälfte der Zwanzigerjahre für die OGPU gearbeitet hatte, dann wahrscheinlich nicht nur an diesem Standort. Vermutlich war auch das für »ausländische Spezialisten« errichtete Sacharotrest-Haus (2. Twerskaja Jamskaja uliza 38) ein OGPU-Objekt – und ebenso das Sommercafé auf dem Roten Platz (wie alle Bauten dort).

Dies gilt dann ebenfalls für das von Stapran entworfene Haus in der Sadowaja Samotetschnaja uliza. Leider war bei den Recherchen für dieses Buch nicht herauszufinden, zu welcher Abteilung der Staatssicherheit dieses Bauwerk gehörte.

Zudem erscheint dadurch Staprans und Saweljews Sieg im Architekturwettbewerb für das Hotel Moskwa in einem anderem Licht: Denn auch dieses Hotel wurde von der OGPU kontrolliert. Es ist nur logisch anzunehmen, dass die Geheimpolizei »ihre« Architekten mit der Planung beauftragt hatte.

Schtschussew war ebenfalls ab Beginn der Zwanzigerjahre für die OGPU tätig. Der Konflikt zwischen ihm und Stapran/Saweljew könnte also eine abteilungsinterne Auseinandersetzung gewesen sein. Möglicherweise war auch Staprans weitere Karriere mit der Staatssicherheit verknüpft, weshalb sie für die Öffentlichkeit im Dunkeln geblieben ist.

2. Internierte Architekten

Die Zahl der internierten Architekten, die nur einige Hundert beträgt, ist im Vergleich zur Gesamtzahl der Opfer des sowjetischen Terrors verschwindend gering. Bislang scheint es jedoch noch keine speziellen Studien dazu zu geben. Die etwa 300 Namen, die in der Datenbank von Memorial zu finden sind, stellen nur einen Bruchteil der Gesamtzahl der Bauschaffenden dar, die unter den Repressionen des stalinistischen Terrors zu leiden hatten.

Die meisten der im Lager internierten Architekten arbeiteten in den zahlreichen Konstruktionsbüros der OGPU beziehungsweise des NKWD, in der Regel neben freien Kollegen. Darunter befanden sich Personen, deren Kontakte zu den Sicherheitsbehörden lange vor ihrer Verhaftung begonnen hatten und auch nach ihrer Entlassung aus dem Lager nicht abbrachen.

Wjatscheslaw Oltarschewski

Wjatscheslaw Oltarschewski, 1880–1966.

Quelle: ourreg.ru/

Der Werdegang des Architekten Wjatscheslaw Konstantinowitsch Oltarschewski (1880–1966) ist auf den ersten Blick für sowjetische Verhältnisse völlig unerklärlich. 1880 in Moskau geboren, schloss er 1908 sein Studium mit dem Titel »Architekt-Künstler« an der Moskauer Schule für Malerei, Bildhauerei und Architektur ab. Während seiner Studienzeit hatte er als Assistent seines Professors Illarion Iwanow-Schitz gearbeitet. 1908–1914 war er mit Iwan Rerberg[43] (Oltarschweskis ehemaligem Professor an der Akademie) an der Planung und dem Bau mehrerer öffentlicher Großbauten in Moskau beteiligt. In dieser Zeit realisierte er kaum eigene Werke. 1918–1921 diente Oltarschewski als Militäringenieur in der Roten Armee. Was genau er dort machte, ist nicht überliefert. Ab 1921 bekleidete er als Leiter der Architekturabteilung des Volkskommissariats für Landwirtschaft (Narkomsem) einen hohen Verwaltungsposten. Extern überwachte er als Stellvertreter des Chefarchitekten Schtschussew den Bau der Allrussischen Landwirtschaftsausstellung von 1923.

1924 begab sich Oltarschewski im Rahmen der neu gegründeten Amtorg Trading Corporation auf eine »Dienstreise« in die USA. Amtorg war die inoffizielle Handelsvertretung der UdSSR in den Vereinigten Staaten, aber in erster Linie ein Geheimdienstzentrum. In Oltarschewskis Autobiografie, die in seiner Akte im FSB-Archiv in Moskau aufbewahrt wird, findet sich der kryptische Satz: »1924 ermöglichte es mir die sowjetische Regierung auf meinen Wunsch hin, für ein Jahr nach Amerika zu gehen, um die amerikanische Architektur und Bautechnik kennenzulernen.«[44]

Oltarschewski arbeitete auf Baustellen, machte dann seinen Abschluss an der New Yorker Columbia University (russische Diplome wurden in den USA nicht anerkannt), eröffnete sein eigenes Architekturbüro und trat dem American Institute of Architects (AIA) bei. 1930 wurde er Professor an der Columbia University. Mit anderen Worten: Er verhielt sich wie ein gewöhnlicher Auswanderer. 1933 veröffentlichte Oltarschewski ein der New Yorker Architektur gewidmetes Buch, *Contemporary Babylon*, mit wunderbaren Bleistiftzeichnungen.

Oltarschewskis bedeutendstes unabhängiges Bauwerk in den USA ist das Royal Pines Country Hotel in New Jersey, fertiggestellt 1928. Stilistisch handelt es sich um ein Gebäude in einem zurückhaltenden Eklektizismus mit neoklassizistischem Fassadenschmuck, der ein wenig die künftige stalinistische Architektur in der UdSSR vorwegnimmt. Oltarschewski beteiligte sich außerdem an zwei großen internationalen Architekturwettbewerben: an der Konkurrenz für den Entwurf des Christoph-Kolumbus-Denkmals in San Domingo (1929) und am Wettbewerb zur Gestaltung des Square de l'Avenue Foch in Paris (1930).

1935 gab Oltarschewski plötzlich das Leben eines amerikanischen Architekten auf und kehrte von seiner »Dienstreise« in die UdSSR zurück. Ein seltsamer Zeitpunkt: Der stalinistische Terror stand kurz vor seinem Höhepunkt. Wenn es sich bei Oltarschewskis USA-Aufenthalt also tatsächlich um eine Geschäftsreise gehandelt hatte, dann war sie höchstwahrscheinlich im Auftrag der OGPU erfolgt – als Geheimagent. In diesem Fall lässt sich Oltarschewskis plötzliche Rückkehr durch die Gefahr einer möglichen Enttarnung erklären.

Oltarschewski wurde zunächst zum Chefarchitekten der Moskauer Niederlassung des Instituts Promstrojprojekt des Volkskommissariats für Schwerindustrie[45] und später, 1936, zum Chefarchitekten der Allunions-Landwirtschaftsausstellung (der späteren WDNCh) ernannt. Eine solche Karriere wäre für einen einfachen Auslandsheimkehrer unmöglich gewesen.

1938 wurde er jedoch verhaftet, zusammen mit der gesamten Führung des Volkskommissariats für Landwirtschaft, das die Allunions-Landwirtschaftsausstellung überwachte. Oltarschewski erhielt 15 Jahre Lagerhaft wegen »Sabotage« und wurde nach Workuta deportiert. Dort war er Leiter der Konstruktionsabteilung von Workutstroj des NKWD und als Chefarchitekt von Workuta (1939–1942) tätig.

Nachdem er ein Drittel seiner Haftstrafe verbüßt hatte, kehrte Oltarschewski 1943 nach Moskau zurück (der Verfasser dieses Buches konnte keine Informationen über eine Begnadigung, Amnestie oder Rehabilitierung finden). Es ist sehr wahrscheinlich, dass der NKWD eine geraume Zeit abgewartet hatte und dann einfach seinen Mitarbeiter aus dem Lager holte.

In Moskau wurde Oltarschewski zum Leiter der Abteilung für wissenschaftliche und technische Informationen des Architekturkomitees beim Ministerrat der UdSSR ernannt (Komiteevorsitzender: Arkadi Mordwinow). Es ist davon auszugehen, dass er vor allem ausländische Fachliteratur auswerten sollte.

1947–1948 wirkte Oltarschewski an den Entwürfen für zwei der acht geplanten Moskauer Hochhäuser mit: das Hotel am Dorogomilowskaja-Ufer mit Wohnteil (später Hotel Ukraina, Hauptarchitekt: Arkadi Mordwinow) und das letztlich unrealisiert gebliebene Verwaltungsgebäude in Sarjadje (Hauptarchitekt: Dmitri Tschetschulin, Chefarchitekt von Moskau). Für das Hotel Ukraina erhielt Oltarschewski den Stalinpreis. Über beide Hochhausprojekte ist offiziell nur sehr wenig bekannt: weder der oder die Auftraggeber noch durch welche Büros sie geplant und errichtet wurden. In der Regel deutet eine solche unzureichende Quellenlage auf die Staatssicherheitsbehörden hin.

Nach inoffiziellen Angaben gehörte das Hotel Ukraina früher zum Außenministerium und das Diplomatische Korps war dort untergebracht. Gerüchten zufolge soll es darunter geheime Bunker geben, die mit dem ebenfalls geheimen U-Bahn-Netz »Metro-2« verbunden sind. Das geplante Haus in Sarjadje (es sollte das höchste von allen werden und direkt neben dem Kreml stehen) könnte durchaus für das NKWD-MGB bestimmt gewesen sein. Es ist davon auszugehen, dass in beiden Fällen Oltarschewski für die Planung der geheimen Anlagen verantwortlich war. So scheint es also, dass seine Tätigkeit für die Staatssicherheit in den frühen Zwanzigerjahren begann und nie unterbrochen wurde.

Seltsam ist zudem, dass Oltarschewski einerseits eine bekannte Persönlichkeit in der Geschichte der sowjetischen Architektur ist, es andererseits aber von ihm kaum eigene Bauten gibt, die auf seinen persönlichen Stil schließen lassen – lediglich ein eklektizistisches Hotel in den USA, das als Rückzugsort von Al Capone bekannt geworden ist.

Oltarschewskis älterer Bruder Georgi (1879–1953) war ebenfalls Architekt und hatte vor der Oktoberrevolution erfolgreich Wohnhäuser in Moskau gebaut. Berichten zufolge hatte er in den frühen Zwanzigerjahren im Ausland gelebt, seine offizielle Biografie ist diesbezüglich jedoch äußerst vage. 1921 gab Georgi Oltarschewski eine Anzeige in einer Pariser Zeitung auf, in der er ein Haus mit sieben bis neun Zimmern in der Nähe des Bois de Boulogne suchte.[46] Ab 1924 entwarf er jedoch mehrere Wohnbauten in Moskau, darunter für die Wohnungsbaugenossenschaft Kwartirochosjain ein Dreifamilienhaus mit großen Maisonettes mit Zimmern für Hauspersonal im Skaterny pereulok. Es gibt einige Hinweise, dass Kwartirochosjain (die mehrere Häuser besaß) eine OGPU-Genossenschaft gewesen sein könnte. Georgi Oltarschewskis letztes bekanntes Werk, das Danilowski-Kaufhaus, stammt aus dem Jahr 1934. Wo er danach arbeitete und was er bis zu seinem Tod 1953 tat, ist nicht überliefert. Diese Geheimniskrämerei lässt den Schluss zu, dass die Brüder Oltarschewski beide für die Staatssicherheit tätig gewesen waren.

Nasim Nessis

Das Schicksal von Nasim Nessis (1903–1938), einem weiteren Agenten unter den hochrangigen sowjetischen Architekten, ist tragisch.

Nasim Sinowjewitsch Nessis wurde in einem jüdischen Dorf im Rajon Chotyn in der Provinz Bessarabien (ab 1920 zu Rumänien gehörig, nach 1945 zur Sowjetunion, heute zur Ukraine) geboren. Sein Architekturstudium absolvierte Nessis an der Fakultät für Architektur der Technischen Universität in Prag.[47] 1922 trat er der Kommunistischen Partei der Tschechoslowakei bei und wurde als begabter Künstler sofort zum Fälschen von Dokumenten herangezogen. Auf diesem Gebiet interessierte sich Nessis für die Agenten des Internationalen Verbindungsbüros der Komintern in der Tschechoslowakei, vertreten durch Karl Kreibich, der dem Studenten vorschlug, in die UdSSR zu emigrieren. Erstmals in die Sowjetunion reiste Nessis zur 1. Allunionskonferenz proletarischer Studenten, die vom 13. bis zum 17. April 1925

Nasim Nessis (1903–1938) und Sofia Rosowa.

Quelle: museumsochi.ru

in Moskau stattfand. Damals wurde er von der Aufklärungsabteilung des Hauptquartiers der Roten Armee angeworben. Man bot Nessis an, ihm bei der Gründung einer kleinen Firma in Prag behilflich zu sein, die unter der Aufsicht des sowjetischen Militärgeheimdienstes Entwürfe für Landhäuser erstellen sollte. Möglicherweise kam der militärische Abschirmdienst des tschechoslowakischen Generalstabs auf die Spur von Nessis, der in Prag als Architekt arbeitete und im Untergrund für die Rote Armee und die Komintern Pässe fälschte. Im April 1929 floh Nessis mit seiner Frau Sofia Rosowa in die UdSSR, wo er einen kleinen Posten im Sekretariat des Exekutivkomitees der Komintern in Moskau erhielt. Im Dezember desselben Jahres wurde er, nachdem er die sowjetische Staatsbürgerschaft erhalten hatte, unter der Protektion des Komintern-Sekretärs I. A. Pjatnizki als Architekt bei der Staatlichen Aktiengesellschaft für Bauwesen des NKWD der RSFSR (später Staatlicher Treuhandfonds für Nachbarschaftsplanung und Bauwesen Giprogor NKKCh der RSFSR) eingestellt. Im August 1932 ernannte man Nessis, nachdem dieser der Wirtschaftsabteilung des Zentralen Exekutivkomitees der UdSSR zwei Entwürfe für Datschen (Nr. 5 und 6) und für ein Erholungsheim in Sotschi-Mazesta vorgelegt hatte, zum Leiter des Projektierungsbüros Nr. 1 des NKKCh RSFSR.[48] Dort entwickelte er einen Generalplan für den Regierungskurort Sotschi-Mazesta. Es handelte sich hierbei um eine äußerst verantwortungsvolle und geheime Tätigkeit, koordiniert und überwacht vom NKWD. Nessis war auch der Architekt des Sanatoriums Nr. 1 (»Stalin«) in Schelesnowodsk (Kawkaskije Mineralnye Wody, eine Gruppe von Kurorten in der Region Stawropol), das vor dem Krieg errichtet und im August 1942 gesprengt wurde. Im Januar 1937 entwarf er im Auftrag des Projektierungsbüros der Bauabteilung des NKWD eine Datscha für den Rat der Volkskommissare (Sownarkom), die jedoch erst 1948 gebaut wurde und den Namen Gosdatscha Nr. 8 »Schwalbennest« erhielt.[49]

Am 3. Februar 1937 wurde Nasim Nessis verhaftet, der Spionage für Rumänien beschuldigt und am 10. März 1938 auf dem berüchtigten Butowo-Poligon in Moskau erschossen. Sein Name wurde aus den sowjetischen Architekturannalen getilgt; überdauert hat er lediglich in Beiträgen in sowjetischen Architekturzeitschriften, die 1934 publiziert wurden.[50]

Miron Merschanow

Geboren in Nor-Nachitschewan (bei Rostow am Don), entstammte Miron Iwanowitsch Merschanow (1895–1975) einer wohlhabenden armenischen Familie. Sein Vater Oganes Merschanjanz, ein entfernter Verwandter des Malers Iwan Aiwasowski, war Beamter. Vor dem Ersten Weltkrieg absolvierte Merschanow das klassische Gymnasium und trat in das Sankt Petersburger Institut für Bauingenieure ein. Damals arbeitete er als Zeichner im Architekturbüro von A. Tamanjan, ebenfalls ein entfernter Verwandter. Kurz vor Kriegsende wurde er zur Armee eingezogen und diente in der Telegrafen-Kompanie. Nach der Revolution ging Merschanow nach Rostow, wo er sich 1919 dem Ingenieurbataillon der Freiwilligenarmee (Weißen Armee) unter Generalleutnant Denikin anschloss. Nach deren Niederlage lebte er in Krasnodar.

Dort studierte Merschanow ab 1920 Architektur am Polytechnischen Institut des Kubangebiets, beendete die Ausbildung jedoch nicht. 1922 heiratete er die Tochter des Architekten Emmanuil Chodschajew. Erst 1930 absolvierte Merschanow das Höhere Künstlerisch-Technische Institut (WChUTEIN) in Moskau und erhielt ein Architekturdiplom.

Merschanows erstes realisiertes Gebäude war sein eigenes Haus in Kislowodsk (1925). Es folgten eine Markthalle in Jessentuki, das Gosbankgebäude in Pjatigorsk (1926) und ein Gebäude des Sanatoriums »10 Jahre Oktober« in Kislowodsk (1927, heute ein FSB-Sanatorium). Vermutlich war es das letztgenannte Bauwerk, das Merschanows spätere Karriere als Architekt von bedeutenden, geheimen Regierungsbauten einleitete. 1929 gewann er den Wettbewerb für den Entwurf des Sanatoriums der Roten Armee in Sotschi. Das von Verteidigungsminister Kliment Woroschilow persönlich geleitete Sanatorium wurde 1934 errichtet und ist nicht nur eines der interessantesten, sondern auch eines der letzten konstruktivistischen Gebäude in der Sowjetunion. 1931 wurde Merschanow nach Moskau berufen und mit Stalins persönlicher Billigung[51] zum Chefarchitekten der Wirtschaftsabteilung des Zentralen Exekutivkomitees der UdSSR ernannt.

In dieser Position entwarf Merschanow zahlreiche staatliche Einrichtungen. Er errichtete den Gosdatscha-Komplex »Botscharow Rutschej« (Woroschilows Datscha; hier befindet sich heute Putins Sommerresidenz), leitete die Projektierung der Marineakademie in Leningrad und konzipierte etwa 50 Gosdatschas. Er entwarf auch eine Reihe von Stalins Sommerresidenzen: in der Nähe von Moskau die sogenannte Blischnaja datscha (1932–1934)[52] sowie eine Datscha in Mazesta und eine in der Nähe von Gagra im Kaukasus. Zu seinen Projekten gehörten außerdem das Sanatorium-Hotel »Kislowodsk« des NKWD (1933) und das Sanatorium »Krasnyje Kamin« (»Roter Felsen«) in Kislowodsk (1939, ursprünglich Erholungsheim des Zentralen Exekutivkomitees und des Rates der Volkskommissare der UdSSR). 1938 gestaltete Merschanow die Orden »Goldener Stern des Helden der Sowjetunion« und »Hammer und Sichel«.

Seinen hohen Posten verdankte Merschanow unter anderem der Fürsprache von Anastas Mikojan, damals Volkskommissar für Versorgung, und seinem Freund Karo Halabjan, dem Gründer der WOPRA (Allrussische Gesellschaft proletarischer Architekten) und Leiter des Ersten Staatlichen Projektinstituts in der Armenischen SSR sowie natürlich einer gründlichen Überprüfung seiner Person durch die OGPU. Von Juni 1931 bis Januar 1938 war er zudem Chefarchitekt beim Zentralen Exekutivkomitee der UdSSR (ZIK), danach wurde er im Zuge der radikalen Umstrukturierung der Exekutive und Legislative seines Postens enthoben. Im Januar 1938 hörte das ZIK auf zu existieren und viele von Merschanows Kollegen und Vorgesetzten wurden verhaftet und später erschossen. Der sogenannte Architekt Stalins blieb jedoch zunächst verschont und wurde interessanterweise dem von Boris Iofan geleiteten Baubüro des Palastes der Sowjets in der Kropotkinskaja uliza 1/45 zugewiesen.[53]

Am 12. August 1943 verhaftete man jedoch Merschanow und seine Frau. Am 8. März 1944 wurde Merschanow zu zehn Jahren Lager verurteilt. Es wird vermutet,

Miron Merschanow, 1895–1975.
Quelle: Merschanow-Familienarchiv

dass der Grund für Merschanows Verhaftung eine Affäre mit der Malerin Nadeschda Peschkowa, der Schwiegertochter von Maxim Gorki und Geliebten von Beria, gewesen war. Doch hätte der Anlass eigentlich alles sein können, auch sein Dienst in der Weißen Armee bei Denikin.[54]

Merschanow kam in ein Lager in Komsomolsk am Amur, wo er weiter als Architekt arbeitete. Er entwarf den Kulturpalast der Stadt und das Kulturhaus des Flugzeugwerks (Awiasawod). Seine Frau starb 1946 im Lager.

1948 holte man Merschanow nach Moskau, wo er im Auftrag von MGB-Minister Wiktor Abakumow das Sanatorium des Ministeriums für Staatssicherheit in Sotschi plante. Merschanow war in der Suchanowka in Widnoje und im MGB-Sondergefängnis Scharaschka in Marfino, in dem zur gleichen Zeit Alexander Solschenizyn interniert war, inhaftiert. Der Bau war 1954 fertiggestellt, aber bereits 1951 wurde Merschanow nach der Verhaftung Abakumows von den Bauarbeiten suspendiert und nach Irkutsk verbracht. Bis März 1953 war er dort inhaftiert, danach verlegte man ihn nach Krasnojarsk. Nach seiner Freilassung 1954 musste Merschanow als Verbannter in Krasnojarsk bleiben. Hier entwarf er das Gebäude des Zentralen Bezirkskomitees der KPdSU, ein Kino, eine Gosbank-Filiale und das Kulturhaus des Krasmasch-Werks. Im Mai 1955 war seine seine Verbannung beendet und am 30. Mai 1956 wurde Merschanow dank der Unterstützung der Politbüromitglieder Woroschilow und Mikojan vollständig rehabilitiert. 1960 zog er nach Moskau und war bis 1971 im Institut Mosprojekt-2 tätig. Hier erstellte er Entwürfe für die Forschungsinstitut-Komplexe »Instrument« und »Stankoimport«.

Miron Merschanow ist einer der bedeutendsten, zuleich aber auch einer der geheimnisvollsten sowjetischen Architekten. In seinem Werk spiegeln sich alle Strömungen der sowjetischen Architektur wider: der Konstruktivismus der Zwanzigerjahre, der stalinistische Klassizismus und, gegen Ende seines Lebens, die moderne Architektur der Chruschtschow-Ära. Die meisten der von ihm für die Regierung entworfenen Gebäude wurden jedoch aufgrund ihres geheimen Status nie veröffentlicht. Aus demselben Grund taucht sein Name nur sehr selten in Publikationen zur sowjetischen Architekturgeschichte auf. Zugleich gehören die uns bekannten Bauten Merschanows aus den Zwanziger- und frühen Dreißigerjahren zu den besten Beispielen der modernen sowjetischen Architektur. Eine Erforschung seines Schaffens in den Dreißigerjahren könnte Aufschluss über den Prozess der Herausbildung des stalinistischen Baustils geben, denn Merschanow stand aufgrund seiner Position den damaligen Entscheidungsträgern sehr nahe.

Nikolai Lansere

Der Architekt Nikolai Jewgenjewitsch Lansere (1879–1942) war der jüngere Bruder des Malers Jewgeni Lansere (1875–1946) und der ältere Bruder der Malerin Sinaida Serebrjakowa (1884–1967) sowie der Neffe von Alexander Benois (1870–1960), dem Gründer der Bewegung und gleichnamigen Kunstzeitschrift *Mir Iskusstwa* (*Welt der Kunst*). Die bolschewistische Revolution zerriss den Benois-Lansere-Klan von Künstlern und Architekten. Sinaida Serebrjakowa emigrierte 1924, Alexander Benois 1926.

Nikolai und Jewgeni Lansere blieben in der Sowjetunion. Jewgeni machte eine glänzende Karriere. Er gehörte in Moskau der stalinistischen Künstlerelite an, bemalte die Säle des Kasaner Bahnhofs, gestaltete das Hotel Moskwa aus und erstellte Entwürfe für Mosaiken in U-Bahnhöfen. Zugleich verachtete und hasste er die sowjetischen Machthaber, wie aus seinen 2009 veröffentlichten Tagebüchern hervorgeht.

Nikolai Lansere hatte weniger Glück.

Geboren in Sankt Petersburg, absolvierte er die Architekturfakultät an der der Akademie der Künste angeschlossenen Höheren Kunstschule in Sankt Petersburg (1904). Nach der Revolution von 1917 verließ er Petrograd mit seiner Familie und zog in den Süden Russlands. 1920 wurde er in Rostow am Don verhaftet, kam aber bald darauf wieder frei. In Leningrad war er unter anderem als Kurator der historischen und heimatkundlichen Abteilung des Russischen Museums tätig. Es folgte eine erneute Verhaftung im März 1931. Am 19. Januar 1932 wurde Lansere zum Tode verurteilt (vorgeblicher Grund: »Spionage für Frankreich«). Das Urteil wurde in zehn Jahre Lagerhaft umgewandelt und Lansere im Inneren OGPU-Gefängnis in Leningrad (uliza Woinowa 25) interniert. Dort war er im Technischen Spezialbüro OKTB-12 tätig und unter anderem an den Planungen für das »Große Haus« und am Wiederaufbau der OGPU-Parkgarage (Manege) beteiligt. Im August 1935 wurde er vorzeitig entlassen, jedoch im Juni 1938 in Oranienbaum erneut interniert und im Juni 1939 wegen Spionage zu fünf Jahren Haft verurteilt. Lansere kam in ein Durchgangslager in Kotlas (Region Archangelsk). Von Januar bis Juni 1940 war er im Arbeitslager Workuta interniert. Im August 1940 wurde er zur Überprüfung seines Falls nach Moskau gebracht. Darauf kam er zu Beginn des Deutsch-Sowjetischen Kriegs im Juni 1941 nach Saratow. Dort starb er im Mai 1942 im Gefängniskrankenhaus und wurde auf dem Gefängnisfriedhof beigesetzt. Am 5. November 1957 wurde Nikolai Lansere rehabilitiert.[55]

Dies war eine typische Konstellation in Stalins Sowjetunion: Enge Verwandte von hochrangigen sowjetischen Würdenträgern konnten im Lager interniert sein, ohne dass dies Auswirkungen auf deren eigene Karriere hatte. Nikolai Lansere starb 1942 im Gefängnis, sein Bruder Jewgeni erhielt 1943 den Stalinpreis.

Lanseres Tochter Natalja (1910–1998), die mit ihrem Vater als freiberufliche Zeichnerin im OKTB-12 tätig war, rettete seine Zeichnungen; sie befinden sich heute im GULAG-Museum in Moskau.

Während seiner Tätigkeit im OKTB-12 von Juli 1931 bis Juni 1935 erstellte Lansere Entwürfe für folgende Projekte:

Nikolai Lansere, 1879–1942.

Zeichnung: Boris Roerich

– Ausstattung der Büros des NKWD und des Sitzungssaals im Moskauer Kreml;
– Fassaden des Verwaltungsgebäudes (OGPU) an der Ecke Schpalernaja uliza und Liteiny prospekt 4 in Leningrad (1931–1932);
– Umbau der Manege in Leningrad zu einer Parkgarage für die OGPU;
– Inneneinrichtung einer Gosdatscha auf der Kamenny-Insel in Leningrad (15 Zimmer und Möbelentwürfe);
– Gebäude der Warmhalle des Aluminiumwerks in Wolchowstroi (heute Wolchow);
– Erholungsheime der GPU in Chost;
– Wohnhäuser für GPU-Mitarbeiter am Pirogowskaja-Ufer in Moskau und an der Ecke uliza Woinowa und Tschernyschewski prospekt in Leningrad;
– Innenausstattung des Dampfers »Sewastopol«, einer Jacht und eines Bootes der Serie G4 der NKWD-Werft im Auftrag des Zentralkomitees der Kommunistischen Partei Abchasien.[56]

Am 2. Juli 1942, nachdem er die Nachricht vom Tod seines Bruders im Gefängnis erhalten hatte, schrieb Jewgeni Lansere in sein Tagebuch: »Ein liebenswürdiger und wunderbarer Mann, unschuldig tausendmal gefoltert durch das verdammte Regime, die verdammten ›Richtlinien‹ und ›Weisungen‹ dieser Drecksbande.«[57]

Boris Roerich, 1880–1945.

Quelle: Росов, В. А.: Архитектор Б. К. Рерих. Рассекреченное архивное дело № 2538 / Вестник Ариаварты. 2008. №10. С.37

Boris Roerich

Neben Nikolai Lansere war auch Boris Roerich, der Bruder des bekannten Malers und Schriftstellers Nicholas (Nikolai) Roerich, als Häftling im OKTB-12 tätig.

Boris Konstantinowitsch Roerich (1880–1945) hatte 1913 sein Studium an der Höheren Kunstschule der Akademie der Künste in Sankt Petersburg abgeschlossen. Ab 1926 war er Leiter des Architekturkollektivs der Bauabteilung des Instituts für die Planung von Hüttenwerken (Lengipromes) in Leningrad. Er vertrat die Interessen seines Bruders Nicholas, der mit seiner Familie 1921 in die USA emigriert war und ab 1923 in Indien lebte, in der Sowjetunion und beabsichtigte, selbst ins Ausland zu gehen.

1927 wurde er erstmals verhaftet.[58] Zwei Jahre später rekrutierte ihn die OGPU als »geheimen Mitarbeiter«. »Knapp zwei Monate vor seiner Rekrutierung wurde am 27. Februar 1929 die Wohnung von B. K. Roerich (Nabereschnaja reki Mojki 83, App. 7)« durchsucht »nach Material, das ihn als Spion enttarnte«. Vermutlich erfolgte diese OGPU-Aktion im Zusammenhang mit der Sammlung kompromittierender Informationen über Nicholas Roerich. Der Bruder des »amerikanischen Roerich-Spions« geriet unter den Einfluss der OGPU-Behörden, die beschlossen, ihn als Druckmittel gegen Nicholas Roerich einzusetzen.[59]

1931 wurde Roerich erneut verhaftet. Laut OGPU-Beschluss vom 23. August 1931 sollte er »für einen Zeitraum von drei Jahren in einem Konzentrationslager inhaftiert« und »mit dem ersten abgehenden Konvoi nach Archangelsk ... zur Überführung nach Uchta« abtransportiert werden. Im Herbst 1931 änderte sich jedoch die Situation. Boris Roerich wurde in eine »Scharaschka«, in das OKTB-12 der OGPU in Leningrad, überstellt. Dort war er als Architekt tätig. Zur Arbeit im Spezialbüro ging er unter Bewachung aus dem sogenannten Inneren Gefängnis. Abends wurden die Häftlinge zu einem Spaziergang am Newa-Ufer abgeführt.[60]

Vermutlich aufgrund seines Status als »geheimer OGPU-Mitarbeiter« kam Roerich glimpflich davon. Im Januar 1933 wurde er auf Bewährung freigelassen und nie wieder verhaftet. 1939 siedelte er nach Moskau über. Gemeinsam mit Nikolai Lansere war er an der Planung des Gebäudekomplexes des Allunionsinstituts für Experimentelle Medizin in Moskau beteiligt. 1945 starb Boris Roerich in Moskau.

Nikolai Troizki

Das vielleicht glücklichste Schicksal unter den internierten sowjetischen Architekten hatte Nikolai Troizki (1903–2011). Und zweifellos das längste Leben.

Nikolai Troizki, 1903–2011.
Quelle: Staatliches Schusev-Museum für Architektur

Nikolai Alexandrowitsch Troizki wurde in einem Dorf der Provinz Simbirsk geboren. Sein Vater war ein Landdiakon. 1921 schrieb er sich am Simbirsker Polytechnikum ein, nach dessen Abschluss war er zunächst als Bauingenieur in Rostow am Don und in Krasnodar sowie 1924–1930 in Bogorodsk bei Moskau tätig. 1932 erwarb er seinen Abschluss in Architektur am Moskauer Architekturinstitut (MArchI). Er leitete ein Labor für Farbwahrnehmung, schrieb seine Dissertation über Theaterarchitektur, war wissenschaftlicher Sekretär der Moskauer Architektengesellschaft (MAO) und ab 1935 stellvertretender wissenschaftlicher Sekretär der Allunionsakademie für Architektur. Im April 1938 wurde er zusammen mit dem gesamten Vorstand der Akademie für Architektur verhaftet. Trotz Folter beharrte Troizki auf seiner Unschuld, und im August 1939, nach der Ablösung von Kommissar Jeschow durch Beria, wurde er freigesprochen und aus dem Gefängnis entlassen.

In Troizkis Memoiren findet sich eine Episode, in der der Ermittler Borodulin Troizki mit seinem ehemaligen Vorgesetzten, dem wissenschaftlichen Sekretär der Akademie für Architektur Genrich Ludwig, konfrontiert: »Ein gebeugter Mann saß in Borodulins Büro. Ich habe Genrich Mawrikijewitsch kaum erkannt. Borodulin fragte, ob ich mich schuldig bekenne. Ich verneinte. Dann sprang er auf mich zu und wollte gerade zuschlagen, als er sich an Ludwig wandte: ›Erzählen Sie ihm, was mit Ihnen gemacht wurde!‹ Und Letzterer antwortete leise, ohne seine Haltung zu verändern: ›Ich wurde auf den Bauch geschlagen. Mit Stahlstangen.‹«[61] Genrich Ludwig (1893–1973) verbüßte 16 Jahre und wurde 1954 entlassen.

Bei Ausbruch des Deutsch-Sowjetischen Krieges meldete sich Troizki freiwillig an die Front und wurde im Oktober 1941 in der Nähe von Wjasma gefangen genommen. Es folgten eineinhalb Jahre in einem Kriegsgefangenenlager und der Eintritt in die Russische Befreiungsarmee (ROA, auch Wlassow-Armee, benannt nach ihrem ersten Kommandeur), die auf Seite der Deutschen kämpfte. Troizki war Redakteur der Wlassow-Zeitungen und 1944 einer der Mitverfasser des Prager Manifestes des Komitees zur Befreiung der Völker Russlands (KONR), der politischen Bewegung von Andrej Wlassow.

Nach Kriegsende lebte Troizki in München unter dem Namen Boris Jakowlew als vorgeblicher Emigrant aus Jugoslawien und entging so der Zwangsauslieferung an die Sowjetunion. Hier wurde er zum Führer der Wlassow-Bewegung der Nachkriegszeit und zum Vorsitzenden des Kampfbundes für die Befreiung der Völker Russlands (SBONR) gewählt. Troizki war zudem Gründer und Leiter des Instituts für das Studium der sowjetischen Geschichte und Kultur in München. Es bestand bis 1972. 1955 veröffentlichte er als Boris Jakowlew und in Zusammenarbeit mit A. Burzew das Buch *Konzentrazionnyje lageri SSSR* (*Konzentrationslager der UdSSR*), eine der ersten grundlegenden Studien über das sowjetische Lagersystem in russischer Sprache.

1955 siedelte Troizki in die USA über. Dort absolvierte er ein Studium der Bibliothekswissenschaften an der New Yorker Columbia University und arbeitete danach bis zu seiner Pensionierung im Jahr 1968 als Bibliothekar und Kurator der Slawischen Abteilung der Bibliothek der Cornell University in Ithaca, New York. 2006 erschienen Troizkis Memoiren *»Ty, moje stoletje …«* (*»Du, mein Hundertjähriger …«*) in russischer Sprache in Moskau.

Troizki starb 2011 im Alter von 108 Jahren. Der Autor dieses Buchs hatte noch die Möglichkeit, einige Jahre zuvor mit ihm ein Telefon-Interview zu führen.

IV. Projekte der Staatssicherheit

1. Chronologie der Sowjetarchitektur

Stilistisch hebt sich die Architektur der sowjetischen Staatssicherheitsbehörden nicht von der allgemeinen sowjetischen Architektur ab. Sie spiegelt alle Etappen der natürlichen und erzwungenen Entwicklung der Sowjetarchitektur wider, aber in einer klareren, reinen Form. Nur die reichste sowjetische Behörde konnte es sich leisten, größer, schneller und in höherer Qualität zu bauen als der Rest. Es ist daher nicht verwunderlich, dass ein großer Teil der beispielhaften Bauten der Sowjetarchitektur im Auftrag und unter Aufsicht der Staatssicherheit entstand: Häuser, Klubs, Stadien, Sanatorien, Hotels etc. Hinzu kamen die GULAG-Bauten, die in ihrer Vielfalt spezifisch für die Sicherheitsbehörden waren. Ihre Typologien entsprachen jedoch weitgehend den Typologien der sowjetischen Zivilbauten: Verwaltungs- und öffentliche Gebäude, Wohnhäuser für Häftlinge und Freie, Klubs und Sanatorien, Industrie- und Transportanlagen. Gerade für Letztere wurde das gesamte gigantische sowjetische Lagersystem geschaffen.

Es ist daher sinnvoll, den folgenden Ausführungen einen Abriss der Geschichte der sowjetischen Architektur voranzustellen.

Traditionell wird die sowjetische Architekturgeschichte in drei Stilepochen unterteilt, die in einem starken Kontrast zueinander stehen:

1. frühe Moderne (sowjetische Avantgarde oder Konstruktivismus) von den frühen Zwanziger- bis zu den frühen Dreißigerjahren;
2. Architektur der Stalinzeit (stalinistischer Klassizismus) von den frühen Dreißigerjahren bis Mitte der Fünfzigerjahre;
3. Ära von Chruschtschow und seinen Nachfolgern (sogenannte Sowjetmoderne) ab Mitte der Fünfziger- bis Ende der Achtzigerjahre.

Diese drei Stilepochen entsprechen drei politischen Regimes mit sehr unterschiedlichen sozialen und wirtschaftlichen Systemen, die ineinander übergingen: dem vorstalinistischen, dem stalinistischen und dem poststalinistischen Regime.

Es ist logisch anzunehmen, dass der Begriff »stalinistische Architektur« die während der Stalinzeit entstandene Architektur umfasst. Doch Stalins Regime entstand nicht erst 1932, sondern begann bereits nach dessen Machtübernahme im Politbüro des Zentralkomitees der WKP(b) im Jahr 1927 Gestalt anzunehmen.

Die Wendepunkte der sowjetischen Stilepochen lassen sich durch Regierungsbeschlüsse relativ genau datieren.

Die Zeit der frühen sowjetischen Architekturmoderne setzte zwischen 1923 und 1924 ein und dauerte lediglich sieben bis acht Jahre. Der Konstruktivismus wurde am 28. Februar 1932 verboten, als der Beschluss des Rates für Bauwesen des Palastes der Sowjets über die Verteilung der Preise des Allunionswettbewerbs von 1931 (und tatsächlich der Beschluss des Politbüros vom 23. Februar 1932) festlegte, dass bei künftigen Entwürfen »die Methoden der klassischen Architektur« eingesetzt werden müssten. Danach wurden in der UdSSR keine Projekte mehr genehmigt, die ohne Dekoration auskamen und nicht historisierend waren. Der gewaltsam geschaffene stalinistische Staatsstil bestand fast ein Vierteljahrhundert. Das Ende der stalinistischen Architektur leitete die von Chruschtschow organisierte Allunionskonferenz der Architekten und Bauleute im November/Dezember 1954 ein, bei der das Bauen unter Stalin als zu kostspielig und »verschnörkelt« verurteilt wurde.

Dies sind die offiziellen Eckdaten. Die Stalinisierung der sowjetischen Architektur hatte jedoch schon einige Jahre vor der von oben erzwungenen Einführung des Neoklassizismus begonnen.

Ausgangspunkt dieses Prozesses war der XV. Kongress der WKP(b) im Dezember 1927, der die Weichen für die »Kollektivierung« stellte. Er markierte Stalins Sieg im innerparteilichen Kampf und den Beginn seiner sozialen und wirtschaftlichen Reformen: der Abschaffung der Marktwirtschaft und der Einführung der allgemeinen Zwangsarbeit für den Staat. Im selben Jahr wurde mit der Überarbeitung der ersten Fassungen des ersten Fünfjahrplans begonnen, der ursprünglich auf der Fortführung der NEP und einer ausgewogenen Entwicklung von Landwirtschaft und Industrie beruhte. Im Gegensatz dazu sah Stalins Industrialisierungsplan die beschleunigte Entwicklung der Schwer- und Rüstungsindustrie auf Kosten aller Ressourcen des Landes, die Zerstörung der freien Volkswirtschaft, die Enteignung des gesamten Privateigentums zugunsten der Regierung und die Überführung aller Arbeitskräfte in der UdSSR in verschiedene Formen der Zwangsarbeit vor. Diese Prozesse spiegelten sich überdeutlich in der Architektur wider, die bald komplett in Staatsbesitz überging.

Ende 1930 war die Abwicklung der NEP abgeschlossen. Sie führte zur völligen Abschaffung nicht nur der privaten Industrie und des privaten Handels, sondern auch der Freizeitindustrie und der Infrastruktur des öffentlichen Sektors. Die Struktur des Landes veränderte sich dramatisch. Der private Wohnungsbau kam zum Stillstand. Private Restaurants, Cafés, Gasthäuser und Theater verschwanden, und auch Jahrmärkte und Schaustellergeschäfte gab es nicht mehr.

Zu dieser Zeit erfolgte ebenfalls eine Reform der Sicherheitsorgane. Die ursprüngliche Geheimpolizei, die für »ideologische Sauberkeit« und die Vernichtung politischer Feinde gesorgt hatte, war Anfang der Dreißigerjahre zu einer Industriebehörde geworden, die die Zwangsarbeit im gesamten Land überwachte, andere Behörden und Institutionen mit Arbeitskräften versorgte und und mithilfe von Häftlingen und sogenannten Sondersiedlern, das heißt Verbannten, selbstständig in der Bauwirtschaft und Industrie tätig war. Im Zuge der vom Politbüro festgelegten ökonomischen Ziele und der Pläne zur Bereitstellung von Arbeitskräften für die Bauprojekte des Fünfjahrplans nahmen die Repressionen gegen die Bevölkerung ab Ende der Zwanzigerjahre stark zu.

Dies hatte fatale Auswirkungen auf die Architektur. Nach einer sehr kurzen Zeit der Prosperität waren private Architekturbüros und -firmen wieder verschwunden oder wurden in staatliche Büros umgewandelt. Ab 1930 gab es den Beruf »freier Architekt« in der Sowjetunion nicht mehr – alle Architekten wurden einer staatlichen Behörde zugewiesen. Im Einklang mit der neuen sozialen Struktur der sowjetischen Gesellschaft begann sich eine neue architektonische Typologie herauszubilden – eine rein staatliche Typologie.

Das Erste, was sich änderte, war die offizielle Beurteilung des Wohnungsproblems. Mitte der Zwanzigerjahre hatten die Experten von Gosplan die künftige Lösung des Wohnungsproblems auf traditionelle Weise geplant – durch die Bereitstellung von Wohnungen für die Bevölkerung. In den Plänen des ersten Fünfjahrplans war die Finanzierung des Massenwohnungsbaus für alle jedoch nicht vorgesehen. Lediglich die Führungsschicht, ein paar Prozent der Stadtbevölkerung, sollte auf öffentliche Kosten mit angemessenem Wohnraum versorgt werden.

Private Investitionen in den Wohnungsbau, die 1924–1928 bei Weitem die staatlichen Investitionen übertroffen hatten, wurden 1930 aufgrund der völligen Verarmung der Bevölkerung und des Verbots des privaten Handels komplett eingestellt. Die ungewöhnlich rasch wachsende Bevölkerung in den Städten und Werkssiedlungen wurde systematisch in Baracken und Lehmhütten umgesiedelt, die zu dieser Zeit die gängigste Form der sowjetischen Unterbringung darstellten.

Die Staatspropaganda bezeichnete die Weigerung, den Menschen ausreichend Wohnraum zur Verfügung zu stellen, als Kampagne zur »Vergesellschaftung des Alltagslebens« (1928–1930). Das Beharren der Regierung, den Werktätigen nur billige, slumähnliche Unterkünfte zur Verfügung zu stellen, wurde durch absurde Parolen über die fortschrittliche und ideologische Bedeutung von Gemeinschaftswohnungen ohne private Küchen, Badezimmer oder die Möglichkeit eines Familienlebens verschleiert. Es entstanden zahlreiche Kommunehäuser, die zuweilen künstlerisch brillant gestaltet, aber immer inhuman organisiert waren.

Die Errichtung von großen öffentlichen Badehäusern sollte den Mangel an privaten Badezimmern in den Wohnungen ausgleichen. Nach 1928 ersetzten sogenannte Arbeiterklubs, die eine wichtige Propaganda- und Bildungsfunktion hatten, die zerstörte Freizeitinfrastruktur. Kleine Kulturhäuser mit verschiedenen Nutzungen wichen schnell großen Kulturpalästen mit riesigen Konzertsälen.

Die riesigen Theaterbauten, die ab Ende der Zwanzigerjahre in vielen Großstädten und in den Unionshauptstädten entstanden, waren ebenfalls ein rein stalinistisches Phänomen. Sie hatten nichts mit einer Blüte der Theaterkunst zu tun, vielmehr dienten sie der staatlichen Propaganda, beherbergten sie doch geeignete Räumlichkeiten für Parteitage und -versammlungen. Zunächst noch im konstruktivistischen Stil gehalten, wurden die Theatergebäude ab 1932 mit Säulen verziert.

Staatliche Großküchen, Arbeiterkantinen und Großbäckereien, die die gesamte Stadtbevölkerung mit Mahlzeiten versorgten, traten an die Stelle der privaten Gastronomie, des Lebensmittelhandels und der kleinen Bäckereien. Eine katastrophale Verschlechterung der Qualität der Lebens- und Versorgungsmittel war auf diese Weise vorprogrammiert.

Die gigantischen Fabriken und Industriekomplexe, die rein militärischen Zwecken dienten und schnell in kasernenartige sozialistische Städte (»Sozgorod«) umgewandelt wurden, waren ebenfalls eine Erfindung der Stalinzeit. Sie stellten das Hauptziel der sozioökonomischen Reformen Stalins dar. In der Regel wurden die Industrieanlagen in der Nähe von Rohstoff- und Energiequellen entwickeltt, oft in völlig menschenleeren Gebieten. Hierfür erforderliche Arbeiter expedierte man massenhaft, zwangsweise und systematisch. Die Bevölkerungszahl dieser neu entstehenden Städte wurde auf Basis der Abwesenheit von »überflüssigen« Einwohnern kalkuliert, die nicht in der Produktion und in den Fabriken tätig waren.

Die neue staatliche Sowjetarchitektur, die sich nach 1927 entwickelte, war kein Symptom des sozialen Fortschritts, sondern vielmehr ein deutliches Zeichen für den sozialen und wirtschaftlichen Niedergang des Landes. Sie entstand als Folge der für die sowjetische Bevölkerung katastrophalen stalinistischen Reformen.

Es kann also konstatiert werden, dass die Epoche der stalinistischen Architektur in der UdSSR nicht 1932, sondern bereits 1927/1928 begann. Der sowjetische Konstruktivismus brachte in den letzten vier oder fünf Jahren seines Bestehens eine Vielzahl hervorragender Projekte und Bauten hervor, aber er war bereits stalinistische Architektur – in sozialer Hinsicht, in der Typologie und in der Nutzung. Der Bausektor wurde in der ersten Fünfjahrplanperiode gemäß den sozialen und wirtschaftlichen Forderungen der neuen Regierung umstrukturiert, die Architektur behielt aber noch einige Zeit den alten Stil bei.

Erst 1932 war der Prozess der Stalinisierung der sowjetischen Architektur mit der Einführung eines offiziellen Staatsstils (»Sozialistischer Klassizismus«), einer totalen künstlerischen Zensur und dem Verbot jeglicher modernistischer Architektur endgültig abgeschlossen. Zugleich wurden die Baubehörden umstrukturiert sowie die unabhängigen Architektenvereine aufgelöst und durch die von Parteifunktionären geleitete Union der sowjetischen Architekten (SSA) als Zensurstelle ersetzt. Es sollte noch einige Jahre dauern, bis der neue Stil unter der strengen Aufsicht von Stalin und seinen engsten Mitarbeitern Gestalt annahm.

In dieser Form stabilisierte sich die Situation ein Vierteljahrhundert lang, bis Mitte der Fünfzigerjahre Chruschtschows Reformen die soziale und künstlerische Rolle der sowjetischen Architektur völlig veränderten. Die Prioritäten verlagerten sich dramatisch. Chruschtschow erklärte den Massenwohnungsbau für die gesamte Stadtbevölkerung zur Hauptaufgabe der sowjetischen Architektur – was unter Stalin undenkbar gewesen wäre. Diese Aufgabe erforderte eine umfassende, unionsweite Wirtschaftsreform, die Schaffung einer neuen Wohnungsbauindustrie und das Verbot des plötzlich als kostspielig und überbordend geltenden »Stalinistischen Klassizismus«. Die moderne westliche Architektur wurde rehabilitiert, an ihr orientierten sich nun die sowjetischen Architekten. Vollständig erhalten blieb jedoch das unter Stalin geschaffene System der Projektinstitute, die der Regierung unterstellt waren und den dort tätigen Architekten faktisch das Recht auf gestalterische Freiheit vorenthielten.

Der Prozess der Neuausrichtung dauerte etwa fünf bis sechs Jahre – von Dezember 1954, als Chruschtschow seine berühmte Rede gegen »die Übermäßigkeiten im Planen und Bauen« auf der Allunionskonferenz der Architekten und Bauleute hielt, bis 1960. In dieser Zeit wurde in Moskau mit der Errichtung des von Michail Posochin entworfenen pompös-modernen und schmucklosen Kreml-Kongresspalastes begonnen. Die nächsten 30 Jahre waren die Zeit der zweiten Welle der westlich orientierten sowjetischen Architekturmoderne.

1991 brach die UdSSR zusammen und mit ihr das sowjetische Planungs-, Bau- und Zensurwesen, das die poststalinistische Sowjetarchitektur bestimmt hatte. Die einstigen Sowjetrepubliken begannen, ihr politisches und kulturelles Leben neu aufzubauen, und zwar auf sehr unterschiedliche Weise. Die Ära der vom Regime verordneten künstlerischen Uniformität war zu Ende.

Alexei Schtschussew, 1940.
Quelle: TASS

2. Lenin-Mausoleum

Es ist davon auszugehen, dass das Lenin-Mausoleum das allererste große (wenn auch nicht in Bezug auf die physische Größe, so doch hinsichtlich der staatlichen Bedeutung) Bauwerk war, das von der sowjetischen Staatssicherheit geplant wurde – und noch heute vom russischen FSB betrieben wird. Darüber hinaus ist es typologisch einzigartig, zumindest für die UdSSR.

Die Planungs- und Baugeschichte des Mausoleums verdient ein eigenes Kapitel, da die Rolle der Staatssicherheitsbehörden hier besonders deutlich wird. In den ersten fünf Jahren seines Bestehens, zwischen 1924 und 1930, veränderte das Mausoleum seine Gestalt zweimal grundlegend, so dass man von drei Bauten sprechen muss. Sie unterscheiden sich in Größe, Struktur, Material, Stil und sogar Funktion. Nur der Architekt, Alexei Schtschussew, blieb derselbe, aber auch das ist fraglich, zumindest in Bezug auf das dritte, das steinerne Mausoleum.

Das steinerne Bauwerk ist hinreichend bekannt, seine beiden hölzernen Vorgänger sind es weit weniger. Über den inneren Aufbau aller drei Mausoleen und die Umstände ihrer Entstehung ist jedoch wenig beziehungsweise gar nichts überliefert. Die vollständigen Plandokumente aller drei Mausoleen sind nicht veröffentlicht worden, und niemand weiß, wo sie sich befinden. Lediglich fragmentarische Skizzen, aufbewahrt in Privatsammlungen oder in Museen, sind seit der späten Sowjetzeit publiziert worden.

Das erste hölzerne Mausoleum

Die Planungs- und Baugeschichte des ersten hölzernen Mausoleums ist voller Mysterien und Rätsel.

Es ist nicht bekannt, wer die Idee zur Einbalsamierung von Lenins Leichnam hatte. Auf der Grundlage von Memoiren können wir nur spekulieren, dass wohl Stalin persönlich dahinter steckte.[1] Es ist auch nicht überliefert, warum und durch wen Alexei Schtschussew als Architekt des Mausoleums ausgewählt wurde. Unbekannt ist darüber hinaus: wer das Projekt genehmigte, der Name des Projektierungsbüros, das Schtschussew leitete oder vertrat, sowie wo das Mausoleum geplant wurde und wer an der Planung beteiligt war.

Lenins Tod am 21. Januar 1924 kam nicht unerwartet. Diskussionen darüber, wie und ob der Vorsitzende des Rates der Volkskommissare überhaupt beerdigt werden sollte, wurden im Politbüro mindestens seit Herbst 1923 geführt. Es besteht kein Zweifel daran, dass das Szenario für Lenins Begräbnis im Voraus ausgearbeitet war, ebenso wie jemand im Voraus die Entscheidung getroffen hatte, Schtschussew zum Architekten des Mausoleums zu berufen. Zunächst nur vorläufig.

In seinen Memoiren schreibt Schtschussew, dass er am 23. Januar 1924 gegen Mitternacht in den Kreml in einen Raum gerufen wurde, in dem sich Regierungsfunktionäre und Mitglieder der Beerdigungskommission aufhielten. 1946 sagte Schtschussew, dass auch Politbüromitglieder anwesend waren.[2] Dieser Zusammenkunft war ein erstes Treffen mit Schtschussew und anderen am Bau

Beteiligten vorausgegangen, abgehalten am Nachmittag des 23. Januar von Lenins ehemaligem Sekretär, Wladimir Bontsch-Brujewitsch, im Mossowjet.[3] Seltsamerweise wird in keiner Veröffentlichung erwähnt, wer im Politbüro oder in der Regierung Schtschussew den Auftrag erteilte. Weder Dserschinski, der Vorsitzende der Beerdigungskommission, noch Bontsch-Brujewitsch, der ihr angehörte, hätten die Rolle des Auftraggebers übernehmen dürfen. Die anderen Kommissionsmitglieder, Woroschilow und Molotow,[4] waren zwar Stalins Männer, wurden aber in der Presse nie im Zusammenhang mit dem Bau des Mausoleums erwähnt. OGPU-Chef Dserschinski wurde erst im Juni 1924 Kandidat des Politbüros, während Bontsch-Brujewitsch zu diesem Zeitpunkt noch keine offizielle Funktion innehatte, da er der Vorsteher des auf Lenins Befehl gegründeten Staatsguts Lesnyje Poljany unweit von Gorok war, wo Lenin auch gelebt hatte. Im Politbüro war Stalin der Hauptinitiator der Einbalsamierung von Lenins Leichnam und seiner Konservierung als bedeutendstes sowjetisches Heiligtum. Höchstwahrscheinlich stammten alle Anweisungen von ihm.

In einem 1937 veröffentlichten Artikel erinnerte sich Schtschussew: »Ich hatte nur Zeit, die notwendigen Werkzeuge aus meinem Büro zu holen, und dann musste ich in den Raum gehen, der mir für die Arbeit zugewiesen wurde. Bereits am Morgen musste mit dem Abbau der Tribünen begonnen werden, um das Fundament und die Krypta des Mausoleums zu errichten. Bevor ich mit dem Entwurf des Mausoleums fortfuhr, lud ich den (inzwischen verstorbenen) L. A. Wesnin und Arch. Antipow zu einer Beratung über die architektonischen Grundsätze ein.«[5]

Laut dieser Aussage erfolgten die Entwurfsarbeiten für das Mausoleums irgendwo in OGPU-Räumlichkeiten. Weitere Informationen dazu gibt es nicht, weder wie das Projektierungsbüro hieß, noch ob es sich um ein öffentliches oder um ein privates Büro handelte. Offensichtlich war das Mausoleum das erste in einer langen Reihe von Projekten, die Schtschussew später für die OGPU beziehungsweise das NKWD entwickelte. Ebenfalls unbekannt sind die Rollen von Leonid Wesnin und Pjotr Antipow. Antipow war Sekretär der Moskauer Architektengesellschaft (MAO), der Schtschussew vorstand. Wo Leonid Wesnin zu dieser Zeit beschäftigt war und in welcher Funktion er an der Beratung teilnahm, ist unklar.

»Das Grabmal des Führers, so G. I. Grigorjew, ein hochbetagter Moskauer Baumeister, wurde von über 100 Männern von Mosstroj, Sokstroj und anderen Instituten errichtet (…). Wie sich der alte kommunistische Anstreicher A. F. Kusowatkin erinnert, halfen Emigranten – Ungarn, Österreicher, Polen, Finnen, aber auch Chinesen – bei der Errichtung des Mausoleums.«[6]

2020 veröffentlichte die *Rossijskaja Gasjeta* eine ausführlichere Liste: »Die Versorgung mit Baumaterialien für das erste Mausoleum übernahm die Wirtschafts- und Produktionsabteilung des MKCh (Departement für öffentliche Versorgungsbetriebe des Mossowjet [Moskauer Stadtverwaltung] und des Mosgubispolkom [Exekutivorgan des Moskauer Stadtrats]). Andere Materialien lieferten die Elektrizitätsgesellschaft des Zentralbezirks, Mosdrew, Metallosindikat, Steklofarfortrest, Chimugol und andere Gesellschaften. Die Ausführung erfolgte durch das Bauamt des Bezirksrats von Sokolniki, das staatliche Presnenski-Werk sowie durch private Unternehmen aus Botschkow, Kiseljew und Charkow.«[7] Es ist jedoch nicht bekannt, um welche »anderen Gesellschaften« es sich hier handelte und in wessen Auftrag die Ausländer auf der streng geheimen Baustelle arbeiteten.

In verschiedenen Publikationen wurden unterschiedliche Arbeitsentwürfe des ersten Mausoleumsbaus veröffentlicht, jedoch keine endgültigen, genehmigten Zeichnungen mit Maßangaben. In Chan-Magomedows Buch *Mawsolej Lenina* (1972) findet sich allerdings eine Bleistiftskizze des Plans, die offenbar der endgültigen Fassung entspricht, allerdings ohne Abmessungen. Hierzu zitiert Chan-Magomedow einen Artikel der *Prawda*: »Das Grabmal weist zusammen mit dem äußeren Mausoleum die Form des Buchstabens ›T‹ auf und nimmt mehr als 10 Arschin [1 Arschin = 71,1 cm] in der Länge auf dem Boden und etwa acht Arschin in der Breite ein. Das Grabmal selbst ist etwa vier Arschin tief. Das Mausoleum erhebt sich in vier bis fünf Arschin über den Boden.«[8] Das bedeutet, dass das Gebäude Abmessungen von etwa 7,1 × 5,7 Meter am Boden, eine Höhe von 2,8 bis 3,5 Meter und eine Tiefe von 2,8 Metern hatte. Eine unsignierte »Ausführungszeichnung von Lenins Grabmal auf dem Roten Platz in Moskau«, zu finden auf der Internetseite culture.ru, hat jedoch kleinere Abmessungen: etwa 6 × 3,9 Meter (8,5 × 5,14 Arschin).[9]

Das ist schon relativ viel – über die Pläne und Maße der zwei folgenden Versionen gibt es überhaupt keine Informationen.

Das zweite hölzerne Mausoleum

Im Frühjahr 1924 ersetzte ein zweites hölzernes Mausoleum das erste Bauwerk. Auch bei dieser Version ist nicht bekannt, wer die Projektierung überwachte, das Projekt entwickelte und die Zeichnungen genehmigte. Unbekannt ist zudem, wo der Entwurf aufbewahrt wird oder wie er aussieht. Es ist zudem nicht bekannt, auf wessen Anordnung und warum dieses zweite Mausoleum, das offiziell als lediglich temporär deklariert worden war, dann doch fünf Jahre bestand und wieso es 1929 letztlich durch einen steinernen Bau ersetzt wurde.

Schtschussew überarbeitete den ursprünglichen Entwurf einige Zeit nach Lenins Beisetzung, wobei er die Form und die Anzahl der Säulen variierte. Bislang war das Mausoleum mehr oder weniger die traditionelle Version eines Grabmals gewesen. Anfang Februar 1924 wurde als Grundlage für die Erweiterung eine Version mit zehnsäuliger Rotunde und Gebälk ausgewählt, die im Grundriss einen zehnzackigen Stern darstellte (zwei ineinander verschobene fünfzackige Sterne). Die Abmessungen blieben im Allgemeinen unverändert.

Doch dann erhielt Schtschussew plötzlich den Auftrag, das gesamte Projekt umzugestalten und das Mausoleum mit einer Regierungstribüne zu versehen. Wer den Befehl dazu erteilte, ist geheim geblieben. Das zweite Mausoleum war viel größer im Grundriss, etwa 50 bis 60 Quadratmeter. Aber unter allen uns bekannten Skizzen und Zeichnungen des zweiten Mausoleums ist kein einziger Plan zu finden.

Das Staatliche Historische Museum Moskau verwahrt in seinem Archiv eine Fotomappe mit dem Titel »Album der Arbeiten zum Bau des provisorischen

Alexei Schtschussew: Erstes hölzernes Mausoleum, 1924. Zeitgenössisches Foto.

Quelle: Staatliches Schusev-Museum für Architektur

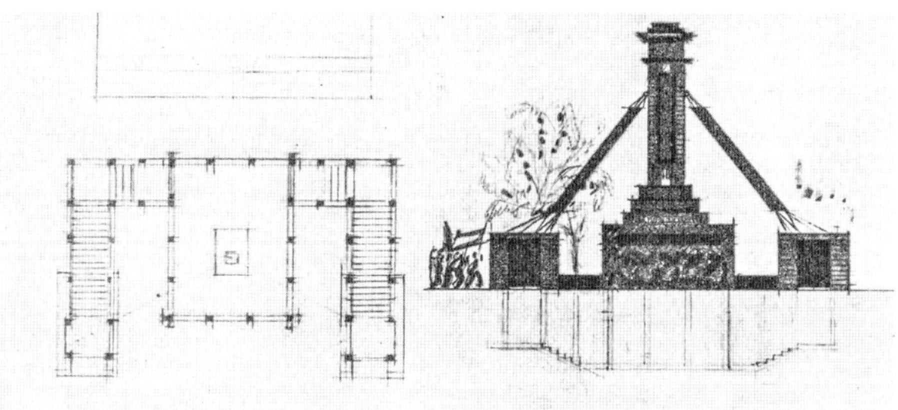

Alexei Schtschussew: Erstes hölzernes Mausoleum, 1924. Grundriss, Ansicht.

Quelle: S. O. Chan-Magomedow: Mawsolej Lenina, Moskwa 1972, S. 46

Alexei Schtschussew:
Zweites hölzernes Mausoleum, 1924.

Quelle: Строительная промышленность, №4, 1924, с. 235

ПРОЕКТ ВРЕМЕННОГО МАВЗОЛЕЯ НА МОГИЛЕ
ВЛАДИМИРА ИЛЬИЧА ЛЕНИНА.
ЛЕНИН

Alexei Schtschussew:
Zweites hölzernes Mausoleum, 1924.

Quelle: Сидоров, А.: Москва. Берлин, 1928, с. 31

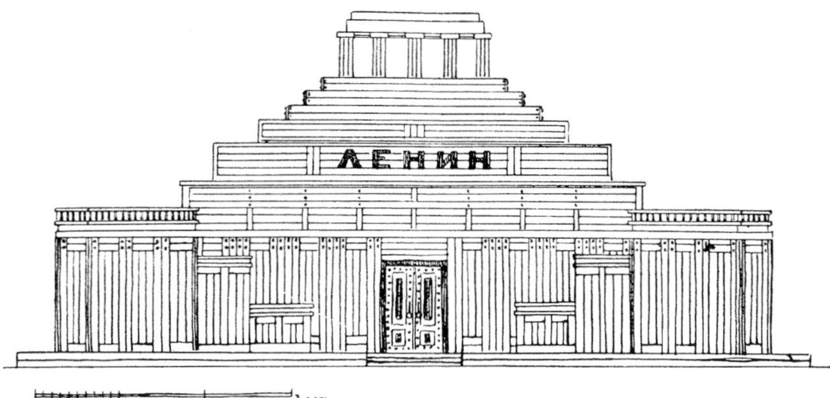

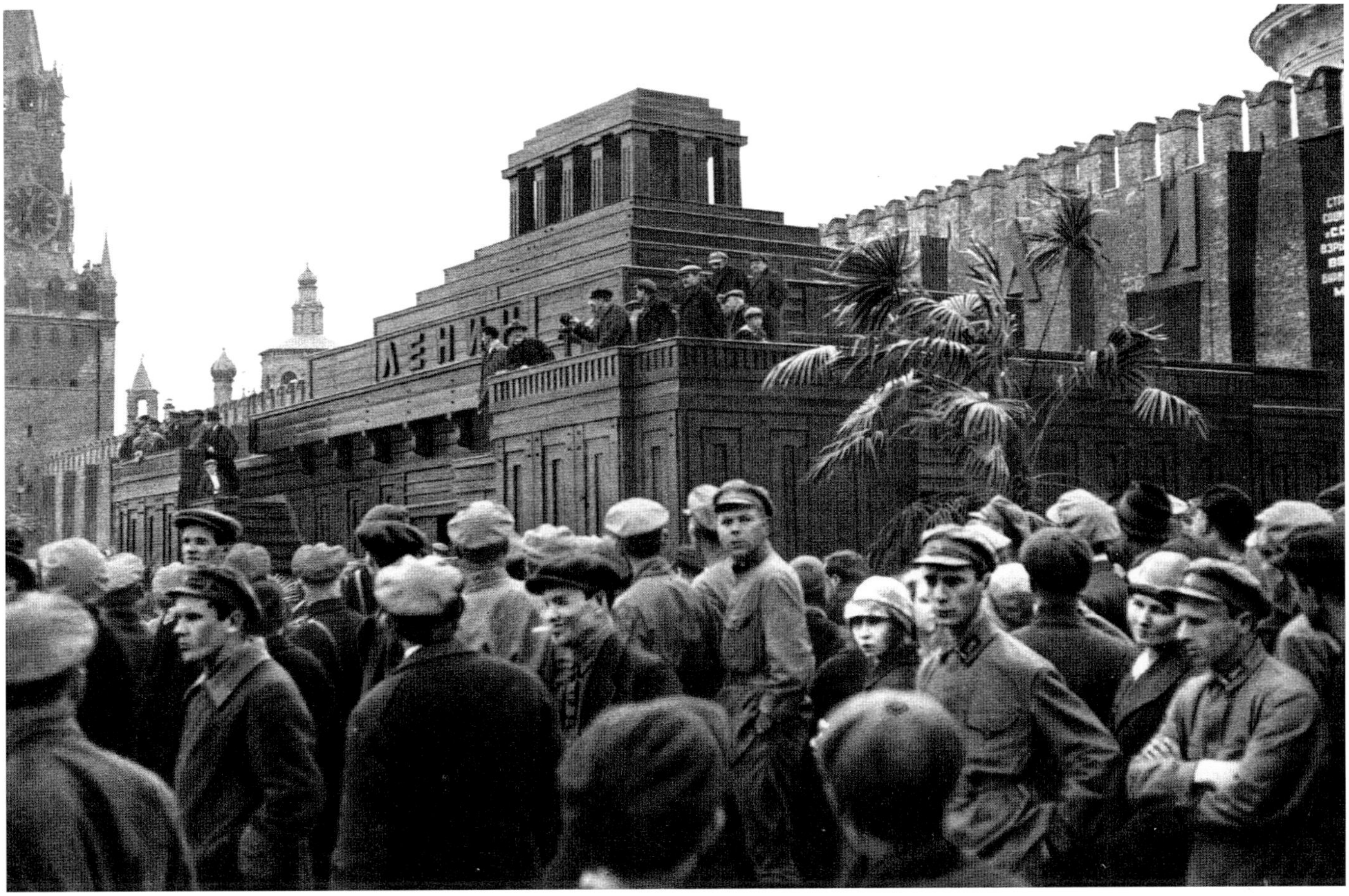
ЛЕНИН

Mausoleums am Grab des verstorbenen Vorsitzenden des Sownarkom der UdSSR, Herrn Lenin, auf dem Roten Platz in Moskau«.[10] Nach den Aufnahmen zu urteilen, wurden ein Luftschacht und ein unterirdischer Tunnel vom Mausoleum bis zum Senatsturm des Kreml gebaut. Im Erdgeschoss des Turms befand sich ein Raum für einen Luftkühler, im zweiten Geschoss ein »Maschinenraum« und im dritten waren spezielle Tanks untergebracht. Der Entwurf des Mausoleums umfasste daher auch die komplette Erneuerung des Senatsturms. Im unterirdischen Teil des Mausoleums sollten Diensträume entstehen und es sollte durch den Tunnel mit dem Kreml verbunden werden.

Die Arbeiten am Mausoleum bestimmten nicht nur das Schicksal von Schtschussew, sondern auch das von Konstantin Melnikow, dem Gestalter des Lenin-Sarkophags für das zweite hölzerne Mausoleum, für die nächsten Jahre. Laut seinen 1965 verfassten Memoiren, die heute im Archiv des Moskauer Schtschussew-Museums aufbewahrt werden, erhielt Melnikow am 22. Februar 1924 eine Einladung zur Teilnahme an einem Wettbewerb für die Gestaltung eines gläsernen Sarkophags für Lenins Leichnam. Melnikow nennt nicht die Namen der anderen Wettbewerbsteilnehmer, sondern erwähnt lediglich, dass er der Jüngste unter ihnen war. Der Entwurf sollte innerhalb von sieben Tagen fertiggestellt werden; Melnikow reichte seinen Vorschlag am 29. Februar 1924 ein.

Die Regierungskommission zur Bewahrung des Andenkens an Lenin unter Vorsitz von Dserschinski vergab den ersten Preis an Melnikow. Der Wettbewerb war laut Melnikow von der Moskauer Architektengesellschaft organisiert worden, der Schtschussew vorstand. Mehr ist über diese geheimnisvolle Konkurrenz nicht bekannt. Die weiteren Arbeiten am Sarkophag wurden von dem Kommissionsmitglied Leonid Krassin koordiniert, in Abstimmung mit der OGPU. Wie Melnikow schreibt, wurde die fünfte Entwurfsfassung als endgültig genehmigt.[11] Krassin, Volkskommissar für Außenhandel der UdSSR, erteilte auch Schtschussew Anweisungen.[12]

In seinen Memoiren schreibt Melnikow: »Ich erinnere mich nicht genau an die Reihenfolge der Arbeitsbesuche, aber eines ist mir heute noch klar: Von diesem Moment an hatte ich eine außergewöhnliche Handlungsfreiheit. Das Büro des Vertreters (ich kenne den Nachnamen nicht) des Genossen Dserschinski betrat ich direkt vom Lubjanka-Platz aus ohne Passierschein. Vor meiner Wohnung in der Petrowka standen Dienstwagen, und ich traf mich oft mit Genosse Belenki von der G.P.U.«[13]

Laut dieser Aussage war Abram Belenki[14] für den Bau des Mausoleums und des Sarkophags unter Aufsicht der OGPU verantwortlich und überwacht wurde dies von einem ungenannten Stellvertreter Dserschinskis. In jenen Tagen hatte Dserschinski zwei Stellvertreter: Wjatscheslaw Menschinski und Genrich Jagoda. Vermutlich war es Jagodas Name, den Melnikow »vergessen« hat.

In Melnikows Memoiren findet sich eine weitere, bezeichnende Episode: »Gegen Ende der Arbeiten wurde ich dringend zu L. B. Krassin gerufen, und am selben Tag wurde ich von der Staatlichen Politischen Verwaltung [GPU] aufgefordert, um 2 Uhr im Mausoleum zu sein. Ich wusste nicht, was mich erwartete. Das Mausoleum lag näher an meinem Zuhause, aber angesichts der Situation erschien mir die uliza

Iljinka näher. Leonid Borissowitsch begrüßte mich zunächst unfreundlich: Warum hatte ich nicht gehorcht und den Bronzerahmen mit Ornamenten und Profilen versehen? Meine Erklärung, dass die dekorativen Elemente abnehmbar seien und jederzeit ersetzt werden könnten, ohne den hermetisch abgeschlossenen Raum des Sarkophags zu stören, wurde verstanden und gebilligt.«[15]

Hier gibt es zwei interessante Aspekte. Erstens Melnikows Furcht vor der OGPU, die ihn dazu veranlasste, den Besuch bei Krassin vorzuziehen (vielleicht um zu klären, was ihn erwartete). Zweitens: das Gespräch über den Bronzeschmuck für den Sarkophag. Die von Melnikow veröffentlichten Skizzen des Sarkophags weisen keine Dekorationen auf. Offensichtlich sind sie auf einigen uns unbekannten genehmigten Entwurfsversionen vorhanden, und der Befehl zu ihrer Herstellung kam von einer Person, die eine höhere Position als Krassin, Volkskommissar der UdSSR, innehatte.

Das steinerne Mausoleum

Das zweite hölzerne Mausoleum entstand offiziell als provisorisches Mausoleum. Im Januar 1925 wurde per Dekret des Zentralen Exekutivkomitees der UdSSR ein Wettbewerb für einen permanenten Mausoleumsbau ausgeschrieben, der jedoch, wie im Folgenden noch erläutert wird, merkwürdigerweise im Sande verlief.

Im Frühjahr 1929, schreibt Chan-Magomedow, »stellte sich heraus, dass es nicht nötig war, einen neuen Wettbewerb auszuschreiben, da das Bild des hölzernen Mausoleums ... den Test der Zeit bestanden hatte«[16]. Von wem dies ausging, erwähnt er nicht, aber dies ist ziemlich eindeutig. Nur Stalin, der zu diesem Zeitpunkt die absolute Macht im Politbüro und damit auch im gesamten Land hatte, konnte eine solche Entscheidung treffen. Im Protokoll der Beschlüsse des Politbüros vom 4. Juli 1929 heißt es: »Zum Lenin-Mausoleum (Jenukidse). Es wurde beschlossen, die Zweckmäßigkeit anzuerkennen, mit dem Bau des Lenin-Mausoleums noch in diesem Jahr zu beginnen.«[17] Zuvor, am 13. Mai 1929, hatte das Politbüro bereits »Über das Lenin-Mausoleum« diskutiert: »Jenukidses Vorschlag zum Lenin-Mausoleum wird angenommen.«[18] Offenbar zwischen dem 13. Mai und dem 4. Juli 1929 wurden die ersten Entwürfe für das steinerne Mausoleum angefertigt.

In der Regel verbarg man sorgfältig die persönliche Beteiligung Stalins am Baugeschehen in den Dreißiger- bis Vierzigerjahren. In den Memoiren Pawel Schtschussews, des Bruders von Alexei, findet sich jedoch eine eindeutige Aussage: »Die Arbeit des Architekten am Entwurf des permanenten Mausoleums und seine Umsetzung erfolgten unter persönlicher Beteiligung und Leitung von Stalin und seinen engsten Mitarbeitern: W. M. Molotow und K. Je. Woroschilow.«[19] Woroschilow wurde zum Vorsitzenden der Regierungskommission für die Entwicklung des Projekts ernannt, während Abel Jenukidse, Sekretär des Zentralen Exekutivkomitees der UdSSR, die Bauausführung überwachen sollte. Am 2. September 1929 berichtete Jenukidse in einem Brief an den damals in Sotschi weilenden Stalin ausführlich über den Bau des Mausoleums und versprach seine Fertigstellung im Juli 1930.[20]

Das Jahr 1930 markiert einen ersten Höhepunkt für Stalin und sein Regime. Die Opposition war besiegt, der Diktator konnte nun ohne Einschränkungen walten. Die

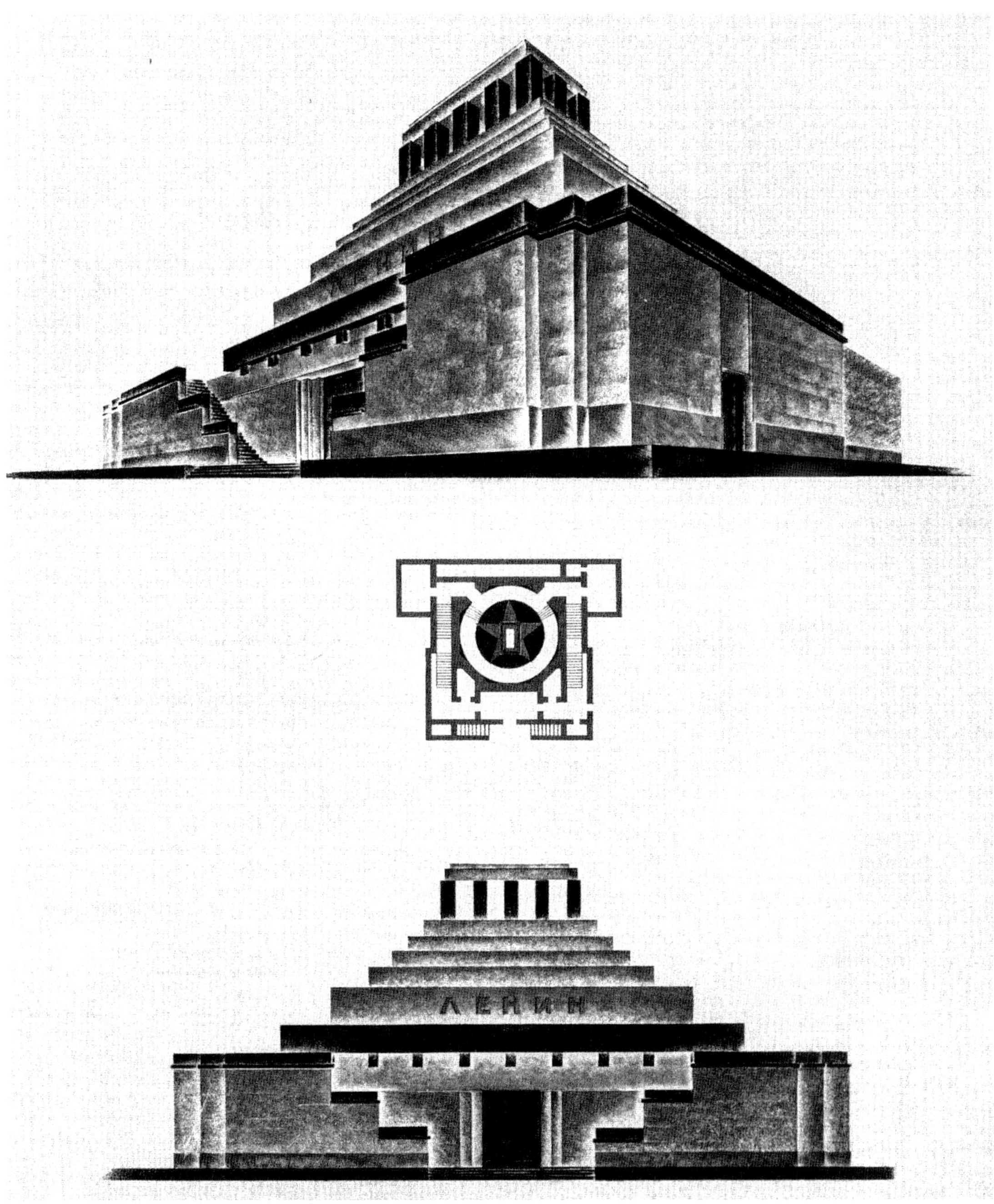

Alexei Schtschussew: Lenin-Mausoleum, 1929.
Perspektive, Grundriss, Ansicht.

Quelle: Щусев, П.: Страницы из жизни академика А.В. Щусева. М., 2011, с. 183

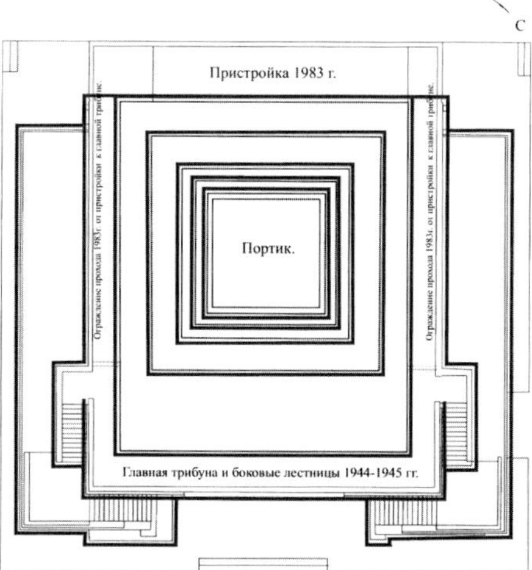

Alexei Schtschussew: Steinernes Lenin-Mausoleum, 1930. Grundriss Dach.

Quelle: www.consultant.ru

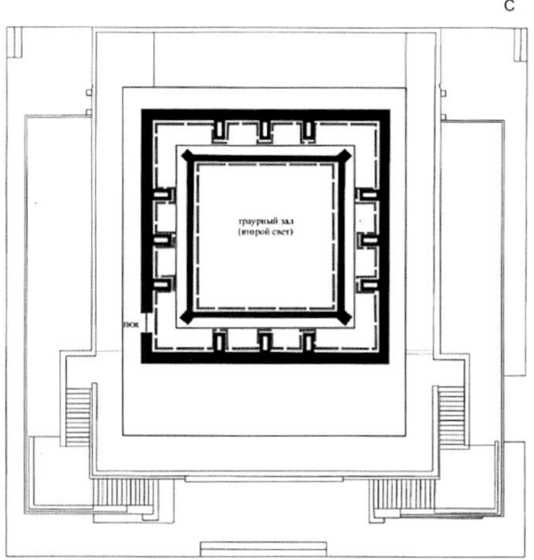

Alexei Schtschussew: Steinernes Lenin-Mausoleum, 1930. Grundriss Dachgeschoss.

Quelle: www.consultant.ru

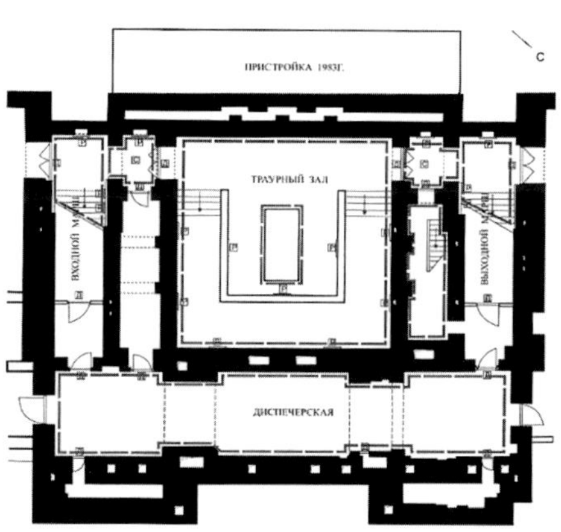

Alexei Schtschussew: Steinernes Lenin-Mausoleum, 1930. Grundriss Untergeschoss.

Quelle: www.consultant.ru

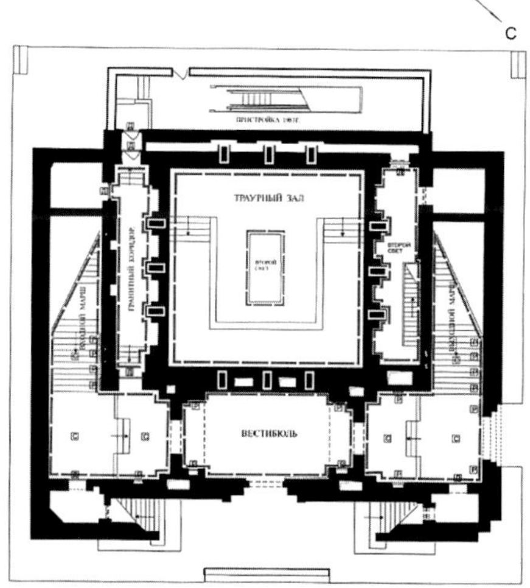

Alexei Schtschussew: Steinernes Lenin-Mausoleum, 1930. Grundriss 1. Stockwerk.

Quelle: www.consultant.ru

Privatwirtschaft war abgeschafft. Der Weißmeer-Ostsee-Kanal war im Bau, es entstanden zahlreiche Rüstungsbetriebe. Die Kollektivierung war in vollem Gange. Erste »Saboteure« wurden vor Gericht gestellt: im »Schachty-Prozess« (1928) und im »Industrieparteiprozess« (1930). Die Urteilsverkündung im »Industrieparteiprozess« erfolgte einen Monat nach Abschluss der Bauarbeiten am Mausoleum.

Über die Gestaltung des dritten Mausoleums ist weit weniger bekannt als über die seiner Vorgängerbauten. Das gesamte Projekt wurde nie publiziert. Die innere Struktur des Mausoleums, seine Pläne und Abmessungen sind unbekannt. Hinzu kommt noch das Problem der Urheberschaft.

In seinem Buch über das Lenin-Mausoleum beschreibt Chan-Magomedow den Prozess der Entstehung und der Genehmigung der Entwürfe für das steinerne Mausoleum im Sommer 1929. Nach den Erinnerungen von L. Je. Sagorski arbeiteten Alexei Schtschussew und Isidor Franzus an den Plänen für das neue Bauwerk. Später kam noch der Architekt Georgi Jakowlew hinzu. Die erste Version mit einer asymmetrischen Tribüne wurde abgelehnt. Im Juni 1929 reiste Schtschussew nach Taschkent, um ein Opernhaus zu entwerfen. Franzus vertrat ihn. Während Schtschussews Abwesenheit mussten der Regierung Entwürfe zur Genehmigung vorgelegt werden. Es gibt zwei Versionen – eine vom Büro Schtschussew und die andere vom Architekten Kurowski von Mosstroj (Bauaufsicht). Der von Franzus vorgelegte Entwurf ist nicht signiert (dieser hielt es nach eigener Aussage für unpassend, dies in Abwesenheit von Schtschussew zu tun), das Mosstroj-Projekt ist von Kurowski und dem Ingenieur Tschajko unterzeichnet. Auf dem unsignierten Entwurf findet sich der Vermerk: »Genehmigte Variante mit der Halle aus Variante II. A. Jenukidse. 22.VI.29« (in der Variante von Franzus ist die Halle rund, bei Kurowski rechteckig).[21]

Diese Darstellung führte zu Streitigkeiten über die Urheberschaft des Mausoleums, die bis heute nicht geklärt ist. Es ist fast nichts darüber bekannt, wie die Arbeit in Schtschussews Büro ablief oder wie stark seine Mitarbeiter in die Gestaltung involviert waren. Der endgültige Entwurf des steinernen Mausoleums, publiziert bei Chan-Magomedow, ist wie folgt unterzeichnet: »Autor A. W. Schtschussew, Mitautor I. A. Franzus, unter Mitwirkung von G. Jakowlew.«[22]

Eine weitere merkwürdige Begebenheit zitiert Chan-Magomedow aus den Memoiren des Architekten W. Michailow: Schtschussew brachte Anfang Juli 1930 eine Skizze mit einer neuen Perspektive des Mausoleums auf die Baustelle, auf der zwei Bänder von Granitplatten zu einem einzigen zusammengefügt waren. Er wies die Baustellenleitung an, diese Skizze zur Genehmigung vorzulegen und die Verlegung der Platten zu stoppen. Zwei Tage später war der Vorschlag genehmigt.[23] Dies lässt darauf schließen, dass Schtschussew diese neue Version im Voraus mit einer Person innerhalb der Regierung abgestimmt hatte, wer dies war, ist jedoch ein Geheimnis geblieben.

Während der temporären Kampagne gegen Schtschussew im September 1937 (vgl. S. 39f.) erschienen in der sowjetischen Fachpresse zahlreiche Briefe und Artikel seiner Mitarbeiter, die verschiedene Anschuldigungen enthielten. So wurde unter anderem in der *Architekturnaja Gasjeta* ein Beitrag von Franzus veröffentlicht, in dem er auf das Fehlen einer eigenen künstlerischen Handschrift in den Projekten des Büros Schtschussew (Mossowjet-Büro Nr. 2) hinwies: »Es ist sehr leicht, in den unter Schtschussews Namen präsentierten Werken, in deren Gestaltungsmethode, Darstellung und Stil seine Mitarbeiter als Mitentwurfsverfasser und eigentliche Autoren der Projekte zu erkennen. Diesen Arbeiten fehlt die vom Meister vorgegebene gedankliche Einheitlichkeit. Selbst ein und dasselbe Werk erklingt in verschiedenen Stimmen. Die Ausführung erfolgt in der Regel auf verschiedene Weise: der Grundriss in der einen, die Fassade in der anderen, die Perspektive in der dritten Art.«[24] Der Vorwurf war offensichtlich absolut gerechtfertigt, auch wenn er auf Befehl in der Öffentlichkeit geäußert wurde.

Auf jeden Fall sind Schtschussews eigene Entwürfe für den steinernen Mausoleumsbau nicht bekannt. Das zweite hölzerne Mausoleum, dessen Entwurf von Schtschussew entwickelt wurde, unterscheidet sich trotz formaler volumetrischer Ähnlichkeit auffallend vom steinernen Bau. Diese Variante ist eher ein Werk der Möbelkunst als der Architektur. Das Bauwerk ist symmetrisch, ausgewogen und neigt zur Dekoration, wobei die Wände mit vertikalen Latten verziert sind. So ist es auf allen Skizzen Schtschussews zu sehen. Das steinerne Mausoleum ist in seinem künstlerischen Ausdruck und Charakter völlig anders. Es handelt sich um eine klare, schmucklose kubistische Komposition, die ihre Dynamik auch in der endgültigen symmetrischen Fassung beibehalten hat (die asymmetrischen Versionen sind sogar noch kraftvoller).

Die Architektur des gesamten Mausoleums kann (noch) nicht abschließend beurteilt werden, da die innere Struktur des Bauwerks geheim ist. Pläne und Querschnitte des Komplexes, zu dem mindestens der Senatsturm des Kreml gehört, sind nicht bekannt. Bislang wurden nur vorläufige Skizzen des äußeren Baukörpers und des Plans der unterirdischen Halle mit dem Sarkophag und den umgebenden Gemeinschaftsräumen veröffentlicht. Es ist möglich, dass das hölzerne Mausoleum von 1924 auf diese Bereiche beschränkt war, was aber unwahrscheinlich ist. Die Umstellung von Holz auf Stein ging zwar nur mit einer relativ geringen Vergrößerung des Außenvolumens einher – von 1.300 auf 5.800 Kubikmeter. Das Innenvolumen wurde jedoch um das Zwölffache erhöht – von 200 auf 2.400 Kubikmeter.[25] Das bedeutet, dass ein ganzer Komplex neuer Räumlichkeiten, die durch unterirdische Gänge mit dem Kreml verbunden sind, unterhalb der Erde entstanden ist, über den es offiziell keine Informationen gibt. Lediglich in der Broschüre *Lenin* (1930) von Semjon Schapiro, der am Bau des Mausoleums beteiligt war, ist die Vergrößerung des Innenvolumens erwähnt – und wohl nur durch Zufall der Zensur entgangen.

1940 fasste das Politbüro des ZK der WKP(b) auf Initiative von Beria den Beschluss, »den folgenden Resolutionsentwurf des SNK der UdSSR zu genehmigen: 1. im Rahmen des Projekts des WIEM bis zum 20. Oktober 1940 einen neuen Sarkophag für den Leichnam Lenins anfertigen zu lassen und dass Professor Sbarski B. I. bis zum 15.IV.1940 dem Rat der Volkskommissare der UdSSR Entwürfe und Modelle für die künstlerische Gestaltung des neuen Sarkophags vorlegt ...«[26].

Im Tagebuch des Künstlers Jewgeni Lansere, eines Freundes von Schtschussew, findet sich am 10. November 1944 der Eintrag: »Erhielt heute für eine Skizze eines Sarkophags für Lenin (vor dem Krieg) – war im Kreml für Geld – 3000.«[27] Es ist nicht bekannt, ob Lansere der Entwurfsverfasser des Sarkophags war oder lediglich Farbperspektiven zur Vorlage bei seinen Vorgesetzten konzipiert hatte. Solche Aufträge erhielt er oft von Schtschussew, so stammen beispielsweise die Perspektiven des NKWD-Gebäudes am Dserschinski-Platz, 1939 von Beria genehmigt, aus seiner Hand. 1946 erhielt Schtschussew seinen zweiten Stalinpreis (Zweiter Klasse) für die Innenarchitektur des Mausoleums. Die Pläne der Innenräume und des Sarkophags selbst wurden jedoch nie veröffentlicht.[28] Wahrscheinlich ging es nicht um eine Neugestaltung des Mausoleumsinneren, sondern um die Erneuerung des gesamten unbekannten Komplexes an unterirdischen Räumlichkeiten, die mit dem Mausoleum verbunden waren.

Offiziellen Angaben zufolge wurde 1948 ein Durchgang durch den Senatsturm gebaut, damit die Mitglieder der Regierung die Tribüne des Mausoleums erreichen konnten, ohne über den Roten Platz gehen zu müssen.[29] Es kann kaum ernsthaft angenommen werden, dass dies der erste derartige Durchgang war.

Stilistisch gehört das steinerne Mausoleum in eine frühere Epoche. Trotz der klassischen Details hat es einen ausgeprägten konstruktivistischen Charakter. Zugleich ist der winzige Mausoleumsbau jedoch offenkundig ein Vorläufer des monströsen Sockels der Lenin-Statue auf Iofans Palast der Sowjets von 1933.

Dass innerhalb der sowjetischen Regierung während des Krieges die Idee diskutiert wurde, eine Statue Lenins auf dem Mausoleum aufzustellen, beweist eine Notiz vom 9. Januar 1944 im Tagebuch von Jewgeni Lansere: »Gestern bei Schtschussew: [Es gibt] ein Projekt, eine kolossale (natürlich!) Lenin-Figur über seinem Mausoleum aufzustellen. Er ist entsetzt und glaubt, dass es sich um Merkulows Machenschaften handelt.«[30]

Bereits das zweite hölzerne Mausoleum war das erste Beispiel in der Architekturgeschichte für eine Kombination aus Grabmal und Tribüne. Bislang üblich gewesen war die Verbindung eines Grabmals mit einem Tempel. Es ist jedoch anzumerken, dass die Tribüne als eigenständiges Gebäude für Paraden zumindest zu Beginn ein rein sowjetisches Phänomen war. Das nächste Beispiel ist die Tribüne der Luitpoldarena auf dem Reichsparteitagsgelände in Nürnberg, die 1937 angelegt wurde. Es handelt sich um ein Bauwerk derselben Ordnung wie das Mausoleum – sowohl funktional als auch teilweise stilistisch.

Das steinerne Mausoleum entstand in einer Zeit, als der neue stalinistische Stil offiziell Einzug in die sowjetische Architektur hielt. Die erste Runde des Wettbewerbs für den Palast der Sowjets, ebenfalls ein OGPU-Projekt, wurde im Februar 1931 ausgeschrieben, aber Stalin hatte das Programm schon einige Monate zuvor entwickelt. Es ist davon auszugehen, dass die Diskussionen der letzten Varianten des Mausoleumsprojekts im Sommer 1930 und die Konzeption des Programms für den Wettbewerb für den Palast der Sowjets parallel stattfanden[31] – und einen einheitlichen Prozess der architektonischen Umsetzung des Leninkults repräsentieren.

Alexei Schtschussew: Steinernes Lenin-Mausoleum am Roten Platz in Moskau, Foto 2017.

Foto: Anatoly Fedotov (iStock)

3. Verwaltungsgebäude der Staatssicherheit

Der intensive Bau von Regierungsgebäuden und Residenzen der verschiedenen Volkskommissariate und Behörden begann nach 1928 im Zuge des Scheiterns der NEP und der Enteignung aller Ressourcen des Landes zugunsten des Staates. Die reichste und mächtigste der staatlichen Behörden war die OGPU. 1934 fusionierte sie mit dem Volkskommissariat für Innere Angelegenheiten (NKWD) und existierte unter letzterem Namen weiter. Die OGPU beziehungsweise das NKWD konnte es sich leisten, jeden von ihr gewünschten sowjetischen Architekten zu beschäftigen, für die Bauschaffenden wiederum hatte die Zusammenarbeit mit dieser Behörde viele Vorteile – von der Gewährleistung der persönlichen Sicherheit bis hin zur Schnelligkeit und Qualität der Projektausführung. In der zweiten Hälfte der Zwanzigerjahre entstanden in allen größeren sowjetischen Städten Hauptquartiere und Wohnkomplexe der OGPU. Unter ihnen gibt es viele architektonisch interessante Bauten.

Die gesamte Planung von Regierungsgebäuden (Ministerien, Kommunalbauten etc.) war geheim und unterlag der Kontrolle der OGPU. Daher ist es manchmal schwierig, eine Grenze zwischen Objekten der OGPU beziehungsweise des NKWD und denen anderer Behörden zu ziehen. Eine Reihe von Bauten kann jedoch sicher den Staatssicherheitsorganen zugeordnet werden.

Das erste OGPU-Objekt war das Haus der Aktiengesellschaft Arkos, der inoffiziellen sowjetischen Handelsvertretung in Großbritannien mit Niederlassungen in Nordamerika, Europa und Asien. Es entstand 1927–1928 in Moskau nach einem Entwurf von Wladimir Majat. Majat, vor der Revolution ein bekannter Jugendstilarchitekt, war 1924 siegreich aus einem Wettbewerb hervorgegangen, an dem sich viele führende sowjetische Baukünstler beteiligt hatten. Das Haus weist trotz seines allgemeinen konstruktivistischen Charakters Elemente des Jugendstils auf, erkennbar sowohl in der freien Gestaltung des Grundrisses als auch in der Form der Erker und im Turmabschluss der abgeschnittenen Gebäudeecke.

Auch das Zentrale Telegrafengebäude in Moskau kann als ein Verwaltungsbau der Staatssicherheit eingestuft werden. Bauherr war das Volkskommissariat für Post und Telegrafie der UdSSR (ab 1932 Volkskommissariat für Kommunikation). Es ist davon auszugehen, dass dieses Ministerium aufgrund seines geheimen Charakters eine inoffizielle Abteilung des NKWD war. Den Posten des Volkskommissars für Kommunikation bekleideten vorübergehend zwei hochrangige ehemalige Tschekisten: 1936–1937 der Volkskommissar für Innere Angelegenheiten Genrich Jagoda und 1937–1938 der stellvertretende Volkskommissar des NKWD und Leiter des Straflagersystems GULAG Matwei Berman. Das Telegraf-Gebäude beherbergte zudem Jagodas Büro, das über einen Aufzug direkt in den Keller und dann in die Metro verfügte.[32] Im September 1925 wurde der offene Wettbewerb für den Bau des Zentralen Telegrafenamts und des Volkskommissariats für Post und Telegrafie (Narkompotschtel) der UdSSR ausgeschrieben. Der erste Preis ging an den Entwurf von Alexander Grinberg, der zweite an den Vorschlag der Brüder Wesnin. Die offiziellen Ergebnisse des Wettbewerbs wurden jedoch für ungültig erklärt. Sowohl

Schtschussew (der als Vorsitzender der Moskauer Architektengesellschaft mit der Organisation des Wettbewerbs betraut war) als auch Iwan Rerberg wurden mit neuen Entwürfen beauftragt. Auf Empfehlung des Mossowjet zog das Volkskommissariat für Bildung dem konstruktivistischen Entwurf Schtschussews den traditionellen Vorschlag Rerbergs vor, der dann auch verwirklicht wurde. Schtschussews Entwurf war großartig, auf jeden Fall nicht schlechter als die Siegerprojekte. Noch heute wirkt er wie eines der spektakulärsten sowjetischen Projekte der Zwanzigerjahre. Der Militäringenieur Rerberg, in der sowjetischen Architektenhierarchie nicht viel weniger angesehen als Schtschussew,[33] war offenbar im Militärsektor tätig und an geheimen Regierungsprojekten beteiligt. Einige Jahre später baute er direkt im Kreml die Erste Militärschule der Roten Armee.

Einer der führenden Stabsarchitekten der OGPU beziehungsweise des NKWD war ab 1927 Arkadi Langman. 1927 entwarf er ein elegantes, an den Jugendstil erinnerndes Wohngebäude für die OGPU (»Jagoda-Haus«) im Miljutinski pereulok sowie 1928–1933 zusammen mit Iwan Besrukow das düstere, aber konstruktivistische Gebäude des NKWD der RSFSR im Furkasowski pereulok in Moskau. 1933–1935 plante und errichtete er das Haus des Rates für Arbeit und Verteidigung in Moskau im Ochotny Rjad (STO-Haus, ab 1937 Haus der KPdSU). 1933 hatte ein geschlossener Wettbewerb für das STO-Gebäude stattgefunden, über den nicht viel bekannt ist, außer dass sowohl Schtschussew als auch die Brüder Wesnin daran teilnahmen. Der Auftrag ging jedoch, außer Konkurrenz, an Langman. In diesem Fall oblag die Gestaltung des damals wichtigsten sowjetischen Regierungsgebäudes direkt der OGPU.[34] Der Rat für Arbeit und Verteidigung wurde vom Vorsitzenden des Rates der Volkskommissare, Wjatscheslaw Molotow, geleitet. Das STO-Haus gilt als einer der Vorboten der stalinistischen Architektur. Es war das erste Regierungsgebäude, das nach Stalins Stilreform entworfen wurde.

Alle drei Entwürfe für das STO-Gebäude sind grundverschieden und veranschaulichen bestens den heftigen Stilkonflikt innerhalb der damaligen sowjetischen Architektur. Das kompromisslos konstruktivistische Projekt der Brüder Wesnin verdeutlicht ihre Hoffnung, dass die sowjetische Regierung die moderne Architektur nicht ganz aufgeben würde. Es ist leicht, asymmetrisch und definitiv nicht monumental. Lediglich die Statuen beiderseits des Haupteingangs mit dem schwebenden Baldachin bezeugen die neue Zeit. Schtschussews Entwurf ist das genaue Gegenteil. Es handelt sich um einen schweren, monumentalen Palast mit einem Eingangsportikus aus Zwillingssäulen und bogenförmigen Zugängen zum Innenhof. Langmans Entwurf ähnelt in gewisser Weise dem Entwurf für den Palast der Sowjets von Hector Hamilton, der im Jahr zuvor den Wettbewerb gewonnen hatte: eine symmetrische, schwere Komposition, die auf dem Rhythmus der vertikalen Elemente basiert und von einem breiten, glatten Gebälk mit minimalem Dekor abgeschlossen wird. Offenbar entsprach jedoch Langmans Entwurf damals am ehesten dem Geschmack der Regierung.

In den Dreißigerjahren entstanden Verwaltungsgebäude der OGPU beziehungsweise des NKWD in allen größeren Städten der Sowjetunion: Tscheljabinsk,

Woronesch, Swerdlowsk, Chabarowsk, Nowosibirsk ...[35] Bis 1932 wurden sämtliche dieser sehr unterschiedlichen Bauten im konstruktivistischen Stil entworfen. Von den meisten sind nur Außenaufnahmen bekannt – Entwurfsunterlagen wurden nie veröffentlicht. 1930–1932 errichtete Nikolai Kadnikow das OGPU-Gebäude in Iwanowo, das aufgrund seiner abgerundeten Fassade »Patronen-Haus« genannt wurde. Im kasachischen Alma-Ata (heute Almaty) projektierte der Architekt Burowzew 1928–1934 ein sogenanntes Tschekistenstädtchen mit Wohnbauten, einem Klub und der NKWD-Hauptverwaltung.

In Leningrad entstand 1931–1932 nach dem Entwurf von Alexander Gegello, Andrej Ol und Noi Trozki ein riesiges konstruktivistisches Bauwerk, das sogenannte Große Haus (»Bolschoi Dom«), für das OGPU-Büro des Leningrader Militärbezirks. Die Projektierung erfolgte im OKTB-12. An ihr wirkten auch internierte Architekten, insbesondere Nikolai Lansere und Boris Roerich, mit. Dieser wuchtige, eindrucksvolle Bau war das zweitwichtigste OGPU-Objekt in der Sowjetunion.

1935–1937 errichteten Iwan Fomin und Pawel Abrossimow das Haus des NKWD der Ukrainischen Sowjetrepublik, ein ganz im stalinistischen Stil gehaltenes imposantes, praktisch nur aus Säulen bestehenden Gebäude. Es beherbergte später den Ministerrat der Ukrainischen SSR. Das palastartige Gebäude des NKWD-MGB der Belorussischen SSR in Minsk entstand 1945–1947 nach einem Entwurf von Michail Parusnikow und Gennadi Badanow.

1939 entwarf Schtschussew, seinerzeit Leiter des eigens für ihn gegründeten Instituts Akademprojekt, das neue Gebäude des NKWD der UdSSR am damaligen Dserschinski-Platz (heute Lubjanka-Platz).[36] Die von Jewgeni Lansere angefertigten Aquarellansichten des Bauwerks[37] genehmigte Beria am 19. Januar 1940.[38] 1948 war das Gebäude, an das ehemalige Haus der Allgemeinen Russischen Versicherungsgesellschaft (1897/98) anschließend und einen kompletten Häuserblock einnehmend, fertiggestellt. Über seinen inneren Aufbau ist nichts bekannt, auch hier gelangten, abgesehen von einigen Fassadenskizzen, keine Planungsunterlagen an die Öffentlichkeit. Schtschussew entwarf eine symmetrische, mit kleinen Bogenfenstern versehene Hauptfassade. Die elegante, mit Türmchen besetzte jugendstiltypische Fassade des Altbaus sollte in den Neubau übernommen werden. Aber das geschah erst in den Achtzigerjahren. Davor wirkte der gewaltige Baukörper des Schtschussew-Gebäudes, das links vom Altbau gestützt wurde, irgendwie unfertig.

Der Ort des berüchtigten NKWD-Gefängnisses (uliza Bolschaja Lubjanka 2) ist jedoch noch mit einer anderen Episode verbunden, die in der sowjetischen Architekturgeschichte ihre Spuren hinterlassen hat. Der Entwurf des ersten sowjetischen Wolkenkratzers von Wladimir Krinski aus dem Jahr 1923 ist in der Literatur weithin als »Krinski-Turm« bekannt. Es handelt sich hierbei um eine für die damalige Zeit völlig neuartige komplexe und raffinierte abstrakte Raumkomposition. 1926 wurde das Projekt in dem einzigen von der Architektenvereinigung ASNOWA (Assoziation neuer Architekten) herausgegebenen Buch *Iswestija Assoziazii nowych architektorow* (*Nachrichten der Assoziation neuer Architekten*) als »Entwurf für das Gebäude des Obersten Rates für Volkswirtschaft (WSNCh) am

Lubjanka-Platz« veröffentlicht. Der Wolkenkratzer sollte direkt neben dem ehemaligen Versicherungsgebäude stehen, damals Sitz der OGPU. Offensichtlich war dieser Vorschlag implizit an Dserschinski gerichtet, der sowohl WSNCh-Vorsitzender als auch OGPU-Chef war, so dass seine beiden Behörden Nachbarn sein würden. Aber Dserschinski starb im selben Jahr, 1926, und die Entwürfe für das WSNCh-Hochhaus verschwanden in der Schublade.

1939, zeitgleich mit dem Beginn der Projektierung des NKWD-Gebäudes an der Lubjanka, begann Dmitri Tschetschulin, Schtschussews Schüler und Nachfolger als Leiter des Mossowjet-Büros Nr. 2, mit der Planung des NKWD-GULAG-Gebäudes mit einem Behördenhotel am Majakowski-Platz. Der Krieg unterbrach die Bauarbeiten. Fertiggestellt wurde das Gebäude erst 1956 als Hotel Pekin. Zu diesem Zeitpunkt hatte die Hauptverwaltung der Strafarbeitslager und -kolonien (GULAG) bereits ihre Bedeutung verloren, aber die Zugehörigkeit zur Staatssicherheitsbehörde wurde eindeutig beibehalten (wie bei allen Liegenschaften dieser Art). Dies hat sich auch in postsowjetischer Zeit nicht geändert: Bis vor Kurzem befand sich in dem Gebäude ein Wohnheim des russischen FSB.

Unter den berühmten Stalin-Hochhäusern der Nachkriegszeit, deren Entwurfsverfasser 1948 mit Stalinpreisen geehrt wurden, war das höchste (und mittelmäßigste) das Verwaltungsgebäude in Sarjadje. Die eigentliche Funktion dieses Bauwerks wurde nie offiziell bekannt gegeben, aber vielen Hinweisen zufolge könnte es sich um die geplante Zentrale des MGB mit einem unterirdischen Kommunikationszentrum der Regierung gehandelt haben. Bis Anfang der Fünfzigerjahre waren sieben der acht Hochhäuser im Allgemeinen fertiggestellt. Der Bau des Verwaltungsgebäudes in Sarjadje war bereits in der Anfangsphase unter Stalin aus unbekannten Gründen aufgegeben worden.

Wladimir Krinski: Projekt des WSNCh-Hochhauses am Lubjanka-Platz in Moskau, 1923.

Quelle: Известия АСНОВА, 1926. С. 5

Iwan Rerberg: Gebäude des Zentralen Telegrafenamts in Moskau, 1925–1929.

Quelle: Staatliches Schusev-Museum für Architektur

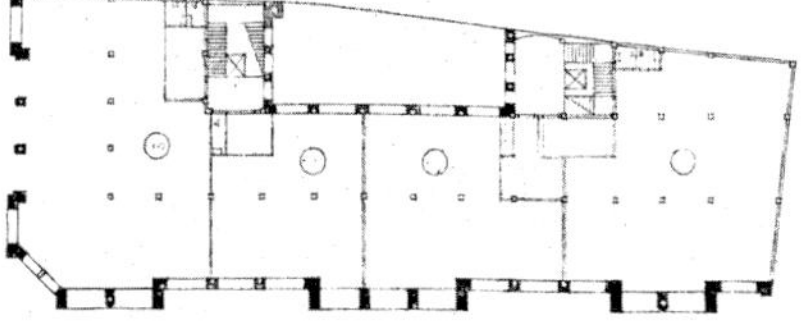

Wladimir Majat: Arkos-Gebäude, 1924. Perspektive und Grundriss 1. Obergeschoss.

Quelle: Строительство Москвы №7. 1927, с. 14/15

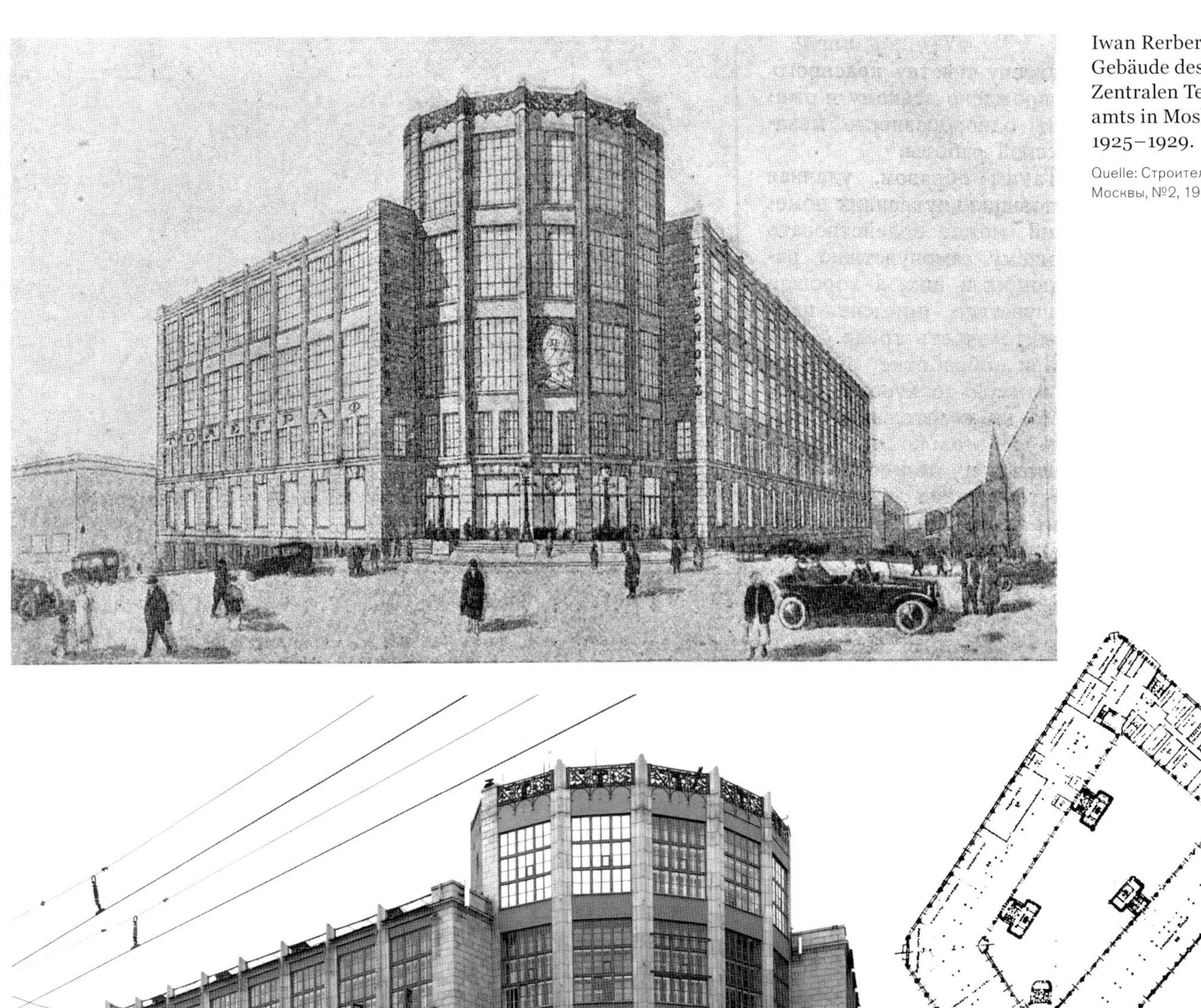

Iwan Rerberg: Gebäude des Zentralen Telegrafenamts in Moskau, 1925–1929.

Quelle: Строительство Москвы, №2, 1926. С. 7

Foto von 2010.

Quelle: Peter Knoch: Architekturführer Moskau, Berlin 2021, S. 151

Arkadi Langman: Gebäude des NKWD in Moskau, Foto etwa 1932–1933. Links das Dynamo-Haus von Iwan Fomin, 1928.

Quelle: pastvu.com

Arkadi Langman: Gebäude des NKWD in Moskau, 1932–1933.

Quelle: Лубянка 2. Москва 1999, с. 63

P. S. Poleschtschikow: Gebäude des Regionalen Exekutivkomitees von Komi, Syktywkar. Links ist das Schild »Torgsin« (»Allunionsverband für den Handel mit Ausländern«) zu sehen. Foto aus den frühen 1930er Jahren.

Quelle: oldsyktyvkar.ru

Nikolai Kadnikow:
OGPU-Gebäude in Iwanowo (»Patronen-Haus«), 1930–1932.

Quelle: theconstructivistproject.com

Noi Trozki: NKWD-Gebäude in Leningrad, 1931.

Quelle: Мастера советской архитектуры об архитектуре, 1985, том 2, рис. 129

Arkadi Langman: Haus des Rates für Arbeit und Verteidigung (STO) in Moskau, 1932–1933.

Quelle: «XXX лет советской архитектуры», М., 1950, с. 6

Gebäude des UNKWD (Regionalstelle des NKWD) der Region Tscheljabinsk in Tscheljabinsk, 1933.

Quelle: Archiv Yurij Latyschev

Boris Gordejew: Gebäude des Bevollmächtigtenbüros der OGPU in Nowosibirsk, 1933–1936. Entwurf.

Quelle: Невзодин, И.: Конструктивизм в архитектуре Новосибирска. Новосибирск, 2013, с. 285

Boris Alexejew: Entwurf für das Gebäude der Gesundheitsabteilung der OGPU in Nowosibirsk. Perspektive.

Quelle: Духанов, С.: Неизвестные проекты архитектора Б. А. Алексеева в Новосибирске начала 1930-х годов. «Архитектон: известия вузов» № 3 (59) Сентябрь 2017, с. 7

Gebäude der OGPU-Verwaltung in Woronesch, 1933.

Quelle: theconstructivistproject.com

Iwan Fomin, Pawel Abrossimow: Entwurf für das Gebäude des NKWD in Kiew, 1935. Perspektive, Ansicht, Grundriss.

Quelle: Archiv Semen Shyrochyn

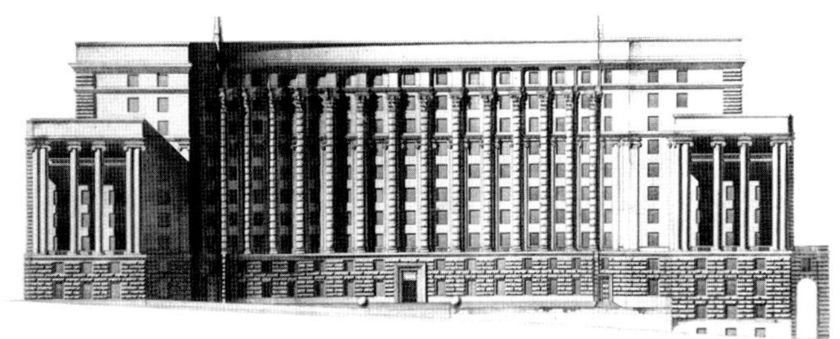

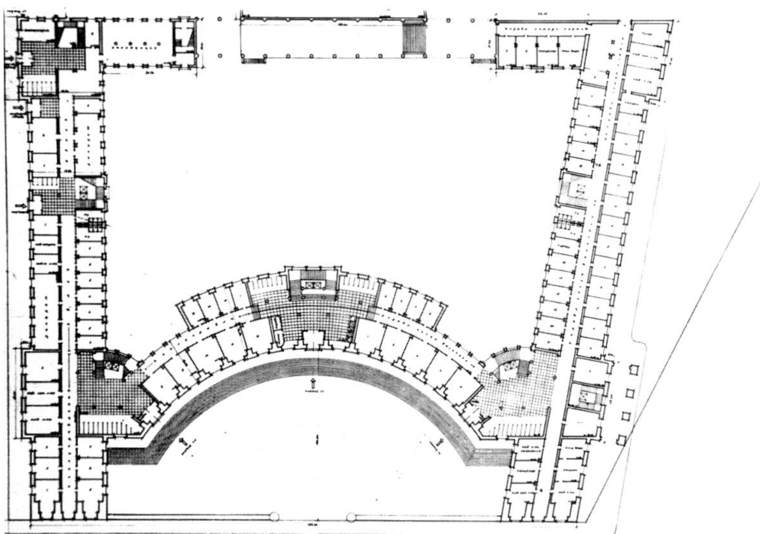

Iwan Fomin, Pawel Abrossimow: Gebäude des NKWD in Kiew, 1935, heute Ministerkabinett der Ukraine.

Quelle: Archiv Semen Shyrochyn

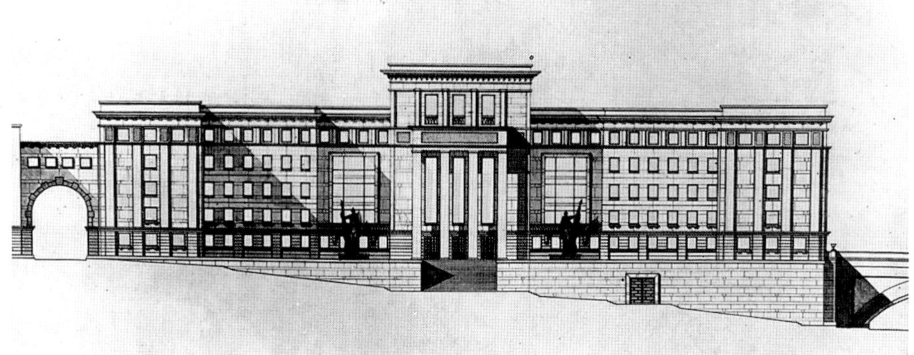

Bauamt des UNKWD der Region Fernost, Architekt P. Pantschenko: Entwurf des Gebäudes des UNKWD der Region Fernost in Chabarowsk, 1935. Hauptfassade, Perspektive.

Quelle: theconstructivistproject.com

Ehemaliges Bauamt des UNKWD der Region Fernost in Chabarowsk, Architekt P. Pantschenko, Foto von 2020.

Foto: Aleksey Suvorov

Quelle: Peter Knoch: Architekturführer Moskau, Berlin 2021, S. 270

Zeitgenössische Postkarte, 1958.

Quelle: Archiv Dmitrij Chmelnizki

Dmitri Tschetschulin: NKWD-GULAG-Gebäude, heute Hotel Pekin, Moskau, 1939–1956.

Quelle: Everyonephoto Studio/Shutterstock

Quelle: luckat (iStock)

Quelle: Lady Photo (iStock)

Alexei Schtschussew: NKWD-Gebäude am Dserschinski-Platz (heute Lubjanka) in Moskau, 1939. Aufnahme aus den 1970er Jahren.

Quelle: историк.рф

Alexei Schtschussew: NKWD-Gebäude an der Lubjanka, Moskau. Ursprünglicher Entwurf mit Fassadenerhaltung der Russischen Versicherungsgesellschaft, 1939.

Quelle: Лубянка 2. Москва, 1999, с. 70

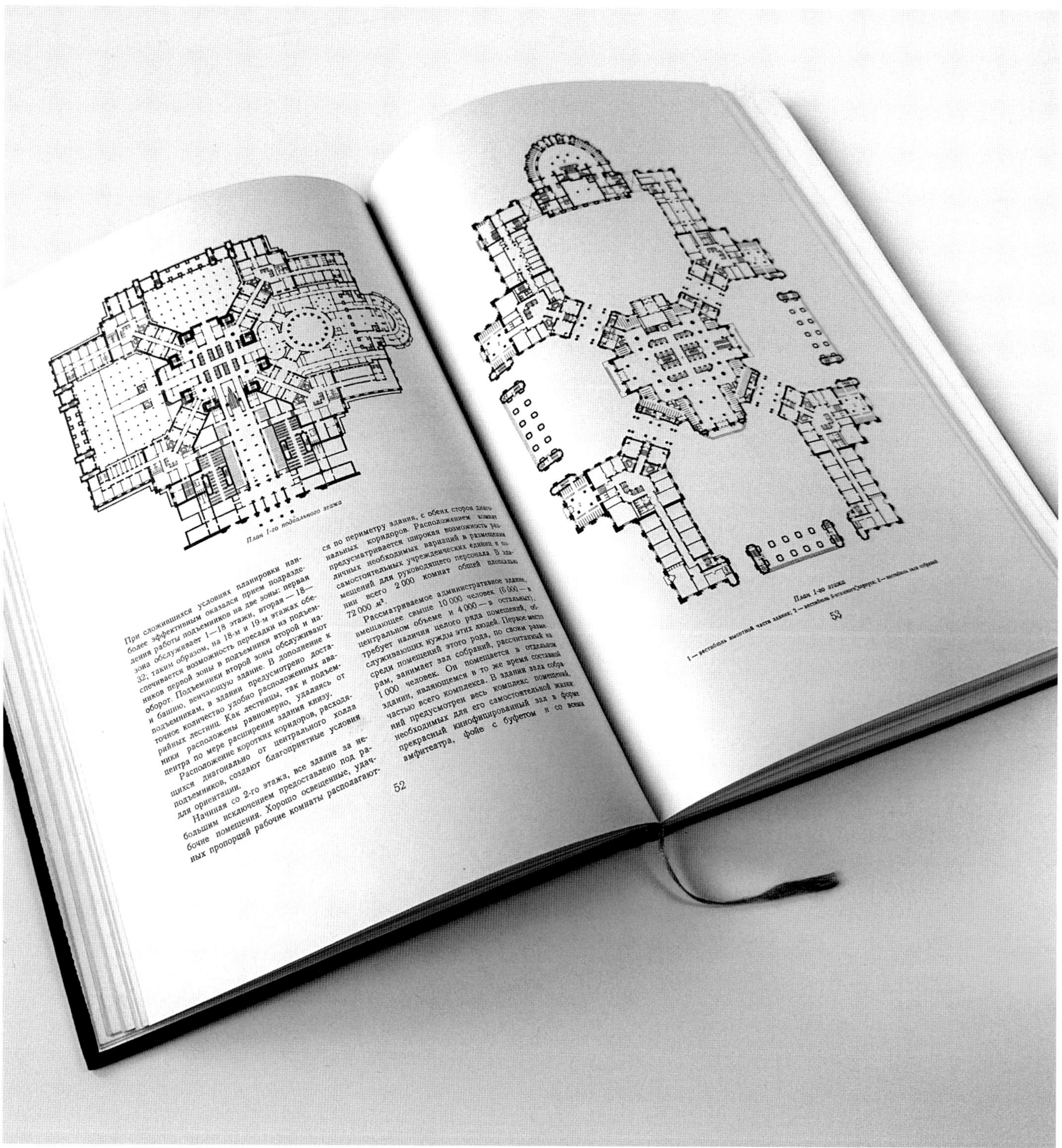
План 1-го подвального этажа

При сложившихся условиях планировки наиболее эффективным оказался прием подразделения работы подъемников на две зоны: первая зона обслуживает 1—18 этажи, вторая — 18—32; таким образом, на 18-м и 19-м этажах обеспечивается возможность пересадки из подъемников первой зоны в подъемники второй и наоборот. Подъемники второй зоны обслуживают и башню, венчающую здание. В дополнение к подъемникам, в здании предусмотрено достаточное количество удобно расположенных аварийных лестниц. Как лестницы, так и подъемники расположены равномерно, удаляясь от центра по мере расширения здания книзу.

Расположение коротких коридоров, расходящихся диагонально от центрального холла подъемников, создают благоприятные условия для ориентации.

Начиная со 2-го этажа, все здание за небольшим исключением предоставлено под рабочие помещения. Хорошо освещенные, удачных пропорций рабочие комнаты располагаются по периметру здания, с обеих сторон диагональных коридоров. Расположением комнат предусматривается широкая возможность различных необходимых вариаций в размещении самостоятельных учрежденческих единиц и помещений для руководящего персонала. В здании всего 2 000 комнат общей площадью 72 000 м².

Рассматриваемое административное здание, вмещающее свыше 10 000 человек (6 000 — в центральном объеме и 4 000 — в остальных), требует наличия целого ряда помещений, обслуживающих нужды этих людей. Первое место среди помещений этого рода, по своим размерам, занимает зал собраний, рассчитанный на 1 000 человек. Он помещается в отдельном здании, являющемся в то же время составной частью всего комплекса. В здании зала собраний предусмотрен весь комплекс помещений, необходимых для его самостоятельной жизни: прекрасный кинофицированный зал в форме амфитеатра, фойе с буфетом и со всеми

52

План 1-го этажа

1 — вестибюль высотной части здания; 2 — вестибюль 6-этажного корпуса; 3 — вестибюль зала собраний

53

Dmitri Tschetschulin: Verwaltungsgebäude in Sarjadje, Moskau, 1947–1949. Perspektive.

Quelle: Tyrannei des Schönen. Architektur der Stalin-Zeit, München 1994, S. 99

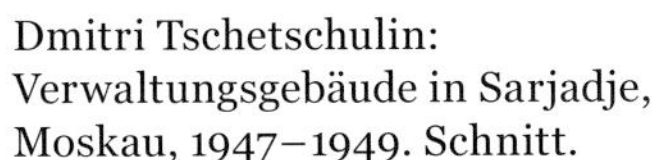

Dmitri Tschetschulin: Verwaltungsgebäude in Sarjadje, Moskau, 1947–1949. Schnitt.

Quelle: Высотные здания в Москве. Проекты. В 9 тетрадях. Административное здание в Зарядье. М., 1951. Табл. 8

4. Wohnungsbau der Staatssicherheit

Dieser Abschnitt befasst sich mit dem Bau von Wohnungen für die Staatssicherheitsorgane in den sowjetischen Städten und nicht im GULAG, das heißt außerhalb des Lagersystems, wo die gesamte Architektur behördenintern und die Typologie der Gebäude, einschließlich der Wohnbauten, anders und in vielerlei Hinsicht vielfältiger war – von Lagerbaracken bis hin zu den Villen der Lagerkommandanten.

Der städtische Wohnungsbau für die Staatssicherheit fügt sich einerseits in die Gesamtentwicklung des sowjetischen Wohnungsbaus ein, weist jedoch andererseits eigene Charakteristika auf. Erstens wurden mehr Wohnungen für die Sicherheitsorgane gebaut, und das auch schneller als für andere, weniger wichtige Behörden. Zweitens kombinierten die »Städtchen« und Siedlungen der OGPU beziehungsweise des NKWD oft Verwaltungs-, Wohn- und öffentliche Nutzungen in einer Art bewachten Militärsiedlung mit Wohnheimen und Baracken sowie Wohnhäusern für höhere Offiziere, Bürobauten, Klubs und Dienstleistungsinfrastruktur.

Zunächst ist es sinnvoll, einen Blick auf die allgemeine Entwicklung des Wohnungsbaus in der Sowjetunion während der Stalinzeit zu werfen, die als Hintergrund für die spezifische Architektur der Wohnbauten der Staatssicherheit diente. Dies gilt umso mehr, als ihre Rolle bei der katastrophalen Wohnungsnot, mit der die UdSSR in den späten 1920er Jahren zu kämpfen hatte, nicht hoch genug eingeschätzt werden kann.

Unmittelbar nach ihrer Machtübernahme verboten die Bolschewiken im Dezember 1917 jegliche Immobiliengeschäfte.[39] 1918 wurde das Recht auf Privatbesitz von Immobilien abgeschafft. Alles wurde verstaatlicht, auch die kleinsten Privathäuser. Dies führte zu einer massiven Zerstörung des Wohnungsbestandes, denn die ehemaligen Eigentümer hatten keinen Anreiz mehr, ihre Häuser in Ordnung zu halten.

Der systematische Wohnungsbau in der UdSSR begann ab 1923 dank der 1921 durch Lenin eingeführten Neuen Ökonomischen Politik (NEP). Wohnhäuser mit einer Gesamtfläche von 25 bis 50 Quadrat-Saschen (114 bis 227 Quadratmeter) konnten den ehemaligen Eigentümern rückübertragen werden. Für die Verwaltung der Wohnblocks wurden Wohnungsbaugesellschaften gegründet. 1923 erfolgte die Legalisierung von Wohnungsgenossenschaften. Dies ebnete den Weg für den privaten Wohnungsbau. Es gab damals drei Arten des städtischen Wohnungsbaus in der Sowjetunion: privat, genossenschaftlich und staatlich.

Bis 1950 existierten keine Sozialprogramme zur allgemeinen Verbesserung der Wohnverhältnisse der städtischen Bevölkerung. In den frühen Zwanzigerjahren wurde in der UdSSR eine Hygienenorm von 8 Quadratmeter Wohnfläche pro Person eingeführt. Damit war nicht beabsichtigt, die gesamte Stadtbevölkerung im Rahmen einer solchen Norm mit Wohnraum zu versorgen, sondern es bedeutete lediglich, dass, war weniger Platz pro Person vorhanden, ihr dieser nicht weggenommen werden konnte. 1923 betrug die tatsächliche durchschnittliche Wohnfläche pro Person etwa 6 Quadratmeter, sie nahm im Laufe der Zwanzigerjahre stetig ab und betrug 1926 5,0 bis 5,5 Quadratmeter. In einigen Städten sank sie sogar auf 4 Quadratmeter.

Der zunehmend starke Rückgang der Wohnungsbaunorm in den Städten – im Gegensatz zu den offiziellen Deklarationen über das geplante Wachstum – begann in der Zeit des ersten Fünfjahrplans.

In den Jahren der NEP (1921–1928) sahen die Mitarbeiter von Gosplan noch eine Lösung des Wohnungsproblems in unbestimmter Zukunft vor und erstellten entsprechende Prognosen. 1928–1929 wurden diese rein theoretischen Pläne und Berechnungen aufgegeben, erst Ende der Fünfzigerjahre griff die sowjetische Presse das Thema wieder auf.

Den Bedarf für den Wohnungsbau für das Haushaltsjahr 1925/26 schätzte Gosplan auf 2.055 Milliarden Rubel, bei einer Zunahme der städtischen Bevölkerung um 740.000 Menschen und einer Bereitstellung von Wohnraum in Höhe von 1,78 Quadrat-Saschen (8 Quadratmeter) pro Person sowie einer Erhöhung des Wohnraums für Werktätige von durchschnittlich 10 Quadrat-Arschin (5,0 Quadratmeter) pro Person auf 12 Quadrat-Arschin (6,0 Quadratmeter). Geplant war jedoch, für das kommende Jahr lediglich 375 Millionen Rubel bereitzustellen (das heißt nur 18 Prozent des geschätzten Bedarfs). Tatsächlich gebaut wurden 1925/26 in der UdSSR etwa 1,61 Millionen Quadratmeter städtischer Wohnraum,[40] was lediglich 36 Prozent der Fläche entsprach, die für die Einhaltung der Hygienenormen erforderlich war. 1926/27 wurden in der UdSSR 577,6 Millionen Rubel[41] für den Wohnungsbau ausgegeben. Davon stammten 45 Millionen aus dem Staatshaushalt, 70,6 Millionen aus dem Haushalt der Kommunen und 462 Millionen aus Eigenmitteln der Bevölkerung.[42] So betrugen die staatlichen Investitionen in den Wohnungsbau im letzten Jahr der NEP nur 19 Prozent der insgesamt investierten Mittel.

In den Plänen für 1927/28 wurde davon ausgegangen, dass für jeden neuen Stadtbewohner (insgesamt 1 Million Menschen) 3,5 Quadratmeter Wohnraum gebaut und dafür 455,8 Millionen Rubel ausgegeben werden sollten. Private Investitionen (Eigenmittel der Einwohner und Darlehen) sollten 96,3 Prozent ausmachen (254,1 beziehungsweise 184,5 Millionen Rubel), während die staatlichen Investitionen nur 3,7 Prozent (17,2 Millionen Rubel)[43] betragen sollten. Zugleich wurde die gesamte Norm von 5,53 Quadratmeter[44] auf 5,46 Quadratmeter pro Person gesenkt.[45] Gemäß den Preisen der zweiten Hälfte der Zwanzigerjahre kostete ein Quadratmeter Wohnfläche in einer privat mit eigener Kraft und aus improvisierten Materialien errichteten Wohnung (mit Ofenheizung, ohne Kanalisation und Sanitäranlagen) 47 Rubel. In einem mehrgeschossigen Wohnhaus mit Wasserversorgung, Kanalisation und Heizung kostete ein Quadratmeter Wohnfläche 140 bis 190 Rubel.[46]

Aus diesen Daten geht hervor, dass es sich bei den privat errichteten Wohnhäusern um kleine Behelfsbauten mit einer durchschnittlichen Fläche von etwa 100 Quadratmetern handelte. Nach den Plänen von Gosplan für 1927/28 überstieg die gesamte private Baufläche die staatliche (finanziert durch den Staatshaushalt) Baufläche um mehr als das 40-fache und die genossenschaftliche (finanziert durch Kredite) Baufläche um das Vier- bis Fünffache.

Zugleich war es einem durchschnittlichen sowjetischen Werktätigen bei den damaligen Lebenshaltungskosten und Löhnen nicht möglich, eine städtische Wohnung zu mieten. Die Familie eines Arbeiters (drei bis fünf Personen) durfte 18 bis 28 Quadratmeter Wohnfläche anmieten, was eine Unterbringung in einer Einzelwohnung ausschloss.[47] Im Möglichkeitsbereich lag entweder ein Raum in einer Kommunalka oder ein bis zwei Zimmer in einem Wohnheim.

Dies war die Situation am Vorabend der stalinistischen Industrialisierung und der daraus resultierenden Wohnungsnot in den Städten und Arbeitersiedlungen. Die Abschaffung der NEP führte dazu, dass die privaten Investitionen in den Wohnungsbau bis 1930 vollständig eingestellt wurden. Zugleich kam es zu einem raschen Anstieg der städtischen Bevölkerung, indem die Landbevölkerung in die Bauprojekte des Fünfjahrplans gezwungen wurde. Die Druckmittel waren unterschiedlich – Deportationen, Mobilisierungen, Hungersnöte –, aber die Ausführung erfolgte stets durch die OGPU.

Die dringliche Aufgabe, Wohnraum für Millionen neuer Stadtbewohner zu schaffen, übernahm der Staat. Zugleich war die in den ersten Fünfjahrplänen dafür vorgesehene Finanzierung minimal. Die billigsten kommunalen Baracken, errichtet von den verschiedenen Behörden und Unternehmen für ihre Arbeiter, wurden zu Massenunterkünften. In den Dreißigerjahren sank die Hygienenorm in den sowjetischen Städten auf 3 bis 3,5 Quadratmeter pro Person, und in den neuen Industriestädten, in denen es gar keinen alten Wohnungsbestand gab, war sie sogar noch niedriger. In Magnitogorsk zum Beispiel standen Anfang 1931 lediglich 2,2 Quadratmeter Wohnraum pro Person zur Verfügung.[48] Im Januar 1932 waren es nur noch 1,75 Quadratmeter. Die Unterbringungsquote in den Baracken betrug damals in Magnitogorsk in der Regel 3,5 Quadratmeter pro Kaderarbeiter und 1,3 Quadratmeter pro Familienmitglied.[49] Überall im Land geschah in etwa das Gleiche.

Den Daten der offiziellen Volkszählung von 1939 zufolge betrug die sowjetische Stadtbevölkerung am 17. Januar 1939 56,125 Millionen Menschen.[50] Zum Vergleich: Am 17. Dezember 1926 waren es 26,3 Millionen und nach den Berechnungen des ersten Fünfjahrplans im Jahr 1932 39,7 Millionen.[51]

Während der ersten Fünfjahrplanperiode (1928–1932) wurden nach offiziellen Angaben 22,264 Millionen Quadratmeter Wohnraum geschaffen (weitere 5 Millionen sollten Anfang 1933 fertiggestellt werden).[52] Während der zweiten Fünfjahrplanperiode (1933–1937) entstanden 26,8 Millionen Quadratmeter Wohnraum[53] – 2,3-mal weniger, als vorgesehen war. Diesen Angaben kann jedoch nur bedingt getraut werden, denn nach 1929 wurden alle offiziellen Statistiken in der UdSSR mehr oder weniger stark gefälscht.

So stieg die städtische Bevölkerung während der ersten Fünfjahrplanperiode offiziell um 13,4 Millionen Menschen und während der zweiten um 16,45 Millionen. Insgesamt gab es in diesen Zeitraum, 1928–1937, einen Zuwachs von 29,85 Millionen Personen. Es zeigt sich, dass beim ersten Fünfjahrplan 1,66 Quadratmeter neu gebauter Wohnraum auf jeden neuen Stadtbürger entfallen und beim zweiten Fünfjahrplan (26,8 Millionen Quadratmeter/16,45 Millionen Menschen) 1,63 Quadratmeter. Zählt man den gesamten in der UdSSR während der beiden Fünfjahrpläne offiziell errichteten Wohnraum zusammen (ohne Berücksichtigung der Abgänge), so ergibt sich eine Fläche von 49,1 Millionen Quadratmetern (22,3 + 26,8 Millionen Quadratmeter). Der gesamte städtische Bestand an Wohnraum sollte bis zum Ende des zweiten Fünfjahrplans etwa 210 Millionen Quadratmeter betragen. Bei einer städtischen Bevölkerung von 56,125 Millionen Menschen wären das 3,74 Quadratmeter pro Person.

Das Paradoxe an dieser Situation war, dass es laut einer 1953 für Lasar Kaganowitsch erstellten geheimen Studie über den Zustand des städtischen Wohnungsbestandes im Jahr 1940 in den sowjetischen Städten nur 167,3 Millionen Quadratmeter Wohnraum gab, in etwa so viel wie zu Beginn des ersten Fünfjahrplans. Bei einer Stadtbevölkerung von 56,1 Millionen Menschen hätte die durchschnittliche Pro-Kopf-Fläche am Ende des zweiten Fünfjahrplans also weniger als drei Quadratmeter betragen müssen. Dies war offensichtlich auch der Fall.

Die Typologie des sowjetischen städtischen Wohnungsbaus während der NEP-Ära war sehr spezifisch. Traditionelle Wohnbautypen wie private Einfamilienhäuser und private Villen wurden bei der Planung praktisch nicht berücksichtigt. Das Konzept des Mietshauses verschwand. Mitte der Zwanzigerjahre erschienen mehrere Bücher mit Entwürfen für verschiedene Typen von Arbeiterwohnungen, die jedoch allesamt utopisch waren. Die Besitzer kleiner, privater und billiger Häuser brauchten in der Regel keine Architekten. Jedenfalls finden sich in der zeitgenössischen Fachliteratur keine Hinweise auf solche Projekte. Der genossenschaftliche Wohnungsbau, der 1924–1925 entstand, war nahezu unabhängig vom Staat. Die Genossenschaftsmitglieder beauftragten direkt einen Architekten und eine Baufirma und erwarben auch die Baumaterialien selbst. All dies war im Rahmen der NEP jedoch nur für einen Zeitraum von drei oder vier Jahren möglich, solange es einen freien Markt für Dienstleistungen und Baumaterialien gab. Nach der Abschaffung der NEP wurden die Genossenschaften de facto zu staatlichen Organisationen, die nach einem Plan arbeiteten und verschiedenen Ministerien unterstanden.

Charakteristisch für die Genossenschafts- und Behördenwohnbauten der Zwanzigerjahre waren der individuelle Charakter der Architektur, die freien Grundrisslösungen und das fehlende Streben nach Standardisierung.

Die für die Angestellten der Verwaltung und der staatlichen Behörden errichteten kommunalen Wohnungen waren in der Regel komfortabler als die Genossenschaftswohnungen und weitgehend typisiert. So erstellte die Moskauer Stadtverwaltung (Mossowjet) ab 1925 standardisierte Sektionen für den Wohnungsbau im jeweiligen Jahr. In der Regel handelte es sich um Zwei- bis Vierzimmerwohnungen ohne Gemeinschaftsräume, das heißt sie waren so konzipiert, dass sie als Kommunalkas genutzt werden konnten. In Moskau entstanden viele Wohnsiedlungen auf der Basis von standardisierten Sektionen; sie wurden offiziell als »Arbeitersiedlungen« bezeichnet, waren jedoch keine. Ihre Behördenzugehörigkeit wurde nie bekannt gegeben und ist in vielen Fällen auch heute noch unklar. So kann nur vermutet werden, dass der Mikrorajon Dangauerowka (1928–1932, Michail Motyljow

u. a.) in irgendeiner Weise mit der OGPU verbunden war, da sich dort ein Schulgebäude des Nachrichtendienstes befand. Und die Budjonowski-Siedlung (1927–1929, Michail Motyljow u. a.) war der Militärverwaltung unterstellt. In den neuen Wohnquartieren der Zwanziger- bis Vierzigerjahre wurden nie einfache Arbeiter untergebracht – sie waren für die höheren Ränge vorgesehen, die nur einen sehr geringen Prozentsatz der sowjetischen Bevölkerung ausmachten.

Ein frühes Beispiel für teure Nomenklatura-Wohnungen ist das Gebäude der Wohnungsbaugenossenschaft Kwartirochosjain im Skaterny pereulok 21 in Moskau, entworfen von Georgi Oltarschewski. Kwartirochosjain gehörte zur OGPU. Das 1925–1926 erbaute und perfekt erhaltene Gebäude beherbergt drei ineinander verschachtelte Maisonettewohnungen mit separaten Eingängen sowie Ausgängen von der Küche zum Hof. Jede Küche verfügte über ein »Dienstmädchenzimmer«, wie in den veröffentlichten Plänen eingezeichnet ist.[54] Offenbar hatte sich der Begriff »Domrabotniza« (Hausangestellte) noch nicht durchgesetzt.

Als reichste und einflussreichste der sowjetischen Behörden hatte die OGPU vor allen anderen mit dem Bau eigener Wohnhäuser und -komplexe begonnen. Allerdings können die OGPU-eigenen Wohnbauten nur schwer identifiziert werden, da die OGPU-Wohngenossenschaften neutrale Namen, wie Kwartirochosjain (»Wohnungseigentümer«) oder Sozinschener (»Sozialistischer Ingenieur«), hatten. Ihre Behördenzugehörigkeit ist meist indirekt, durch die soziale Stellung ihrer damaligen Mieter, zu erschließen.

1925 entwarf Boris Iofan, gerade aus Italien zurückgekehrt, den OGPU-Wohnkomplex in der Rusakowskaja uliza in Moskau. Es basiert auf einer Sektion mit zwei Wohnungen, die zwar klein (40 Quadratmeter Gesamtfläche) waren, aber komfortable drei Zimmer aufwiesen. In der Fachliteratur wurde dieser Komplex noch bis vor Kurzem als »Arbeitersiedlung« bezeichnet.

1927–1928 errichtete Arkadi Langman in Moskau eines der geheimnisvollsten Gebäude der UdSSR: die OGPU-Residenz im Miljutinski pereulok 9, das sogenannte Jagoda-Haus (benannt nach Genrich Jagoda, damals einer der stellvertretenden OGPU-Chefs). Zu Sowjetzeiten waren über dieses Gebäude überhaupt keine Informationen verfügbar. Das dreigeschossige Haus ist aufgrund seiner raffinierten Innengestaltung interessant, die in der späteren sowjetischen Architektur ihresgleichen sucht. Der Erschließungskern besteht aus einer großen Haupttreppe und zwei beiderseits angeordneten, viel kleineren »Hintertreppen«. Pro Geschoss gibt es drei Wohnungen, jede davon bildet einen separaten, nach drei Seiten orientierten Block. Zwei der Wohnungen (eine Fünfzimmer- und eine Vierzimmerwohnung) grenzen rechts und links der Straßenfront an das Treppenhaus. Die dritte Wohnung (mit drei Schlafzimmern) grenzt an die Treppe zum Innenhof und ist um ein Halbgeschoss abgesenkt, so dass der Zwischenabsatz der vorderen und eine der hinteren Treppen genutzt werden kann. Alle drei Küchen sind zur »hinteren« Treppe ausgerichtet und verfügen jeweils über einen Raum für die Domrabotniza, die Haushälterin. Die elegante Dynamik des Grundrisses und der Fassaden knüpft an die Jugendstilarchitektur an, ebenso die komplexe Struktur der Erker in den über 30 Quadratmeter großen herrschaftlichen Wohnzimmern. Die Gesamtfläche der Fünfzimmerwohnung beträgt 168 Quadratmeter.[55]

Ein weiteres Wohn- und Verwaltungsgebäude der OGPU, das sogenannte Dynamo-Haus, errichtete Iwan Fomin 1928–1931 in Moskau. Dieser Bau in einem für Fomin damals typischen, dem Konstruktivismus nahen Stil – mit Zwillingssäulen, runden Fenstern in einem hohen Dachgeschoss und einem ausdrucksstarken Turm – ist nur von seinen Fassaden her bekannt. Seine Pläne wurden nie veröffentlicht, so dass es unmöglich ist, seine innere Gestaltung zu beurteilen.

In der zweiten Hälfte der Zwanzigerjahre entstanden in allen größeren sowjetischen Städten OGPU-Wohnbauten. In der Regel handelte es sich um geschlossene Komplexe mit eigener Infrastruktur und Wohnungen, die die Hierarchie der Geheimpolizei widerspiegelten: angefangen bei luxuriösen Residenzen für die oberste Führungsebene (üblicherweise in separaten Gebäuden untergebracht) bis hin zu Wohnheimen für die unteren Dienstgrade. Das eindrucksvollste Beispiel eines solchen Komplexes ist das sogenannte Tschekistenstädtchen (1928–1936, Iwan Antonow, Weniamin Sokolow, Arseni Tumbasow) in Swerdlowsk (heute Jekaterinburg). Ebenfalls in Swerdlowsk bauten Antonow und Sokolow für die höhere Führungsebene das »NKWD-Wohnkombinat«, auch bekannt als das »2. Haus der Sowjets«. Ein weiteres »Tschekistenstädtchen« entstand 1934–1936 in Tscheljabinsk (N. Kornifski, Arseni Tumbasow).

In Nowosibirsk errichteten Boris Gordejew und Sergej Turgenjew 1931–1932 einen spektakulären konstruktivistischen Wohnkomplex für die OGPU. Neben Wohnungen umfasste er zwei Ladengeschäfte, ein Hotel mit einem Friseursalon, eine Kantine für 50 Personen, Werkstätten und Büros der OGPU-Wirtschaftsabteilung, die den Bau in Auftrag gegeben hatte.[56] Direkt gegenüber befindet sich der 1931–1932 erbaute Komplex mit 100 Wohnungen für die Bevollmächtigte Vertretung der OGPU (Boris Gordejew, Iwan Woronow). 1930–1932 wurde in Nowosibirsk ein weiteres OGPU-Objekt – der Dynamo-Wohnkomplex – errichtet. Es umfasste ein Hotel für 250 Gäste, 56 Drei- und Vierzimmerwohnungen ohne Küchen und einen Kindergarten. Im Gegensatz zu Fomins Dynamo-Haus in Moskau, das zur gleichen Zeit im Bau war, wurde der Plan für diesen Komplex veröffentlicht.[57] Die Wohnungen bestanden aus separaten Räumen und waren offenbar für eine zimmerweise Unterbringung der OGPU-Nachwuchsoffiziere vorgesehen.

In Samara entstand 1930–1931 ein konstruktivistisches Haus für den OGPU-Kommandostab (Leonid Wolkow, Nikolai Telizyn). In Irkutsk wurde 1933 ein OGPU-Wohngebäude fertiggestellt (Kasimir Mital). Und in Iwanowo baute Alexander Panow 1934 ein spektakuläres halbrundes Haus (»Hufeisenhaus«) für die OGPU.

Zu erwähnen ist außerdem das »Tschekistenstädtchen« in Alma-Ata (heute Almaty), errichtet 1932–1935 unweit des konstruktivistischen Regierungszentrums (Moissei Ginsburg, Ignati Milinis, 1929–1931). Es umfasste unter anderem einen Gebäudekomplex mit vier Wohnhäusern für WeTscheKa-Mitarbeiter (eines davon ist inzwischen abgerissen), ein Kulturhaus, einen OGPU-Verwaltungskomplex (mit vier Abteilungen), und zwei Schulungsbauten. Alle Wohnhäuser bestanden aus Holz und waren verputzt.[58] Die OGPU-NKWD-Gebäude entwarfen Wladimir Krinski und Alexei Ruchljadew 1927–1928, realisiert wurden sie 1932.

Während Ginsburg einer der führenden Vertreter des sowjetischen Konstruktivismus war und mit den Brüdern Wesnin der OSA (Vereinigung moderner Architekten) vorstand, war Krinski zusammen mit Ladowski Mitbegründer der ASNOWA. So ist es möglich, dass die Verteilung der Aufträge auch einen Konkurrenzkampf innerhalb der ersten Riege der sowjetischen Architekten widerspiegelt.

Systematisch wurden alle Groß- und Unionshauptstädte der UdSSR mit geschlossenen, geschützten Komplexen von Verwaltungs-, Wohn- und Dienstleistungsgebäuden verschiedener sowjetischer Behörden bebaut. Ihre Struktur war nicht nur durch die Geheimhaltung durch die Behörden selbst, sondern auch durch die Besonderheiten des sowjetischen Versorgungssystems bestimmt. Da es in der UdSSR in der Zeit des ersten Fünfjahrplans keinen freien Handel mehr gab, wurden die Beschäftigten der Dienststellen und Unternehmen entsprechend ihrem sozialen Status mit allen notwendigen Lebensmitteln und Gütern versorgt. Arbeiter, Angestellte und Vorgesetzte verschiedener Dienstgrade erhielten jeweils unterschiedliche Zuwendungen. Zugang zum Versorgungssystem in den Wohnkomplexen, zum Beispiel zu Kantinen, Kindergärten, Bädern, hatten daher nur die Bewohner. Außenstehenden war der Zutritt verwehrt. Dieses System zeigte sich am deutlichsten in den OGPU-NKWD-Wohnkomplexen, wo der berufliche Status der Bewohner die absolute Geheimhaltung und Isolierung von der Gesellschaft festlegte.

In den späten Zwanzigerjahren wurde mit der Planung und dem Bau von Residenzen für hohe Regierungs- und Parteifunktionäre begonnen. Auch diese Arbeiten erfolgten weitgehend unter Aufsicht der OGPU. 1928 begann man in Moskau mit der Errichtung eines riesigen Komplexes für 500 Wohnungen am Bersenewskaja nabereschnaja: dem Haus der Regierung oder »Haus an der Uferstraße«, entworfen von Boris und Dmitri Iofan. Seine Pläne wurden mit Ausnahme eines relativ geringen Teils nie veröffentlicht, die Planung und Ausführung des Gebäudes erfolgte unter Aufsicht der OGPU unter Leitung von Genrich Jagoda.[59]

Offenbar sollte das Bauvorhaben wie üblich geheim bleiben, aber es gab ein Problem. In der Juli-Ausgabe 1928 von *Stroitelstwo Moskwy* erschien ein Artikel mit dem Titel *Kak ne nado stroitj* (*Wie man nicht bauen sollte*), unterzeichnet mit dem Pseudonym STROITEL (Konstrukteur). Der Autor bringt seine Empörung darüber zum Ausdruck, dass ein riesiges Projekt (Kosten: 14 Millionen Rubel, Bauvolumen: 340.000–360.000 Kubikmeter) ohne unionsweite Ausschreibung und ohne jede öffentliche Diskussion genehmigt wurde: »Wurde das bereits realisierte Projekt in weiten Kreisen diskutiert? – Leider *nein*. Wurde das Projekt wenigstens irgendwo publiziert? *Nein*. Die Redaktion wollte es veröffentlichen, aber es ist ihr nicht gelungen. Irgendwo, irgendwie und von irgendjemandem wurde ein Vierzehn-Millionen-Rubel-Projekt erarbeitet und zur Realisierung genehmigt, von dem die sowjetische Öffentlichkeit nichts weiß.«[60]

Dieser Appell an die sowjetische Öffentlichkeit war eindeutig der letzte Rückfall in die innerparteiliche Freiheit der NEP-Ära. Die Notiz war wahrscheinlich von einem Architekten mit Verbindungen zu hohen Rängen in der sowjetischen Bürokratie initiiert worden, denn es ist offensichtlich, dass die Entscheidung zum Bau des Hauses an der Uferstraße vom Politbüro getroffen wurde, das das Projekt auch in Auftrag gab und genehmigte.[61] In den der Regierung nahestehenden Architektenkreisen sorgten die großen staatlichen Aufträge, die der Emporkömmling Boris Iofan ohne Wettbewerb und ohne jegliche Werbung erhielt, verständlicherweise für Irritationen. In der nächsten Ausgabe von *Stroitelstwo Moskwy* erschien ein Beitrag von Iofan, in dem er sich rechtfertigte, dass das Projekt von einer aus hochrangigen Architekten bestehenden Expertenkommission geprüft und von einer extra gebildeten Regierungskommission bewilligt worden sei sowie alle erforderlichen Genehmigungen erhalten habe.[62] Die Redaktion wies zudem darauf hin, dass die Regierungskommission angeordnet habe, der Redaktion die Baupläne zu übermitteln, um diese in der nächsten Ausgabe zu veröffentlichen.

In der zehnten Ausgabe von *Stroitelstwo Moskwy* erschien tatsächlich ein weiterer Artikel von Iofan mit einer detaillierten Beschreibung des Projekts und zwei nicht sehr gut lesbaren Plänen – einem allgemeinen Plan des gesamten Erdgeschosses und einem Plan einer typischen Sektion mit zwei Dreizimmerwohnungen. Der Wohnungsgrundriss zeigte eine große, L-förmige Eingangshalle mit einem Fenster. In Isaak Ejgels Buch *Boris Iofan* findet sich eine deutlichere Abbildung der gleichen Sektion: Hier öffnet sich ein kleiner Raum mit Fenster in der Größe eines Dienstbotenzimmers zum Flur. Erstaunlicherweise sind in den 90 Jahren seit der Erstveröffentlichung keine weiteren Pläne des Hauses an der Uferstraße in der sowjetischen und postsowjetischen Presse publiziert worden. Es ist lediglich bekannt, dass es insgesamt 505 Wohnungen beherbergt. Logischerweise muss es eine Vielzahl von Wohnungstypen geben, konzipiert für Mieter verschiedener Hierarchiestufen.

Im Sommer 1932 wurde das erste Regierungsdekret erlassen, das die Bauweise und das Aussehen der offiziellen stalinistischen Wohnungen regelte: der Beschluss des Moskauer Stadtexekutivkomitees und des Mossowjet vom 14. Juli 1932 »Über die Art des Wohngebäudes«.[63] Dieses Dekret hob alle früheren Beschlüsse zu diesem Thema auf und legte fest, wie der neue Wohnungsbau von nun an aussehen sollte: Hochhäuser mit komfortablen Zwei- oder Drei- bis Vierzimmerwohnungen mit großen Räumen (bis zu 21 Quadratmeter und nicht weniger als 12 Quadratmeter) sowie reich und vielfältig verzierten Fassaden. Wären in diesen Häusern Arbeiter nach den damals in Moskau geltenden Vorschriften untergebracht worden, hätten in den größten Räumen (21 Quadratmeter) fünf Personen leben müssen und in den kleinsten (12 Quadratmeter) drei.

Die Wohnhäuser sollten an den Hauptstraßen errichtet werden und zu deren Verschönerung beitragen. Sie sollten Wirtschaftsräume enthalten sowie in den Kellern Waschmaschinen- und Trockenräume. Die Geschosszahl betrug »in der Regel« nicht weniger als fünf und nicht mehr als sieben.

In allen Häusern sollten »in der Regel« Hintertreppen eingebaut werden. Zimmer für Hausangestellte wurden noch nicht erwähnt. Bei einigen neuen Projekten waren sie jedoch bereits in Erscheinung getreten. So findet sich in einem Entwurf von Igor Jawein aus dem Jahr 1932 für ein Wohngebäude für die Ingenieure und Techniker von Swirstroj in Leningrad im Wohnungsgrundriss eine 3,92 Quadratmeter große Nische in der Küche, abgetrennt durch einen Vorhang. Ab 1934 wurden Zimmer oder Nischen für Dienstmädchen in der Küche zu einem obligatorischen Merkmal der offiziellen sowjetischen Wohnungen, die ebenso normiert waren wie andere Wohnungselemente. Jaweins Swirstroj-Gebäude war höchstwahrscheinlich ein OGPU-NKWD-Objekt, denn die Sicherheitsbehörde leitete auch den Bau des Wasserkraftwerks am Fluss Swir. Es gab eine Arbeitersiedlung Swirstroj, und das Wohnhaus war vermutlich für die Angestellten der Verwaltung vorgesehen.[64]

Dem Dekret zufolge musste jedes Haus individuell dekoriert werden, und »besondere Aufmerksamkeit war der architektonischen und künstlerischen Verzierung der Fassaden an den Hauptstraßen und Plätzen zu widmen«. In einem gesonderten Absatz wurde die städtebauliche Anordnung festgelegt: »In der Überzeugung, dass der jüngste Wohnungsbau für den Wiederaufbau Moskaus von entscheidender Bedeutung sein wird, positionieren wir ihn so, dass die Straßen erneuert, verschönert und dekoriert werden. Daher sollte jede neue Wohnbebauung entlang von Verkehrswegen erfolgen, die sowohl für ganz Moskau als auch für den jeweiligen Rajon von Bedeutung sind.«

Das war die Essenz der neuen stalinistischen Stadtplanung. Die Stadt wurde nicht als räumliche Struktur wahrgenommen, die den darin festgelegten Funktionen untergeordnet war, sondern als ein System von mit prächtigen Bauten geschmückten Durchgangsstraßen, durch die die Autokolonnen der Regierung fuhren. Was in den Außenbezirken und hinter den die Straßen säumenden Fassaden passierte, war nicht von Bedeutung. Genauer gesagt: Es spielte überhaupt keine Rolle. Von diesem Zeitpunkt an beschränkten sich die städtebaulichen Wettbewerbe in der UdSSR bis Mitte der Fünfzigerjahre auf die Gestaltung der zentralen Regierungsgebäude und auf die Planung der zu ihnen führenden Straßen. Die Bauten des NKWD-MGB nahmen an diesen Autobahnen Ehrenplätze ein.

Massenwohnungen für jedermann (de facto Kasernen, die bis zu 90 Prozent der Gesamtfläche der in der Sowjetunion errichteten staatlichen Wohnungen ausmachten) wurden aus der allgemeinen Berichterstattung und der Fachpresse und damit aus dem öffentlichen Bewusstsein entfernt.

Wohnungsbau und Stadtplanung waren in zwei Bereiche unterteilt: einen offiziellen und einen inoffiziellen Bereich. Die offizielle Stadtplanung befasste sich, wie bereits erwähnt, mit der Gestaltung zentraler Stadtensembles.

Die Planung von Industriebetrieben und der dazugehörigen Infrastruktur, der Arbeitersiedlungen und -städte oblag dagegen den Staatssicherheitsbehörden und war damit geheim. Nicht zu vergessen das Netz an Arbeitslagern, das ein ausgeklügeltes, sich ständig weiterentwickelndes Siedlungssystem für Millionen von Menschen darstellte und das Netz der neuen Industrieanlagen durchzog. Viele der heutigen Industriestädte im Norden und in Sibirien sind aus Lagerzentren hervorgegangen, die in den frühen Dreißigerjahren in menschenleeren Gebieten errichtet wurden (beispielsweise die Städte entlang der Eisenbahnlinie nach Workuta: Inta, Uchta, Petschora, Abes, Workuta). Ebenfalls geheim gehalten wurde die für die allgemeine Bevölkerung bestimmte Kasernenarchitektur, und in der Fachpresse erschienen hierzu nur wenige Informationen.

Das Dekret »Über die Art des Wohngebäudes« betraf formal lediglich Moskau, aber die in der Hauptstadt erarbeiteten architektonischen Richtlinien dienten – angepasst an den jeweiligen Status der Stadt – in der gesamten UdSSR als Vorbilder zur Nachahmung. Was in den Sowjetrepubliken errichtet wurde, wurde ebenfalls von Moskau kontrolliert.

Der erste weithin bekannte Wohnblock für die sowjetische Nomenklatura – und das erste beispielhafte stalinistische Wohnungsbauprojekt – war das Haus an der Mochowaja uliza in Moskau von Iwan Scholtowski. Es ist das berühmteste und teuerste Wohngebäude der Stalinzeit.

Ende August 1932 wurde Scholtowski mit dem Entwurf beauftragt. Im Mai 1933 war ein Gesamtkonzept zu erstellen und bis zum 1. April 1934 sollte das Gebäude bezugsfertig sein,[65] was auch tatsächlich geschah. Die Bauarbeiten führte Mosschilstroj im Auftrag des Mossowjet aus. In einem zeitgenössischen Artikel wurde das Haus in der Mochowaja als »ein Haus mit besonderer Bestimmung«[66] bezeichnet. Die tatsächliche Behördenzugehörigkeit des Gebäudes kann nur vermutet werden. Womöglich war es ursprünglich für einige der ranghöchsten Vertreter der sowjetischen Elite vorgesehen, denn die Wohnungen dort waren damals die teuersten und luxuriösesten in der UdSSR. Noch 1934 wurde das Gebäude jedoch an die US-amerikanische Botschaft übergeben, was darauf hindeutet, dass es höchstwahrscheinlich von Beginn an dem Geheimdienst gehörte. Stalins Entscheidung, das Haus der US-Botschaft zu überlassen, muss Ende 1933 spontan getroffen worden sein, da das Objekt als Wohnhaus mit 30 Wohnungen geplant und errichtet wurde. Im Winter 1934/35 erfolgte seine Umgestaltung in einen Botschaftsbau.[67] Die US-Botschaft residierte bis 1953 in dem Gebäude, danach zog die staatliche Reisegesellschaft Intourist ein. Obwohl erst 1938 formell in die NKWD-Struktur eingegliedert, war Intourist eigentlich schon immer der Staatssicherheit unterstellt. 2007 wurde das Gebäude komplett umgebaut und zur Hauptverwaltung der Finanz-AG Sistema. Es ist davon auszugehen, dass das Haus an der Mochowaja uliza seine Behördenzugehörigkeit bis zum heutigen Tag nie geändert hat.

Obwohl dieses Gebäude in vielen historischen Studien und Lehrwerken publiziert wurde, ist es in vielerlei Hinsicht ein Rätsel geblieben Leider sind in praktisch allen Quellen immer die gleichen Pläne des Hauses veröffentlicht worden – des dritten, vierten und fünften Stockwerks. Es gibt fünf Wohnungen und sogar drei Treppenhäuser, die merkwürdigerweise asymmetrisch angeordnet sind. Das zentrale Treppenhaus erschließt zwei Luxuswohnungen, eine Vierzimmer- und eine Dreizimmerwohnung, beide mit Wohnnischen für Personal in den Küchen ausgestattet. Eine zweite Treppe führt ebenfalls zu zwei Wohnungen, die jedoch bescheidener sind:

eine Dreizimmer- und eine Zweizimmerwohnung. Beide weisen Schlafnischen für die Domrabotniza auf, die jedoch sehr klein sind und kein natürliches Licht haben. Ein drittes Treppenhaus (ohne Aufzug) erschließt nur eine kleine Wohnung auf der Etage, deren einziges Zimmer zum Innenhof orientiert ist. Aus den Beschreibungen geht hervor, dass sich im sechsten und siebten Stockwerk Maisonettewohnungen befanden, die der Hauptfassade zugewandt waren, während die Künstlerateliers[68] zum Innenhof orientiert lagen. Im Erdgeschoss waren zwei große Galawohnungen untergebracht.[69] Wahrscheinlich befanden sich in den zwei obersten Geschossen jedoch keine Ateliers, sondern zwei Hauptwohnungen mit zweigeschossigen Hallen. Die Seitentreppen wurden in diesem Fall als Hintertreppen genutzt.

In den sowjetischen Quellen finden sich keine Hinweise auf die technischen Spezifikationen und die Baukosten des Gebäudes, lediglich in einem wenig bekannten Artikel aus dem Jahr 1934 in der Werkszeitschrift des Glawstrojprom NKTP »Stroitel«.[70] Diese Daten sind von großem Interesse, um zu verstehen, wie das Haus an der Mochowja uliza aufgebaut war. Die Kubatur des Gebäudes betrug 23.806 Kubikmeter, die Kosten pro Kubikmeter beliefen sich auf 160 Rubel. [71] Das bedeutet, dass das gesamte Gebäude 3,809 Millionen Rubel gekostet hat. Die Wohnfläche ist hier nicht aufgeführt. Sie ist jedoch aus einer Veröffentlichung von 1936 bekannt: 2.100 Quadratmeter Nutzfläche.[72]

Der Kostenpreis für einen Quadratmeter Bodenfläche im Mochowaja-Gebäude betrug somit 1.814 Rubel. Um die Unvorstellbarkeit dieser Zahl verstehen zu können, muss man sie mit den damals üblichen Baukosten für Wohnhäuser vergleichen.

Am 23. März 1932 genehmigte das Politbüro den Entwurf eines Dekrets des Rates der Volkskommissare (SNK) der UdSSR »Über den Bau von Häusern für Spezialisten und Wissenschaftler«[73]. Tatsächlich handelte es sich hier um ein Programm zur Bereitstellung von Wohnraum für den sowjetischen Staatsapparat und die kulturelle Elite. Es wurde vorgeschlagen, innerhalb von zwei Jahren 100 Häuser (mit 300, 100 oder 50 Wohnungen) mit insgesamt 11.400 Wohnungen zu bauen. Die Kostenobergrenze wurde auf 43 Rubel pro Kubikmeter festgelegt.[74] Dies entsprach etwa 300 Rubel pro Quadratmeter Wohnfläche, sechsmal weniger als beim Mochowaja-Haus. Am 22. Mai 1934, als das Haus an der Mochowaja gerade fertiggestellt war, wurde das Dekret des SNK der UdSSR »Über die Begrenzung der Kosten für den Wohnungsbau im Jahr 1934« unterzeichnet. Für die RSFSR war die Kostenobergrenze für den Bau von vier- bis fünfgeschossigen Wohngebäuden aus Ziegeln auf 31 Rubel und 30 Kopeken pro Kubikmeter Bauvolumen festgelegt, also auf etwa 210 Rubel pro Quadratmeter Wohnfläche.[75] Das ist etwa neunmal weniger als im Fall des Mochowaja-Hauses. Die Kosten für Arbeiterbaracken betrugen 40 bis 50 Rubel pro Quadratmeter Wohnfläche, waren also 36-mal niedriger.

Diese Zahlen zeigen mehr als deutlich die Hierarchie innerhalb des sowjetischen Wohnungsbaus der Stalinzeit. In den Dreißiger- bis Fünfzigerjahren entstanden in allen sowjetischen Städten OGPU-NKWD-Wohnbauten unterschiedlichster Ausstattung – entsprechend der Stellung ihrer vorgesehenen Bewohner innerhalb des hierarchischen Systems. Die meisten wurden in Moskau und in den Unionshauptstädten errichtet: bis 1934 vorwiegend im konstruktivistischen Stil, danach mehr oder weniger als kleine Schlösser und Paläste.

Zuweilen sind in der Fachliteratur jener Zeit auch ungewöhnliche Projekte publiziert worden. Im Jahrbuch Nr. XIV der Leningrader Gesellschaft für Architekten und Künstler von 1935 findet sich beispielsweise Jakow Swirskis »Datscha für einen ausländischen Spezialisten in Serebrjanny Bor, Moskau«. Ab 1929 lud die sowjetische Regierung beharrlich westliche Ingenieure und Techniker ein, als »Spezialisten« an der Industrialisierung des Landes mitzuwirken. Nach 1934 begann das Regime jedoch mit ihrer Verfolgung. Die letzten der wenigen Überlebenden reisten 1937 aus. Für diese »Spezialisten«, auch nicht für die angesehensten, wurden jedoch keine Datschen errichtet. Höchstwahrscheinlich handelt es sich bei Swirskis Entwurf um das Projekt einer Villa für hochrangige NKWD-Offiziere, die ausländische »Spezialisten« überwachten. Auch dieses Haus weist ein Zimmerchen für eine Domrabotniza auf. Die konstruktivistische Raumstruktur und das hastig darüber geworfene neoklassizistische Dekor lässt eine wahrscheinliche Datierung des Entwurfs auf das Frühjahr oder den Herbst 1932 zu. Die Zugehörigkeit des Projekts und seines Architekten zu den Sicherheitsbehörden ist auch deshalb offensichtlich, weil Swirski in jener Zeit gemeinsam mit Oleg Ljalin das Dynamo-Stadion in Leningrad plante.

Zu den spätstalinistischen Wohnhäusern für höhere Beamte des Staatssicherheitsdienstes gehören das MGB-Wohnhaus am Smolensker Platz von Iwan Scholtowski (1952), das Hochhaus an der Kotelnitscheskaja-Uferstraße von Dmitri Tschetschulin und Andrej Rostkowski (1938–1953), das Hotel Leningradskaja von Leonid Poljakow und Alexander Borezki (1949–1954) und das Wohnhaus an der uliza Tschkalowa von Jewgeni Rybizki (1949). Den Architekten der beiden letztgenannten Gebäude – Rybizki, Poljakow und Borezki – wurden 1955 durch Chruschtschow die Stalinpreise aberkannt. Der offizielle Grund dafür waren die hohen Kosten und das Übermaß an »Ausschmückung« der Bauten. Diese Häuser waren in der Tat äußerst opulent, sie unterschieden sich aber nicht wesentlich von anderen elitären Gebäuden der damaligen Zeit. Es ist anzunehmen, dass die Herabsetzung ihrer Architekten mit der drastischen Herabsetzung des Status der Staatssicherheitsbehörden unter Chruschtschow zusammenhing. Betroffen waren vor allem die Objekte des Ministeriums von Beria, der kurz zuvor hingerichtet worden war.

Errichtet worden waren alle diese Bauten in der Regel mit »behördeneigenen Mitteln«, das heißt durch Zwangsarbeiter, Häftlinge und Kriegsgefangene.

Miron Merschanow: Sanatorium »Woroschilow« der Roten Armee in Sotschi, 1931–1934.

Quelle: Архитектура СССР 38, 1934

Miron Merschanow: Sanatorium »Woroschilow« der Roten Armee in Sotschi, 1931–1934.

Quelle: «XXX лет советской архитектуры», M., 1950. C. 330

Miron Merschanow: Stalins Datscha. Aus dem Gedächtnis reproduzierte Perspektive, 1970er Jahre.

Quelle: Tyrannei des Schönen. Architektur der Stalin-Zeit, München 1994, S. 56f.

Boris Iofan: Skizze eines Hauses mit vier Wohnungen für die OGPU-Siedlung in der Rusakowskaja uliza in Moskau, 1925.

Quelle: Sammlung Sergei Tschoban

Boris Iofan, unter Mitwirkung von Dmitri Iofan: Plan eines Wohnhauses für die OGPU-Siedlung in der Rusakowskaja uliza in Moskau, 1925.

Quelle: Костюк, М.: Борис Иофан. До и после Дворца советов. Берлин, 2019. С. 104.

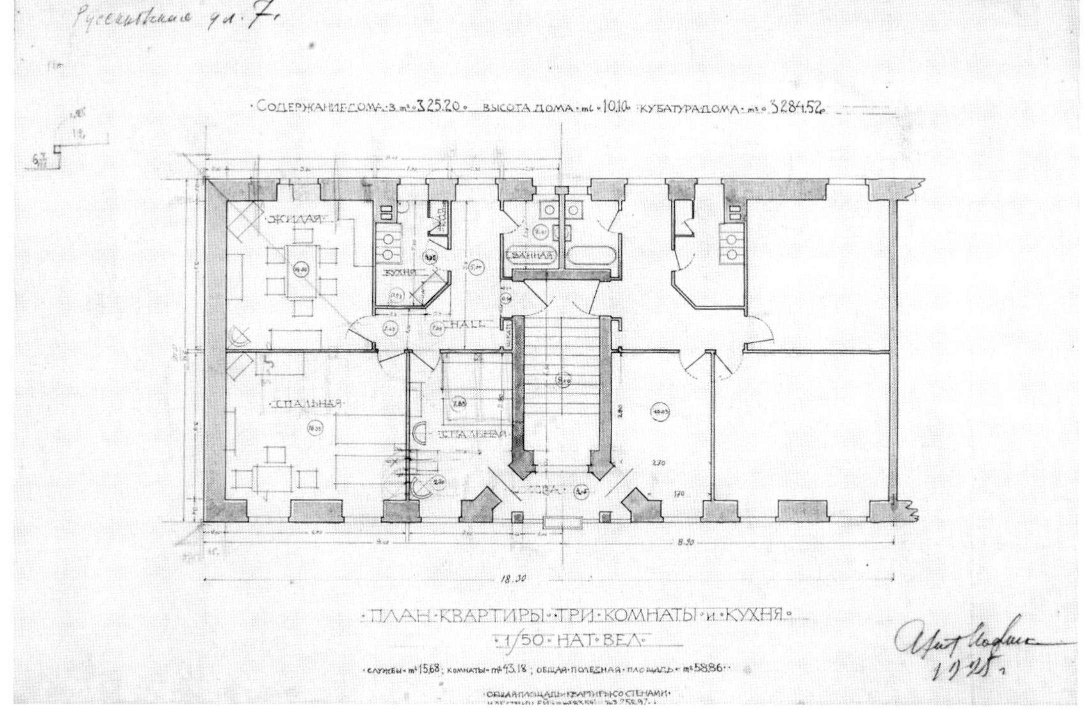

Проект дома ж. с. к. т-ва „Квартирохозяин“.

Рис. 1. Фасад.

Georgi Oltarschewski: Wohngebäude der Wohnungsbaugenossenschaft Kwartirochosjain in Moskau, Skaterny pereulok 21, 1925. Fassade.

Quelle: Марковников, Н.: Первые образцы культурного жилого строительства в Москве. Строительная промышленность, 1926, №9, с. 639

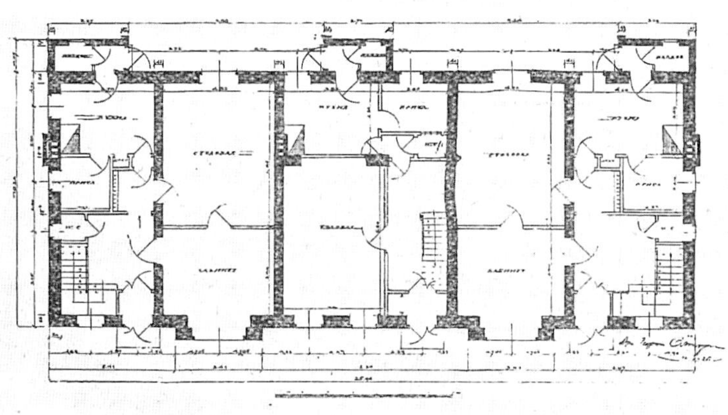

Рис. 2. План 1-го этажа.

Georgi Oltarschewski: Wohnhaus der Wohnungsbaugenossenschaft Kwartirochosjain in Moskau, Skaterny pereulok 21, 1925. Grundriss Erdgeschoss.

Quelle: Марковников, Н.: Первые образцы культурного жилого строительства в Москве. Строительная промышленность, 1926, №9, с. 639

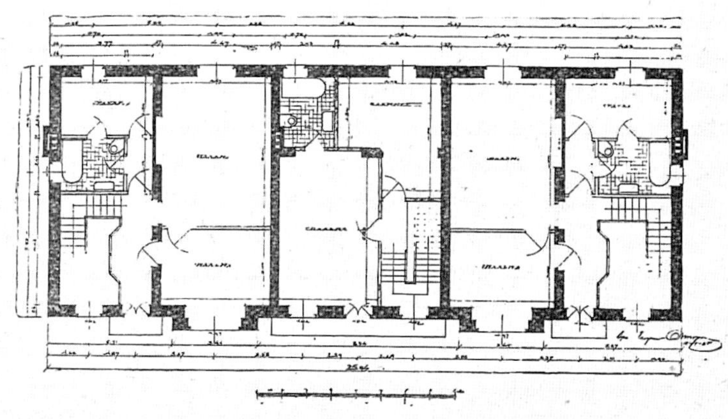

Рис. 3. План 2-го этажа.

Georgi Oltarschewski: Wohnhaus der Wohnungsbaugenossenschaft Kwartirochosjain in Moskau, Skaterny pereulok 21, 1925. Grundriss 1. Obergeschoss.

Quelle: Марковников, Н.: Первые образцы культурного жилого строительства в Москве. Строительная промышленность, 1926, №9, с. 639

Boris Iofan: Entwurf des Wohngebäudes des Zentralen Exekutivkomitees (ZIK) des Rates der Volkskommissare (SNK) in Moskau, 1927. Perspektive und Grundriss einer Wohneinheit.

Quelle: Строительная промышленность, №10, 1928, с. 8

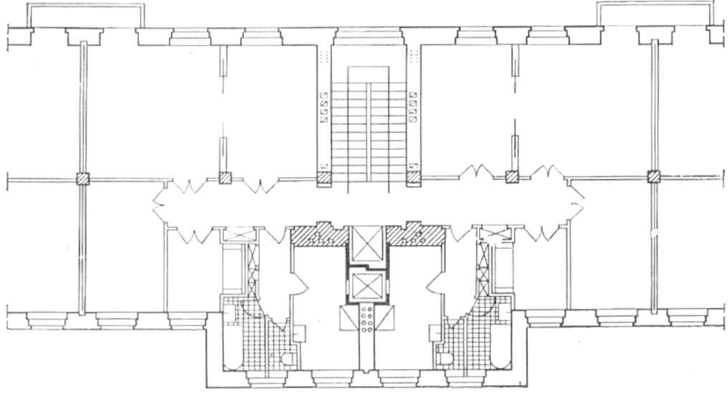

Arkadi Langman: OGPU-Wohnhaus (»Jagoda-Haus«) in Moskau, Miljutinski pereulok 9, 1927.

Quelle: М. Князев, Н. Васильев: «Архитектура ведомственного и кооперативного жилья межвоенной Москвы», AMIT 1 (46), 2019, с. 51

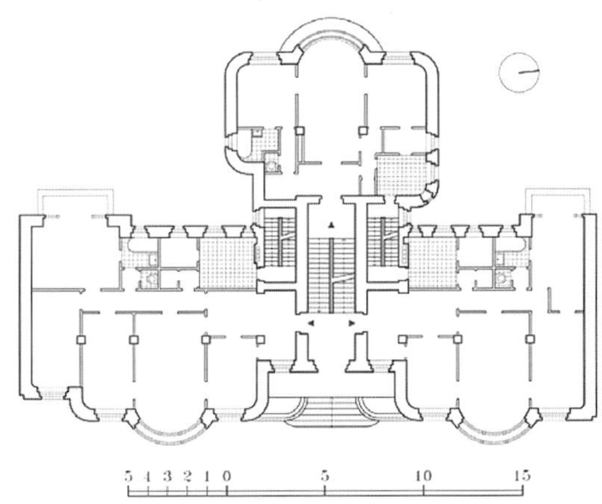

Quelle: Peter Knoch: Architectural Guide Moscow, Berlin 2023, S. 179

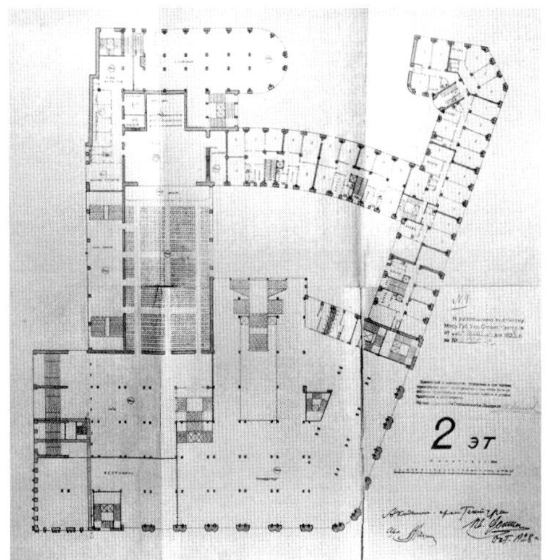

Iwan Fomin: Dynamo-Haus in Moskau, 1928–1931. Grundriss 1. Obergeschoss.

Quelle: Броновицкая, Н.: Памятники архитектуры Москвы. Архитектура Москвы 1910–1935 гг. М. 2012, С. 219

Iwan Fomin: Dynamo-Haus in Moskau, 1928–1931.

Quelle: Броновицкая, Н.: Памятники архитектуры Москвы. Архитектура Москвы 1910–1935 гг. М. 2012, С. 219

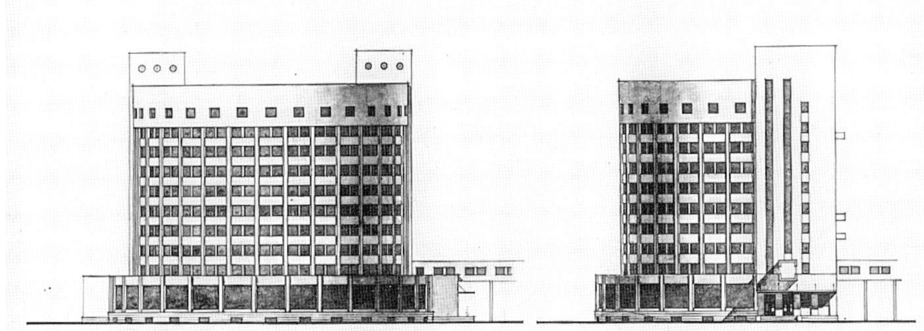

Iwan Antonow u. a.: NKWD-Wohnkomplex in Swerdlowsk (heute Jekaterinburg), 1929–1936. Baustellenfoto und Ansicht.

Quelle: Archiv Nikita Suchkov

Foto: Roberto Conte

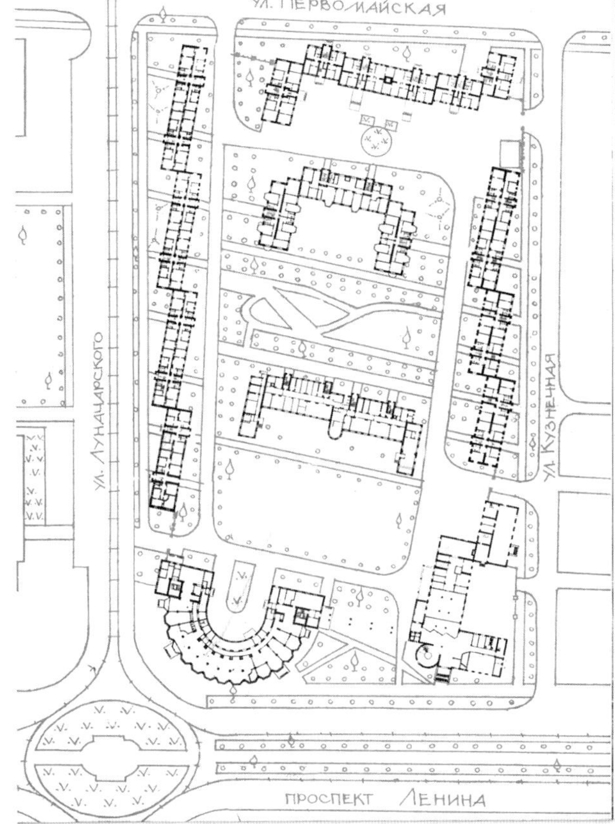

Iwan Antonow u. a.: NKWD-Wohnkomplex in Swerdlowsk, 1929–1936. Lageplan.

Quelle: Токменинова, Л.: Жилой комплекс НКВД. Екатеринбург, 2012. С. 57

Iwan Antonow u. a.: NKWD-Wohnkomplex (»Tschekistenstädtchen«) in Swerdlowsk, 1929–1936. Modell.

Quelle: Токменинова, Л.: Жилой комплекс НКВД. Екатеринбург 2012. С. 29

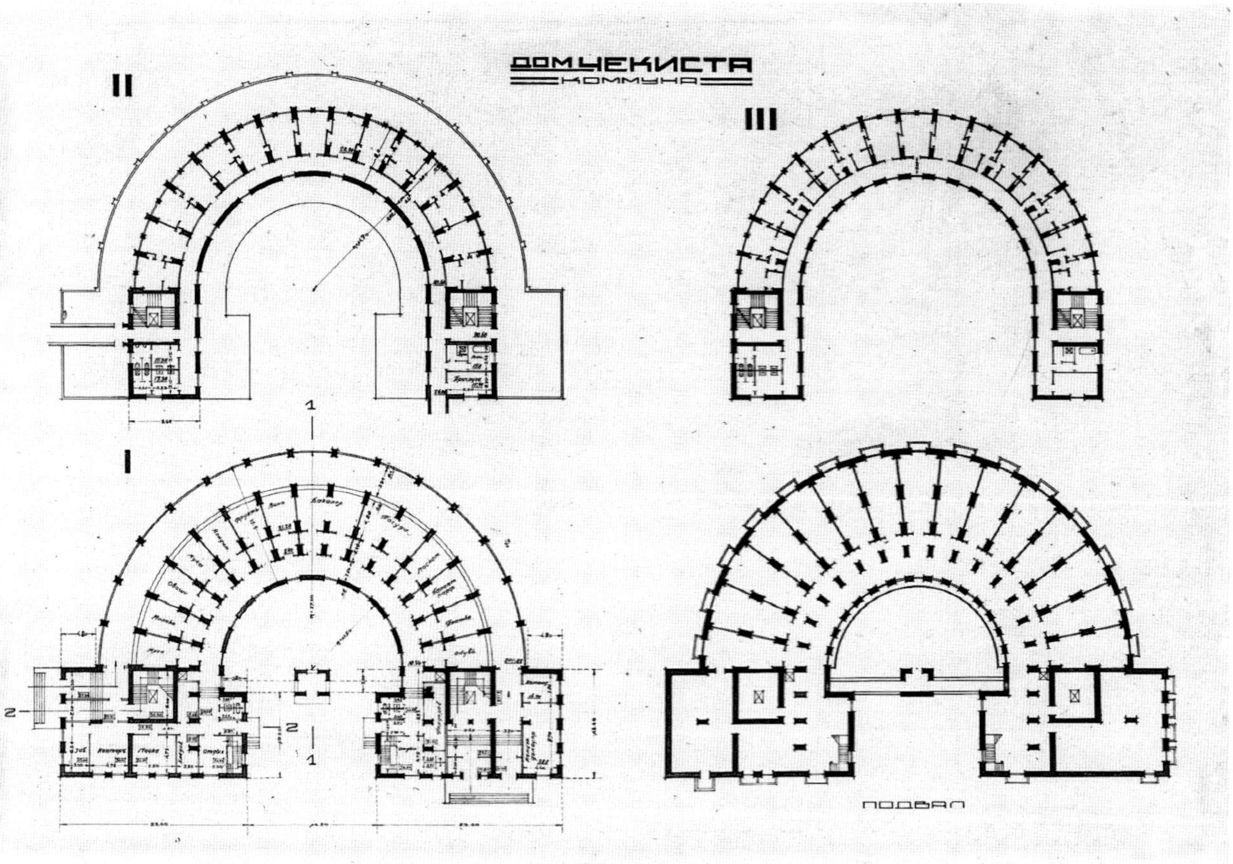

ДОМ ЧЕКИСТА
КОММУНА

II

III

I

ПОДВАЛ

Iwan Antonow u. a.: NKWD-Wohnkomplex (»Tschekistenstädtchen«) in Swerdlowsk, 1929–1936. Grundrisse und Details der Bauteile.

Quelle: МАиД/ГАСО

Quelle: ArtEventET (Dreamstime)

Oswald Stapran: OGPU-Wohngebäude im 2. Troizki pereulok in Moskau, 1930. Perspektive.

Quelle: Ежегодник Московского архитектурного общества №6, 1930, с. 63

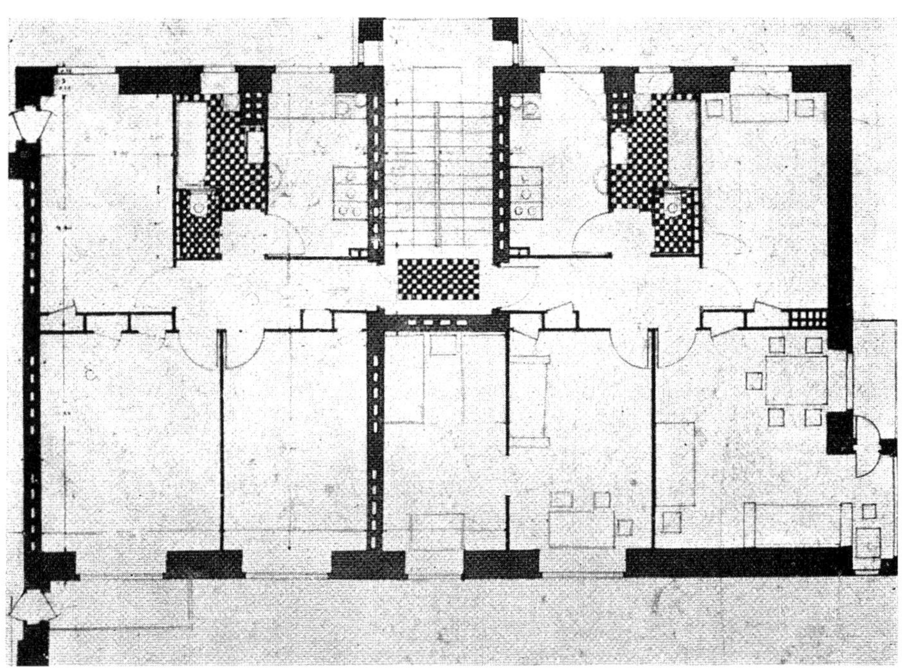

Oswald Stapran: OGPU-Wohngebäude im 2. Troizki pereulok in Moskau, 1930. Grundriss.

Quelle: Ежегодник Московского архитектурного общества №6, 1930, с. 63

Boris Gordejew, Sergej Turgenjew, Nikolai Nikitin: Wohnkomplex Dynamo, Nowosibirsk, 1930–1932. Außenansicht (Foto aus den 1930er Jahren), Grundriss Erdgeschoss.

Quelle: Невзгодин, И.: Архитектура Новосибирска. Новосибирск, 2005, С. 105

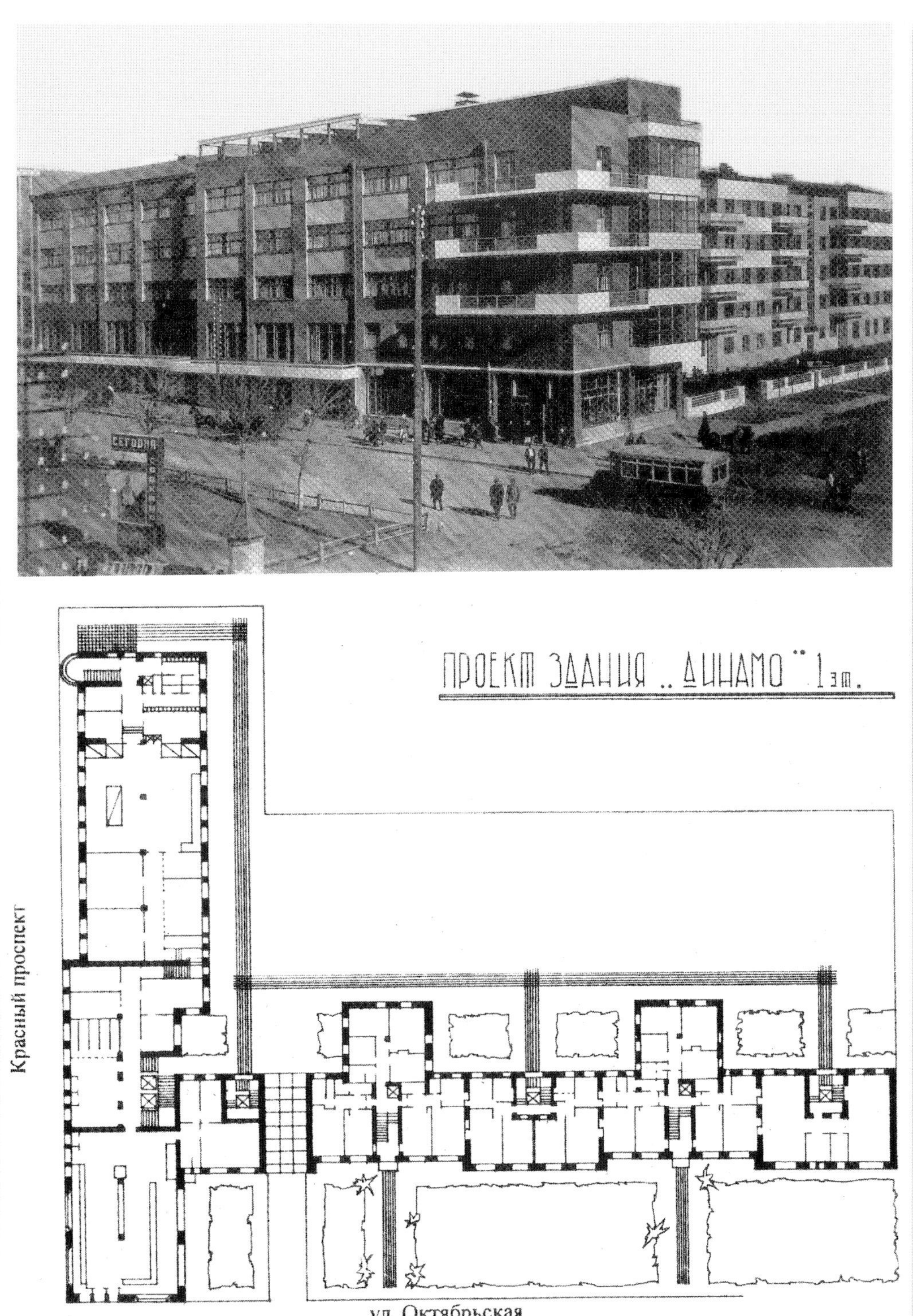

Ing. Gejtman: Haus für die Mitarbeiter des NKWD in der Region Fernost in Chabarowsk, Klub, 1931–1933.

Quelle: theconstructivistproject.com

Ing. Gejtman: Haus für die Mitarbeiter des NKWD in der Region Fernost in Chabarowsk, Klub, 1931–1933.

Quelle: theconstructivistproject.com

Boris Gordejew, Sergej Turgenjew: Entwurf für ein Wohnhaus für die oberste OGPU-Führungsriege in Nowosibirsk, 1931.

Quelle: Невзгодин, И.: Конструктивизм в архитектуре Новосибирска. Новосибирск, 2013. С.96

Leonid Wolkow, Nikolai Telizyn: Haus für den OGPU-Kommandostab in Samara, uliza Rasina 31.

Quelle: thecharnelhouse.org

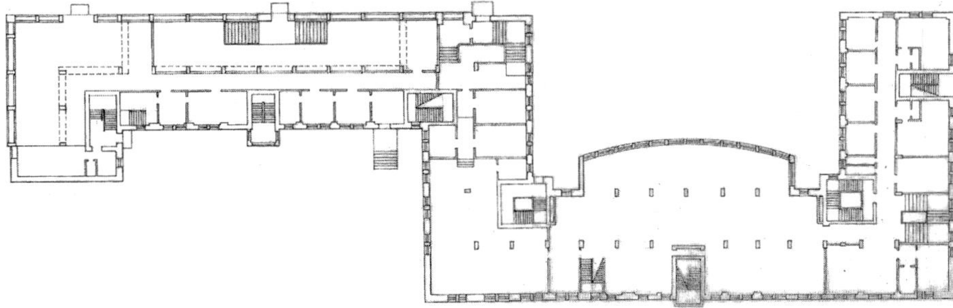

Boris Gordejew, Sergej Turgenjew: Wohnhaus des NKWD in Nowosibirsk, 1931–1932. Außenansicht, Grundriss Erdgeschoss.

Quelle: Невзгодин, И.: Архитектура Новосибирска. Новосибирск, 2005. С. 115

Grigori Janowizki: Haus der Wohnungsbaugesellschaft »Dserschinski« in Charkow, 1931–1932.

Quelle: ru-sovarch.livejournal.com

Lasar Tscherikower, Nikolai Arbusnikow: OGPU-NKWD-Wohngebäude im B. Komsomolski pereulok, Moskau, 1932–1934.

Quelle: М. Князев, Н. Васильев: «Архитектура ведомственного и кооперативного жилья межвоенной Москвы», AMIT, 1 (46), 2019, с. 53

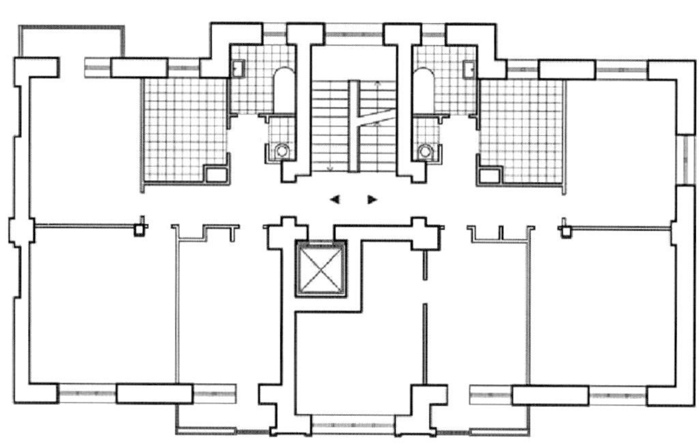

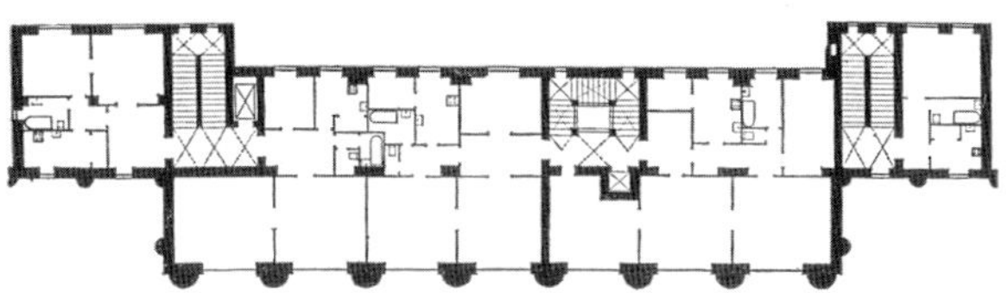

Iwan Scholtowski: Wohnhaus in der Mochowaja uliza, Moskau, 1932–1934.

Quelle: Работы архитектурно-проектировочных мастерских Моссовета. М., 1936; Foto: Karina Diemer

Igor Jawein: Wohnhaus Swirstroj in Leningrad, 1932. Foto von 1938.

Quelle: adresaspb.ru

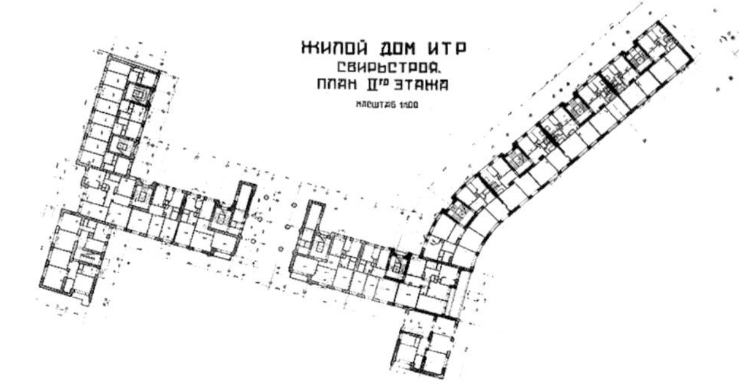

Igor Jawein: Wohnhaus Swirstroj in Leningrad, 1932. Grundriss 1. Obergeschoss.

Quelle: adresaspb.ru

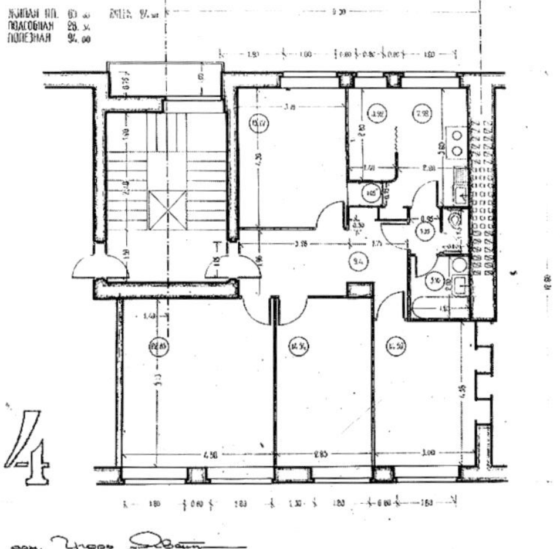

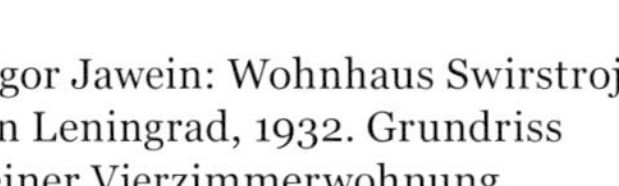

Igor Jawein: Wohnhaus Swirstroj in Leningrad, 1932. Grundriss einer Vierzimmerwohnung.

Quelle: adresaspb.ru

Igor Jawein: Wohnhaus Swirstroj
in Leningrad (heute Sankt Petersburg).
Foto von 2012.

Foto: Heike Maria Johenning

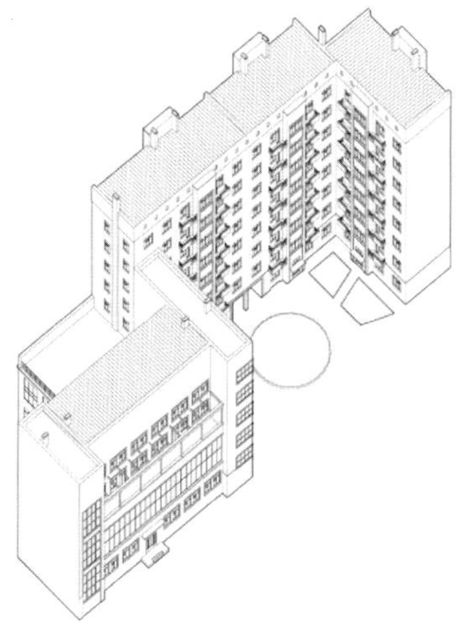

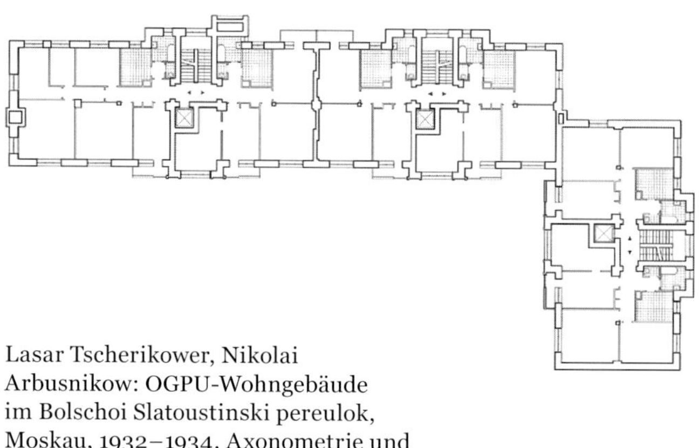

Lasar Tscherikower, Nikolai Arbusnikow: OGPU-Wohngebäude im Bolschoi Slatoustinski pereulok, Moskau, 1932–1934. Axonometrie und Grundriss 7. Obergeschoss.

Quelle: Князев, М. Б.: Ведомственные жилые дома Москвы в творчестве архитекторов А. Я. Лангмана и Л. З. Чериковера. 2019. №1 (46). С. 73ff.

Alexander Panow: Wohngebäude der OGPU (»Hufeisen-Haus«) in Iwanowo, 1933–1934.

Quelle: kp.ru

Pawel Sawitsch: Wohnhaus der Milizoffiziere in Kiew, Kruglouniwersitetskaja uliza 2, 1933–1934.

Quelle: Archiv Semyon Shirochin

Kasimir Mital: Wohnhaus für OGPU-NKWD-Mitarbeiter in Irkutsk, 1933–1934.

Quelle: ru-sovarch.livejournal.com

D. M. Fedorow: Wohngebäude für die Mitarbeiter des NKWD der Republik Tatarstan in Kasan, 1932–1934. Perspektive.

Quelle: img-fotki.yandex.ru

Georgi Golz, Sergej Koschin: Entwurf für das Wohngebäude für Ingenieure und Techniker (ITR) in Moskau, uliza Gorkogo, 1936. Typen-Grundriss.

Quelle: Работы архитектурно-проектировочных мастерских Моссовета. М., 1936

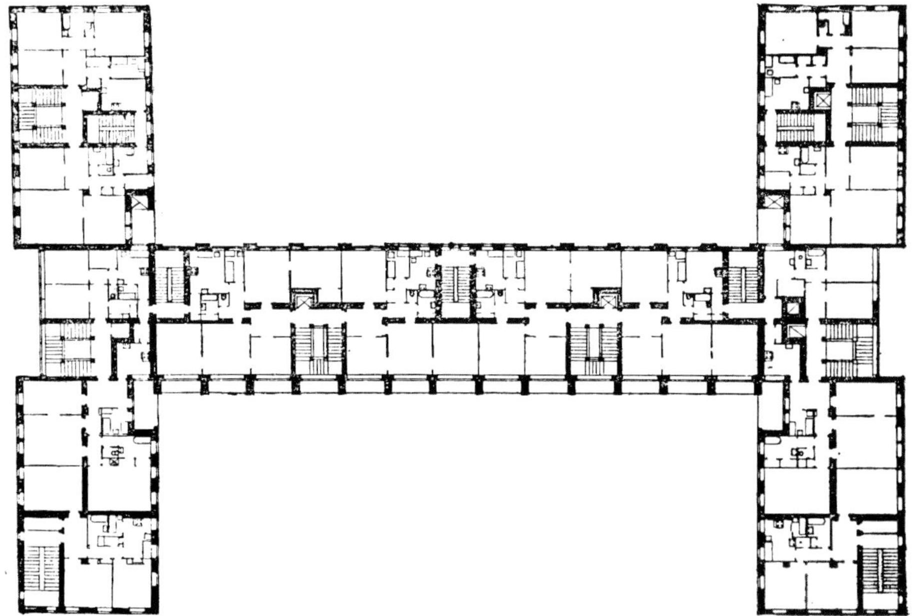

Georgi Golz, Sergej Koschin: Entwurf für das ITR-Wohngebäude in Moskau, uliza Gorkogo, 1936. Perspektive.

Quelle: Работы архитектурно-проектировочных мастерских Моссовета. М., 1936

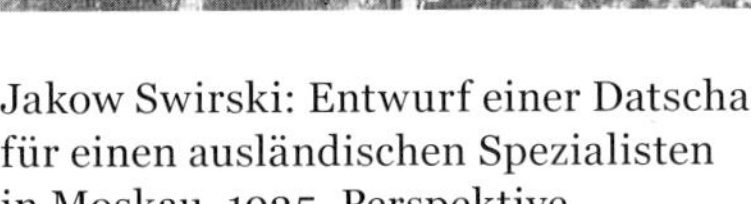

Jakow Swirski: Entwurf einer Datscha für einen ausländischen Spezialisten in Moskau, 1935. Perspektive.

Quelle: Ежегодник ленинградского Общества архитекторов-художников №XIV, 1935. С. 168

Arkadi Langman u. a.: OGPU-NKWD-Wohnhaus der Genossenschaft »Sozinschener« (»Sozialistischer Ingenieur«) im Maly Lewschinski pereulok, Moskau, 1935–1949. Sektionsgrundriss.

Quelle: М. Князев, Н. Васильев: «Архитектура ведомственного и кооперативного жилья межвоенной Москвы», AMIT 1 (46) 2019, с. 53

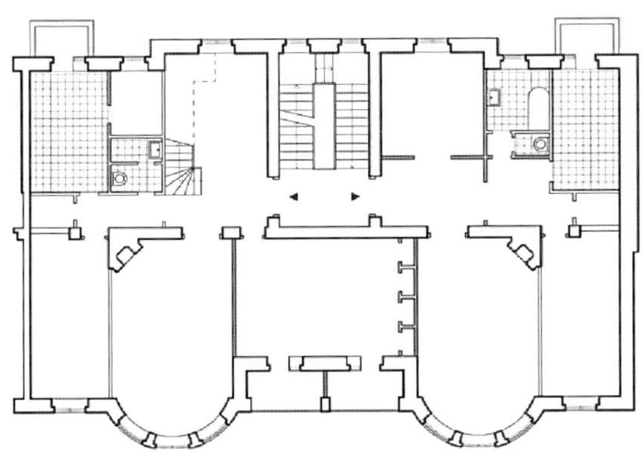

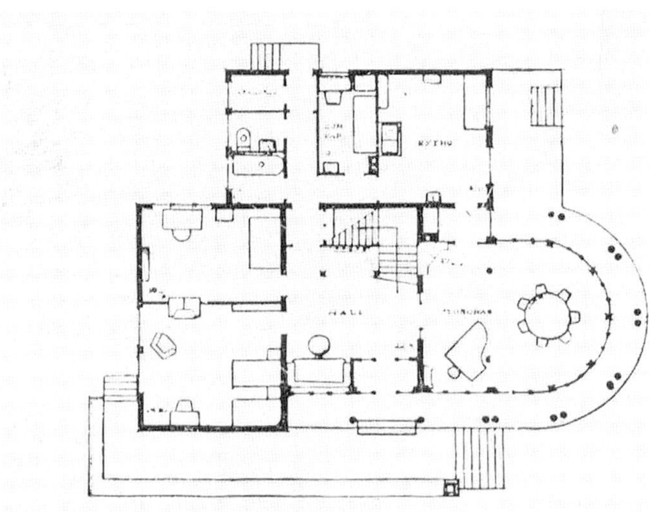

Jakow Swirski: Entwurf einer Datscha für einen ausländischen Spezialisten in Moskau, 1936. Interieur, Grundriss Erdgeschoss.

Quelle: Ежегодник ленинградского Общества архитекторов-художников №XIV, 1935. С. 168

Lasar Tscherikower, Anatoli Mesjer: NKWD-Wohnhaus in Moskau, uliza Gorkogo (heute 1. Twerskaja-Jamskaja uliza 11), 1938. Perspektive.

Quelle: Строительство Москвы №2, 1938, С. 10

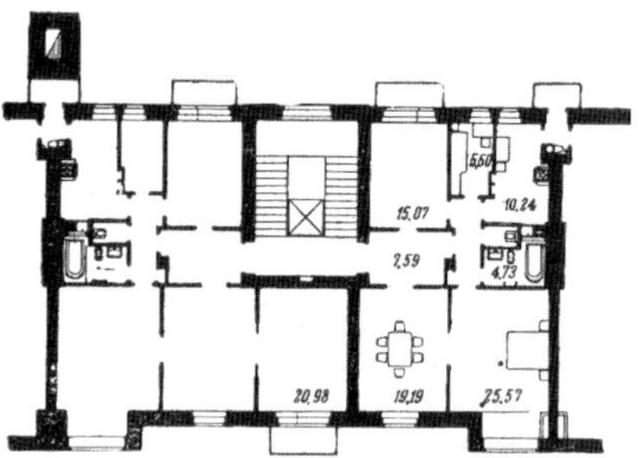

NKWD-Wohnhaus in Moskau, uliza Gorkogo (heute 1. Twerskaja-Jamskaja uliza 11), 1938. Sektionsgrundriss.

Quelle. Архитектура СССР, №8, 1940, с. 42

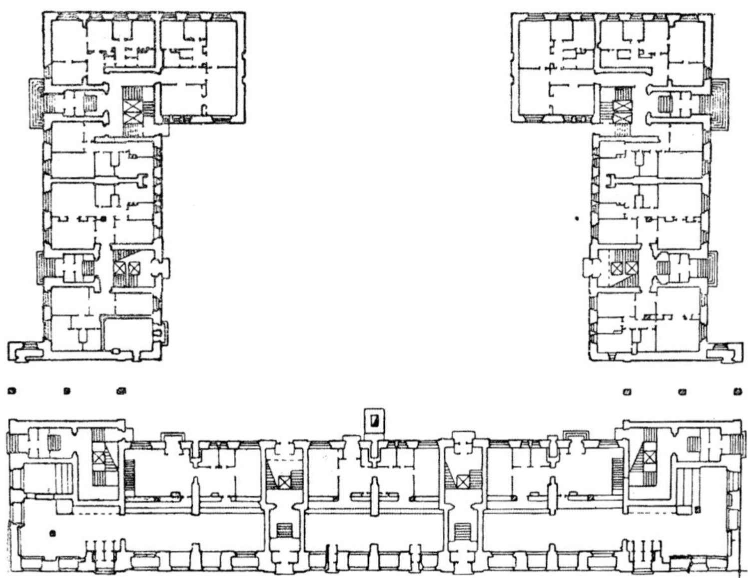

Lasar Tscherikower, Anatoli Mesjer: NKWD-Wohnhaus in Moskau, uliza Gorkogo (heute 1. Twerskaja-Jamskaja uliza 11), 1938. Grundriss.

Quelle: Строительство Москвы, №2, 1938, С. 12

Alburi Alchasow, Anatoli Mesjer: NKWD-Wohngebäude in Moskau, Moschaiskoje schosse 35, 1940. Perspektive.

Quelle: goskatalog.ru

Alburi Alchasow, Anatoli Mesjer: NKWD-Wohngebäude in Moskau, Moschaiskoje schosse 35, 1940. Fassadenausschnitt.

Quelle: Советская архитектура за XXX лет. М., 1950, табл. 61

Alburi Alchasow, Anatoli Mesjer: NKWD-Wohngebäude in Moskau, Moschaiskoje schosse 35, 1940.

Quelle: Советская архитектура за XXX лет. М., 1950, табл. 60

Quelle: Peter Knoch: Architekturführer Moskau, Berlin 2021, S. 248/249

Jewgeni Lewinson, Igor Fomin: Bebauung des Kaluschskaja-Sastawa-Platzes (heute Gargarin-Platz) mit NKWD-Siedlung in Moskau, 1940. Perspektive.

Quelle: Архитектура СССР, №9, 1940. С. 27

Quelle: Peter Knoch: Architekturführer Moskau, Berlin 2021, S. 248/249

Jewgeni Lewinson, Igor Fomin: Bebauung des Kaluschskaja-Sastawa-Platzes mit NKWD-Siedlung in Moskau, 1940.

Quelle: «Москва. Фотоэтюды». М., Московский рабочий, 1957, Foto: Ilja Goland

Quelle: Peter Knoch: Architekturführer Moskau, Berlin 2021, S. 261

Dmitri Tschetschulin, Andrej Rostkowski: Wohnhaus in Moskau, Kotelnitscheskaja nabereschnaja. Entwurf 1948.

Quelle: Архитектура и строительство №6, 1948

Dmitri Tschetschulin, Andrej Rostkowski: Wohnhaus in Moskau, Kotelnitscheskaja nabereschnaja. Grundriss.

Quelle: Олтаржевский, В. К.: Строительство высотных зданий в Москве. М, 1953, с. 154

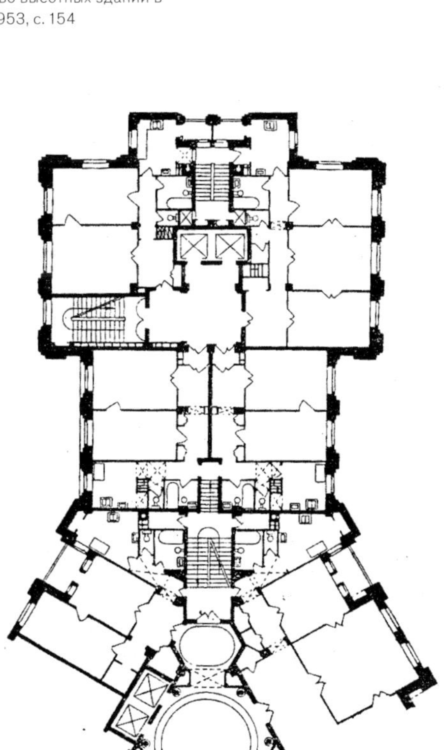

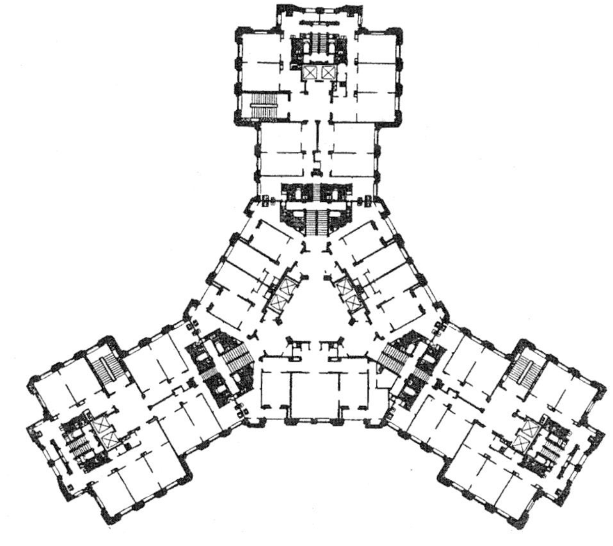

Dmitri Tschetschulin, Andrej Rostkowski: Wohnhaus in Moskau, Kotelnitscheskaja nabereschnaja. Grundriss.

Quelle: Олтаржевский, В. К.: Строительство высотных зданий в Москве. М, 1953, с. 153

Jewgeni Rybizki: MGB-Wohnhaus in Moskau, uliza Tschkalowa, 1949.

Foto: Irina Knyasewa

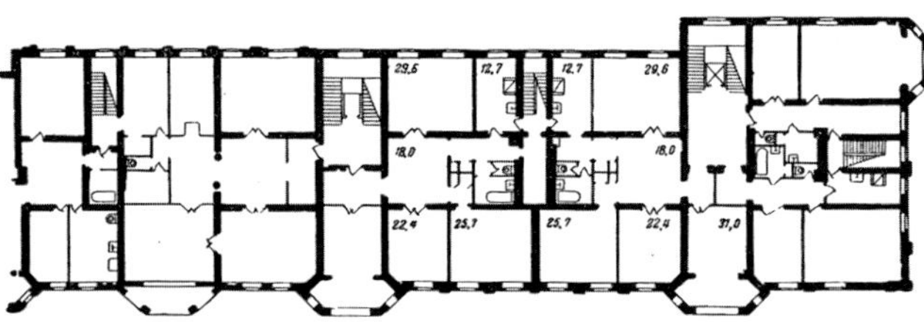

Jewgeni Rybizki: MGB-Wohnhaus in Moskau, uliza Tschkalowa, 1949. Grundriss.

Quelle: Володин, П. А.: Новые жилые дома. М., 1952, с. 65

Jewgeni Rybizki: MGB-Wohnhaus in Moskau, uliza Tschkalowa, 1949.

Quelle: wikimedia.org

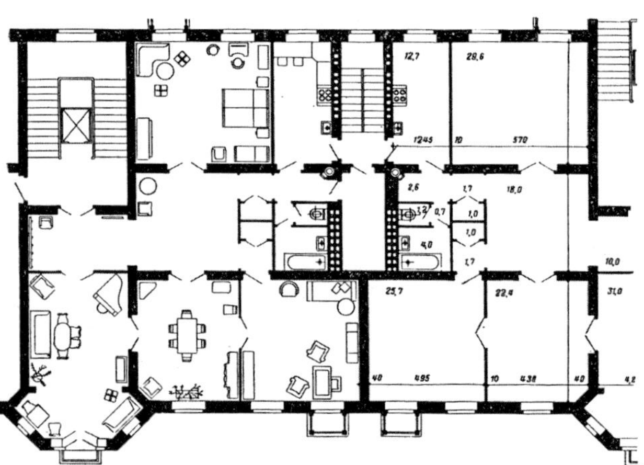

Jewgeni Rybizki: MGB-Wohnhaus in Moskau, uliza Tschkalowa 46–49, Moskau, 1949. Sektionsgrundriss.

Quelle: Володин, П. А.: Новые жилые дома. М., 1952, с. 65

5. Öffentliche Bauten der Staatssicherheit

Klubs und Stadien

Ein unverzichtbarer Bestandteil der geschlossenen Infrastruktur der staatlichen Sicherheitsbehörden waren Klubs (sowohl Kulturklubs als auch Sportklubs) und Dynamo-Sportkomplexe. In der Regel wurden die Klubgebäude in der Nähe von oder direkt in den Siedlungen der Staatssicherheit errichtet.

Die OGPU-NKWD-Bautätigkeit bei Klubs und Sportstätten erreichte ihren Höhepunkt zwischen 1929 und 1934, so dass alle diese Bauten im konstruktivistischen Stil errichtet wurden. In dieser Zeit der totalen wirtschaftlichen und humanitären Katastrophe des Landes waren es einzig die OGPU-Objekte, die einen raschen Baufortschritt erfuhren.

So planten Boris Gordejew und Iwan Woronow 1931–1932 in Nowosibirsk unweit der OGPU-Wohnsiedlung ein Gebäudeensemble, das einen Sportklub »Menschinski«, einen Kulturklub »Dserschinski« und zwei Wohnhäuser umfassen sollte. Realisiert wurden letztlich der Dynamo-Sportklub und die zwei Wohngebäude mit insgesamt 87 Wohnungen.[76] Der Sportklub gehört mit seiner von offenen hölzernen Rundbögen überdachten Sporthalle zu den interessantesten konstruktivistischen Bauten in Nowosibirsk. In den Dreißigerjahren diente sein Keller, in dem sich ein Schießstand befand, als Hinrichtungsstätte.[77]

Eines der bedeutendsten konstruktivistischen Gebäude im kasachischen Almaty ist das 1932–1934 entstandene Klubtheater des GPU-Architekten Burowzew, das Teil des von ihm projektierten »Tschekistenstädtchens« war. Der Klub »Dserschinski« in Samara (1930–1932), ein Werk der Architekten Leonid Wolkow und Nikolai Telizyn (vom Planungsbüro Promstroj, Samara), gehörte ebenfalls zu dem dortigen Wohn- und Verwaltungskomplex der GPU. Auch in Swerdlowsk (heute Jekaterinburg) gab es ein »Tschekistenstädtchen« (Architekten: Iwan Antonow, Weniamin Sokolow, Arseni Tumbasow, Alexander Stelmaschtschuk), dessen Klub »Dserschinski« entstand 1932–1933.

Dynamo-Stadien und -Sportkomplexe wurden in vielen sowjetischen Städten, insbesondere in den Unionshauptstädten, gebaut. Das erste Dynamo-Stadion entstand vermutlich in Moskau, es wurde 1928 von Arkadi Langman und Lasar Tscherikower (von Strojbjuro AOU OGPU UdSSR) projektiert. Der Haupteingang war im konstruktivistischen Stil gehalten (im Gegensatz zu der 1939 errichteten neoklassizistischen Bootsstation von Gennadi Mowtschan und Lew Mejlman). In Leningrad wurde zwischen 1925 und 1934 nach den Plänen von Oleg Ljalin und Jakow Swirski ein riesiger konstruktivistischer Dynamo-Sportkomplex errichtet. Zu dem Ensemble gehört auch der Rundbau des Restaurants Grelka. 1930 entstand im aserbaidschanischen Baku ein außergewöhnliches konstruktivistisches Dynamo-Stadion. Entworfen wurde es von Konstantin Sentschichin.

Zwischen 1931 und 1934 wurde in Swerdlowsk das Dynamo-»Sportstädtchen« (Sportgorodok) errichtet, geplant ab 1929 von Weniamin Sokolow. Zu diesem

Leonid Wolkow, Nikolai Telizyn (Promstroj Samara): OGPU-Klub »Dserschinski« in Samara, 1930. Perspektive.

Quelle: tatlin.ru

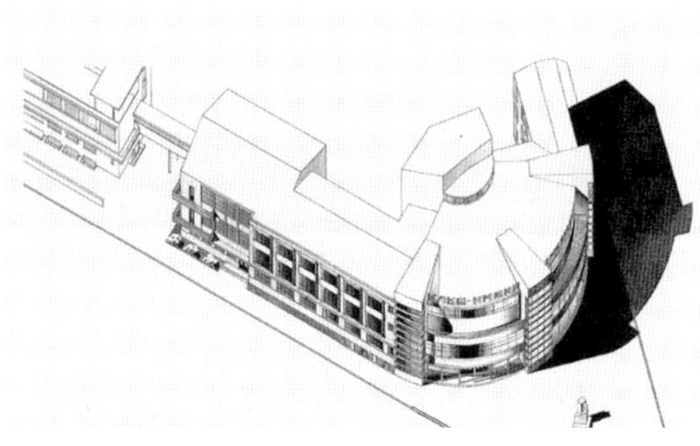

Boris Gordejew, Sergej Turgenjew: Klub »Dserschinski«, 1932. Axonometrie.

Quelle: И. Невзгодин: Конструктивизм в архитектуре Новосибирска. Новосибирск, 2013

Boris Gordejew, Sergej Turgenjew: Dynamo-Sportklub in Nowosibirsk, 1932. Innenperspektive.

Quelle: И. Невзгодин: Конструктивизм в архитектуре Новосибирска. Новосибирск, 2013

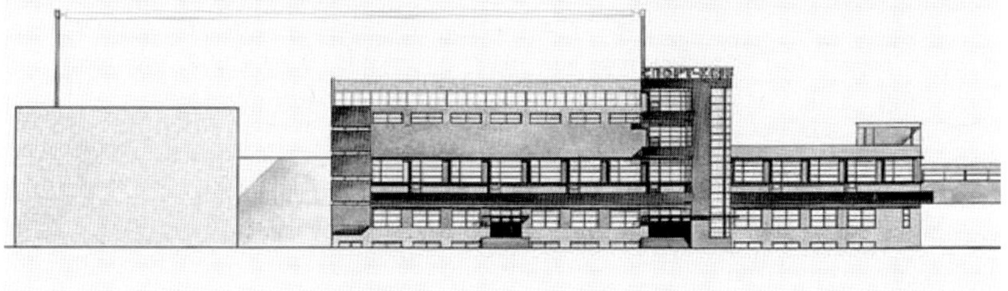

Boris Gordejew, Sergej Turgenjew: Dynamo-Sportklub in Nowosibirsk, 1932. Ansicht.

Quelle: И. Невзгодин: Конструктивизм в архитектуре Новосибирска. Новосибирск, 2013

W. Burowzew: OGPU-Klub, Alma-Ata (heute Almaty), 1930.

Quelle: Глаудинов, Б./Сейдалин, М./Карпыков, А.: Архитектура Советского Казхастана. М., 1986. С. 51

Iwan Antonow, Weniamin Sokolow, Alexander Stelmaschtschuk, Arseni Tumbasow: Klub »Dserschinski« in Swerdlowsk, 1932.

Quelle: theconstructivistproject.com/

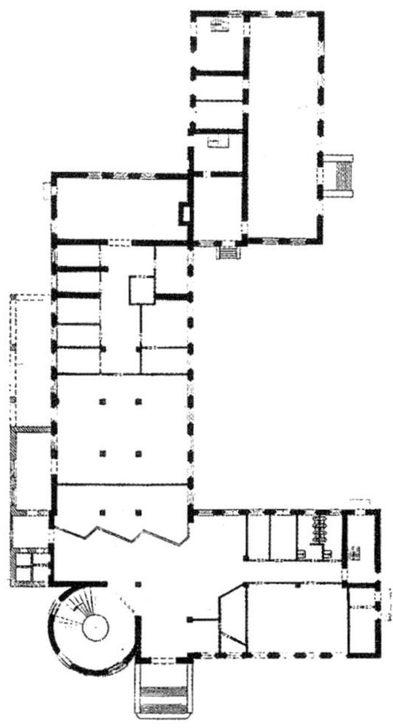

Iwan Antonow, Weniamin Sokolow, Alexander Stelmaschtschuk, Arseni Tumbasow: Klub »Dserschinski« in Swerdlowsk, 1932. Grundriss.

Quelle: Токменинова, Л.: Жилой комплекс НКВД. Екатеринбург, 2012. С. 67

Arkadi Langman, Lasar Tscherikower: Dynamo-Stadion in Moskau, 1928. Haupteingang.

Quelle: Советская архитектура за XXX лет. М., 1950, табл. 110

Weniamin Sokolow: Dynamo-Sportkomplex in Swerdlowsk (heute Jekaterinburg), 1929.

Quelle: Токменинова, Л.: Дом физкультуры. Вениамин Соколов. Екатеринбург, 2012

Oleg Ljalin, Jakow Swirski (unter Mitwirkung von Juri Schtschuko): Restaurant Grelka im Dynamo-Stadion in Leningrad (heute Sankt Petersburg), 1929.

Quelle: Ежегодник ленинградского Общества архитекторов-художников №XIV, 1935. С. 118

Weniamin Sokolow. Dynamo-Sportkomplex in Swerdlowsk, 1929. Grundrisse.

Quelle: Токменинова, 2012

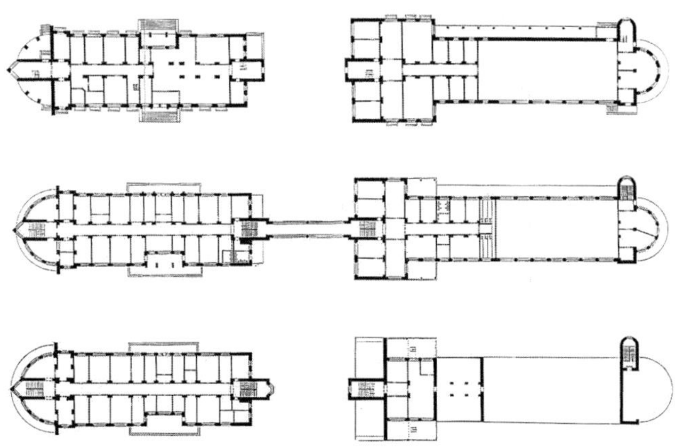

Iosif Karakis, Pawel Sawitsch: Restaurant Dynamo in Kiew, 1931. Perspektive.

Quelle: Yunakov, O.: The Architect Iossif Karakis, New York 2016, p. 68

Konstantin Sentschichin, Moissei Gusman: Dynamo-Stadion in Baku, 1930.

Quelle: azlogos.eu

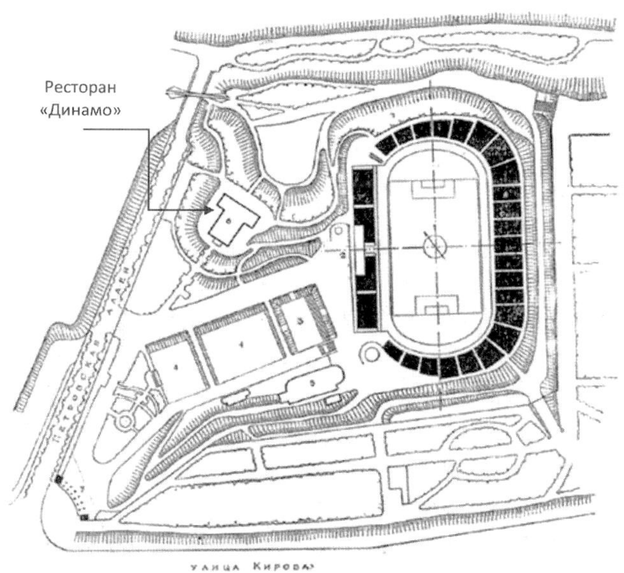

Wassili Osmak: Dynamo-Stadion in Kiew, 1933. Lageplan, der den Standort des Restaurants Dynamo zeigt.

Quelle: Yunakov, O.: The Architect Iossif Karakis, New York 2016, p. 69

I. Chomenko (Chefarchitekt der Stadt Inta), L. Rajkin (Häftling): Schwimmbad in Inta, 1947.

Quelle: vk.com

Nikolai Kolli u.a.: Dynamo-Stadion in Minsk, 1947–1954. Blick auf die Tribünen vom Spielfeld aus.

Quelle: Советская архитектура. Ежегодник II. Москва, 1953. С. 63

Nikolai Kolli u. a.: Dynamo-Stadion in Minsk, 1947–1954. Ansicht des Logenpavillons vom Eingang aus.

Quelle: Советская архитектура. Ежегодник II. Москва, 1953. С. 64

Komplex gehörten auch der 1931 erbaute Sportklub (»Haus der Körperkultur«) und die 1934 fertiggestellte Bootsanlegestelle, die als eines der ausdrucksstärksten und unkonventionellsten konstruktivistischen Bauwerke gilt.

Das Dynamo-Stadion in Kiew wurde 1931–1933 nach einem Entwurf von Wassili Osmak und W. T. Bespaly gebaut, die auch für den dortigen GPU-Klub (1930 errichtet) verantwortlich zeichneten. Osmak (1870–1942) entwarf den Klub (und einige andere GPU-Objekte) als Häftling. 1931 war er aufgrund seiner Zugehörigkeit zur Prompartija (Industriepartei) verhaftet und zu fünf Jahren Lager verurteilt worden. Er verbüßte jedoch nur etwas mehr als ein Jahr und wurde vorzeitig entlassen, der Rest seiner Strafe wurde zur Bewährung ausgesetzt. Während seiner Haft leitete Osmak ein Team von fünf ebenfalls inhaftierten Architekturstudenten.[78]

Eines der brillantesten sowjetischen Gebäude aus der Zeit des Konstruktivismus befindet sich auf dem Gelände des Dynamo-Sportkomplexes in Kiew: das Dynamo-Restaurant von Iosif Karakis, entstanden zwischen 1931 und 1934.

Krankenhäuser und Sanatorien

In seinem Buch *Architektura sowjetskogo awangarda* (*Die Architektur der sowjetischen Avantgarde*) schreibt der Architekturhistoriker Selim Chan-Magomedow: »Obwohl die Probleme der Gesundheitsversorgung in den ersten Jahren der Sowjetmacht zu einem der Hauptanliegen erklärt wurden, begannen die tatsächliche Planung und der Bau von Krankenhäusern, Kliniken, Ambulanzen und anderen medizinischen Einrichtungen erst Mitte der Zwanzigerjahre.«[79]

Zwar verkündete die Propaganda, dass die Gesundheit des sowjetischen Volkes an erster Stelle stehe, doch dies war eine Fiktion. Die Probleme des öffentlichen Gesundheitswesens waren für die sowjetische Führung von geringem Interesse, es sei denn, es ging um ihre eigene medizinische Versorgung.

Unter den wenigen Krankenhausprojekten, die realisiert wurden, ist die Klinik für Infektionskrankheiten »Botkin« in Leningrad (Architekten: Alexander Gegello, Dawid Kritschewski, 1926–1929) an erster Stelle zu nennen. Es ist ein weitläufiger Komplex, bestehend aus einzelnen Pavillons mit sehr abwechslungsreicher, streng funktionaler Architektur.

1929–1931 wurde das neue Gebäude des Kreml-Krankenhauses in der uliza Wosdwischenka in Moskau nach dem Entwurf von Nikolai Goffman-Pylajew errichtet. Der elegante und zurückhaltende konstruktivistische Bau greift Elemente des Scheremetjew-Anwesens auf, das sich zuvor an diesem Ort befand und ab 1925 das Kreml-Krankenhaus beherbergt hatte. Für die Auswahl des Krankenhauspersonals ab 1953 waren die Vierte (und spätere Haupt-) Abteilung des Gesundheitsministeriums der UdSSR und die Staatssicherheitsbehörden zuständig.

Es gab keine einheitlichen Programme für eine Entwicklung der Gesundheitsinfrastruktur für alle Bürger des Landes. Einzelne Behörden errichteten Krankenhäuser und Sanatorien ausschließlich für ihre Mitarbeiter und die Gesundheitsdienste waren ebenso wie die Unterbringung und die Verpflegung hierarchisch organisiert.

Alle staatlichen Sanatorien, Datschen und Gesundheitseinrichtungen unterstanden der Kontrolle der Staatssicherheit, so dass es praktisch unmöglich war, die Bauten der Geheimpolizei von anderen Objekten zu unterscheiden. Es waren stets dieselben Architekten, die eine Vielzahl von Regierungsaufträgen ausführten, wobei sie in unterschiedlichem Maße den jeweiligen Autoritäten unterstellt waren.

1925–1927, auf dem Höhepunkt der relativen wirtschaftlichen Erfolge der NEP, begannen viele staatliche Behörden damit, im Kaukasus Sanatorien für ihre Mitarbeiter zu errichten – angefangen bei den wichtigsten und wohlhabendsten: der Regierung, den staatlichen Sicherheitsbehörden und dem Militär. In den Memoiren von Anastas Mikojan findet sich eine Episode, wie er Stalin 1923 dazu überredete, sich in Mazesta (bei Sotschi) zu erholen und behandeln zu lassen, und ihm ein kleines Haus eines Geschäftsmanns als Unterkunft besorgte. Stalin mochte den Ort und begann sich regelmäßig dort aufzuhalten.[80] Noch 1923 wurde in Kislowodsk das Sanatorium Nr. 6 »Stalin« auf der Grundlage zahlreicher beschlagnahmter Sommerhäuser gegründet.[81]

1925–1926 begann die Gesundheitsabteilung des Kreml, Sotschi als staatlichen Kurort auszubauen. Im Mai 1926 wurde im Norden der Stadt das OGPU-Sanatorium Nr. 1 eröffnet, entworfen von Arkadi Langman und Iwan Besrukow. Zusätzlich zu den neuen Gebäuden gab es in Sotschi zahlreiche OGPU-NKWD-Sanatorien, die in verstaatlichten Datschen eingerichtet worden waren. 1927 entwarf Alexei Schtschussew das Hotel-Sanatorium Nr. 7 in Mazesta für den Regierungsbedarf. Dieses Gebäude ist eines der frühesten Beispiele für herausragende moderne sowjetische Architektur, darüber hinaus zählt es zu Schtschussews besten Werken. Für denselben Standort hatten auch die Gebrüder Wesnin ein Hotel entworfen (offenbar handelte es sich um eine Art geschlossenen Wettbewerb, den Schtschussew gewann). Beide Projekte erschienen 1927 in Heft 3 der Zeitschrift *Sowremennaja Architektura* (*Moderne Architektur*) unter dem Titel »Die erste Ausstellung zeitgenössischer Architektur« (die Ausstellung wurde am 18. Juni 1927 in Moskau eröffnet).

Etwas später, 1928–1931, errichteten Alexander und Leonid Wesnin das Sanatorium Nr. 8 in Mazesta (später »Bergluft«), einen streng funktionalen und sehr expressiven Bau. Da in der Fachliteratur eine Zugehörigkeit zu einer bestimmten Behörde nicht erwähnt wird, ist davon auszugehen, dass das Gebäude ein OGPU-Objekt war.

In Sotschi entstand 1932–1934 das konstruktivistische NKWD-Sanatorium Nr. 4 (heute Sanatorium des Innenministeriums der Russischen Föderation »Iskra«). Ebenfalls in Sotschi baute Miron Merschanow, der auch zahlreich Gosdatschas konzipierte, ein Sanatorium der Roten Armee sowie 1934 in Kislowodsk ein NKWD-Kurhaus. 1949–1954, Merschanow war inzwischen interniert, entwarf er das luxuriöse Sanatorium »Dserschinski«.

1936 erstellten Igor Fomin und Jewgeni Lewinson ein Projekt zur Erneuerung des Kurhotels Intourist in Kislowodsk. Das ursprüngliche Gebäude war nach einem konstruktivistischen Entwurf des Architekten Rybtschenko zwischen 1933 und 1935 errichtet worden.

In der Stadt Saki (Krim) bauten Grigori und Michail Barchin 1927–1930 ein gynäkologisches Institut und Sanatorium.

Boris Iofan errichtete 1929–1934 in der Siedlung Barwicha bei Moskau ein Sanatorium für die Medizin- und Gesundheitsverwaltung des Kreml. Iofan war kurz zuvor aus Italien zurückgekehrt und dies war wahrscheinlich sein erstes Gebäude in der Sowjetunion – und kann durchaus als sein bestes Bauwerk bezeichnet werden.

1935–1938 baute ein Architektenkollektiv unter der Leitung von Moissei Ginsburg in Kislowodsk ein Sanatorium für das Volkskommissariat für Schwermaschinenbau (NKTP). Das NKTP gehörte zu den wichtigsten Ministerien des Landes, es koordinierte den Aufbau der gesamten sowjetischen Schwer- und Militärindustrie. Dieses Projekt ist bezeichnend für den damaligen Zustand der sowjetischen Architektur. Das Gebäude weist ein durch und durch modernes Raumkonzept auf. Der Befehl zur Nutzung des »historischen Erbes« war jedoch bereits vor drei Jahren erteilt worden. Daher wurden die Fassaden künstlich beschwert, monumentalisiert und mit dekorativen Details »angereichert«. Unweit des Sanatoriums entwarf Ginsburg außerdem für den Volkskommissar des NKTP, Sergo Ordschonikidse, eine luxuriöse Villa (die er der Legende nach nicht bauen wollte). Zum Hauptgebäude des Sanatoriums, das an einem Berghang liegt, führt eine Kaskadentreppe – es ist das einzige realisierte Werk von Iwan Leonidow.

1933–1935 entstand nach dem Entwurf von Nikolai Sewerow in Gagra ein Erholungsheim für den Rat der Volkskommissare der Transkaukasischen Sozialistischen Föderativen Sowjetrepublik. Das als »Berias Datscha« bekannte Gebäude ist eine dreigeschossige, in den Hang gebaute Villa mit nur drei Räumen, deren Architektur trotz des rustikalen Erdgeschosses und der vereinfachten Säulenkapitelle fast schon konstruktivistisch anmutet. Solche Villen für die höchsten Staatsdiener wurden überall errichtet, zuweilen allein stehend, nicht selten auch angeordnet neben den Behördensanatorien, in denen sich die Beamten des mittleren Dienstes erholten. Aber auch an die Kleinsten wurde gedacht: So entstand 1934 ein NKWD-Kindersanatorium in Jewpatorija (Krim).

Die lokalen OGPU-NKWD-Verwaltungen ließen in ihren Regionen ebenfalls Sanatorien und Erholungsheime für ihre Mitarbeiter errichten. So entstand 1932–1934 in der Oblast Tscheljabinsk das NKWD-Sanatorium am Sungul-See. Im Jahr 1946, als das sowjetische Atombombenprojekt unter Berias Kommando startete, war in diesem Sanatorium eine geheime Einheit der 9. Hauptabteilung des NKWD mit dem Decknamen »Laboratorium B« untergebracht.[82] Am Fluss Kolyma, in der Nähe der heißen Quellen am Fluss Talaja (Fernöstlicher Kreis), eröffnete 1940 das Sanatorium »Talaja«. Im gleichen Jahr entstand ein Erholungszentrum in Magadan, am Ufer der Wesjolaja-Bucht am Ochotskischen Meer. In Norilsk (Region Krasnojarsk, Sibirien) am Lamasee wurde 1938–1941 ein Erholungsheim durch Fjodor Usow errichtet.

Viele der sowjetischen konstruktivistischen Sanatorien gehören zu den besten Bauten jener Zeit. Sie sind sehr vielfältig, expressiv und individuell. Nach 1932 ging dies jedoch schnell verloren. Die Architektur der 1927–1931 entstandenen OGPU-NKWD-Sanatorien jedoch demonstriert sehr gut, dass weder Stalin noch sein

Erholungsheim für die Mitarbeiter und die Truppen der OGPU (später NKWD-Sanatorium Nr. 1), Sotschi, 1925–1927.

Quelle: pastvu.com

NKWD-Sanatorium am Sungul-See, Region Tscheljabinsk. 1932.

Quelle: dmesta.ru

Nikolai Sewerow: Ferienhaus des transkaukasischen Rates der Volkskommissare in Gagra (»Berias Datscha«), 1933.

Quelle: Академия архитектуры, №1, 1936, с. 68

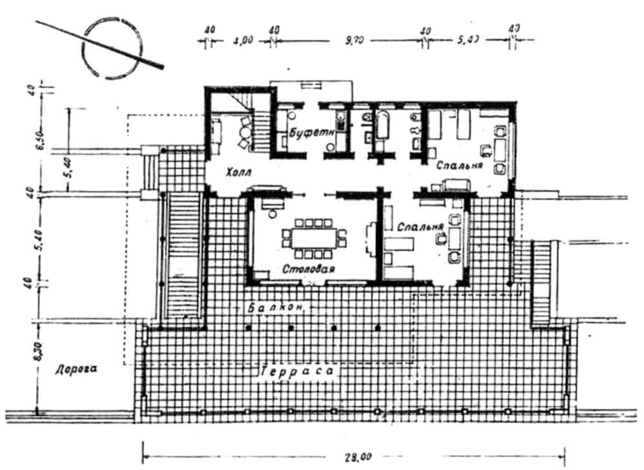

Nikolai Sewerow: Ferienhaus des transkaukasischen Rates der Volkskommissare in Gagra (»Berias Datscha«), 1933. Grundriss Erdgeschoss.

Quelle: Академия архитектуры, №1, 1936

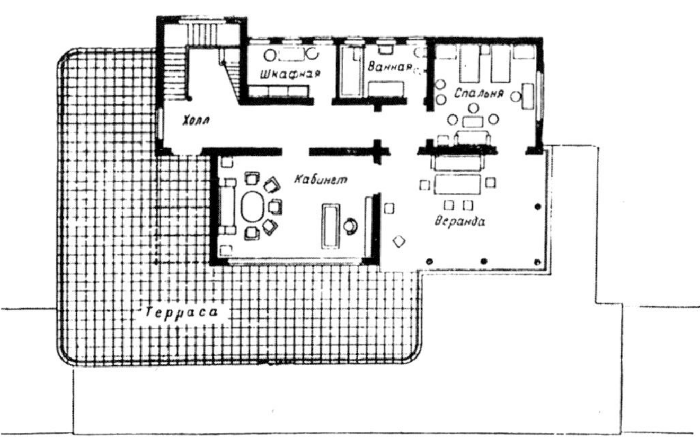

Nikolai Sewerow: Ferienhaus des transkaukasischen Rates der Volkskommissare in Gagra (»Berias Datscha«), 1933. Grundriss 1. Obergeschoss.

Quelle: Академия архитектуры, №1, 1936

Arkadi Langman,
Iwan Besrukow:
NKWD-Sanatorium
Nr. 1 in Sotschi,
1933.

Quelle: pastvu.com

Miron Merschanow:
NKWD-Sanatorium
in Kislowodsk, 1934.

Quelle: theconstructivistproject.com

Kindersanatorium
des NKWD in
Jewpatorija, 1936.

Quelle: etoretro.ru

Fjodor Usow:
NKWD-Ferienheim
am Lamasee,
Norilsk, 1938–1941.

Quelle: goarctic.ru

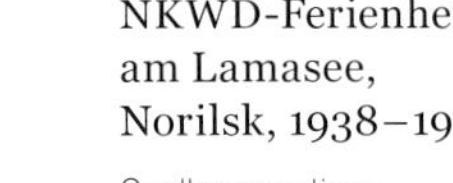

Sanatorium Talaja, Region Magadan, 1939–1949.

Quelle: magadanmedia.ru

NKWD-Ferienhaus »Stachanowez« an der Küste der Wesjolaja-Bucht (später Sanatorium »Gornjak«) in Magadan, 1940.

Quelle: samlib.ru

Arkadi Langman: Erholungsheim »Istra« des Ministeriums für den Bau der Schwerindustrie der UdSSR in der Nähe von Moskau, 1948.

Quelle: Самойлов, А. В.: Санатории и дома отдыха. Москва, 1948. Рис. 40

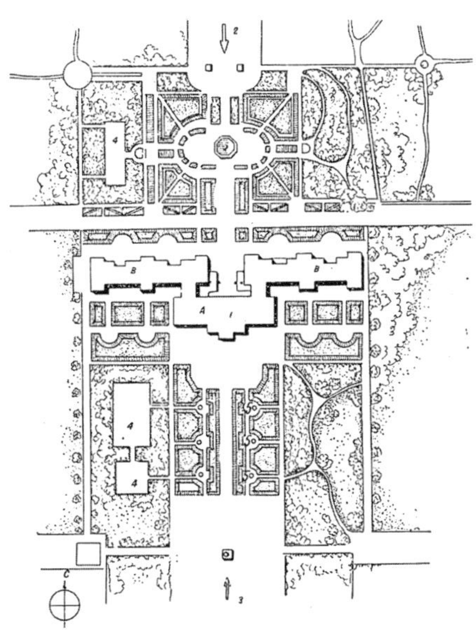

Arkadi Langman: Erholungsheim »Istra« des Ministeriums für den Bau der Schwerindustrie der UdSSR in der Nähe von Moskau, 1948. Lageplan.

Quelle: Самойлов, А. В.: Санатории и дома отдыха. Москва, 1948. Рис. 1

innerer Kreis zunächst irgendwelche Vorbehalte gegenüber moderner Architektur hegten und dass das Verbot des Konstruktivismus und der oktroyierte Neoklassizismus selbst für höchste Parteifunktionäre unerwartet kam.

Intourist-Hotels

Im Dezember 1929 gründete der Rat für Arbeit und Verteidigung (STO) der UdSSR die staatliche Reiseagentur für den Auslandsfremdenverkehr Intourist (*Inostranny turist*: Ausländischer Tourist). Der Umgang mit Ausländern war ein Bereich, der in die Zuständigkeit der OGPU fiel, und so war Intourist von Beginn an dem Geheimdienst unterstellt. 1938 wurde die Reiseagentur sogar für eine kurze Zeit formell dem NKWD zugeordnet, was jedoch selbst vor den Geheimdienstmitarbeitern sorgfältig verborgen wurde.[83] Und so waren Intourist-Hotels tatsächlich Hotels der OGPU beziehungsweise des NKWD.[84]

Zu Beginn des ersten Fünfjahrplans hatte die Sowjetregierung hohe Erwartungen an ausländische Touristen als Devisenquelle. Diese sollten sich jedoch nur zu einem sehr geringen Teil erfüllen.

1931 begann Intourist mit der Errichtung von vier Hotels in Kislowodsk, Batumi, Baku und Tiflis.[85] Schtschussew erhielt die Aufträge für die Hotels in Batumi und Baku. Ab April 1931 war Beria GPU-Chef der Transkaukasischen Sowjetrepublik. Im November desselben Jahres wurde er erster Sekretär des Transkaukasischen Regionalkomitees und behielt zugleich das Amt des ersten Sekretärs des ZK der Kommunistischen Partei Georgiens. So war Beria der direkte Auftraggeber Schtschussews. Es kann daher davon ausgegangen werden, dass Schtschussew 1931 Beria kennenlernte und dass ihre langfristige Zusammenarbeit, die sich für Schtschussew in der Zeit seiner Verfolgung im Jahr 1937 als hilfreich erweisen sollte, mit dem Bau der Hotels in Batumi und Baku begann.

Beide Gebäude hatten ein eindeutig konstruktivistisches Erscheinungsbild, obwohl sie erst nach Stalins Architekturreform von 1932 fertiggestellt wurden: 1934 das Hotel in Batumi, 1938 das Hotel in Baku. 1945 wurde das Hotel in Batumi für die Ausrichtung der Konferenz der alliierten Staatschefs der Anti-Hitler-Koalition in Betrachtung gezogen, die jedoch letztlich in Jalta stattfand.

Diese Hotelbauten finden in Schtschussews Werkmonografien nur selten Erwähnung, obwohl sie nicht weniger Interesse verdienen als seine anderen Gebäude. Das Hotel in Baku entstand unter Mitwirkung der Architekten N. Jakowlew und Isidor Franzus.[86] Der Grundriss des Erdgeschosses erschien erstmals 1952 in Nikolai Sokolows Buch *A. W. Schtschussew* und ist vermutlich seither nie wieder veröffentlicht worden. Die Fassaden wurden nie publiziert und sind nur von alten Fotos bekannt.[87] Das Hotelgebäude war sehr raffiniert komponiert und bewahrte trotz der Versuche, es von außen zu »verschönern«, seine ursprüngliche Dynamik. 2002 wurde es durch einen Brand schwer beschädigt und abgerissen (Wiederaufbau 2015).

Franzus war auch bei dem Hotelbau in Batumi für Schtschussew tätig.[88] In der Sowjetzeit wurde dieses Projekt nie publiziert. Erst 2011 erschien in dem Buch von

Pawel Schtschussew über seinen Bruder Alexei eine farbige Fassadenansicht (aus dem Archiv des Moskauer Schtschussew-Museums für Architektur) – mit einem vorspringenden halbrunden Volumen des Zugangsbereichs mit Restaurant und einem hohen, schlanken Leuchtturm, der offensichtlich nicht realisiert wurde.[89] Pläne sind nicht publiziert worden. Das Hotel in Batumi (Intourist Palace) ist heute gut erhalten, und trotz zahlreicher Umbauten zeigt sich noch immer die Dynamik des ursprünglichen konstruktivistischen Baus.

In Moskau wurden offiziell keine Intourist-Hotels errichtet, aber das Hotel Mossowjet (das spätere Hotel Moskwa), ebenfalls von Alexei Schtschussew entworfen, übernahm quasi deren Rolle. Dieses Gebäude war einer der ersten stalinistischen »Mutantenbauten«: konstruktivistische Projekte, die während der Bauarbeiten zu neoklassizistischen Bauten umgestaltet wurden. Die Entstehungsgeschichte des Hotels ist äußerst verworren. Sie spiegelt die damalige Situation wider, als Stalin die Kontrolle über die Architektur übernahm und den Konstruktivismus verbot, aber niemand eine genaue Vorstellung hatte, was unter der dekretierten »Orientierung an historischen Vorbildern« zu verstehen war.

Im Herbst 1931 wurde ein geschlossener Wettbewerb für ein neues Mossowjet-Hotel mit 1.000 Zimmern am Ochotny Rjad in Moskau ausgeschrieben. Eingereicht wurden sechs Entwürfe aus verschiedenen Behörden.[90] Den Wettbewerb gewannen die Mossowjet-Architekten Leonid Saweljew und Oswald Stapran mit einem konstruktivistischen Projekt. Die Bauarbeiten begannen, das Gerüst war fast vollständig errichtet, doch dann kam die Stalinsche Architekturreform. Im Frühjahr 1932 wurde plötzlich ein weiterer Wettbewerb organisiert. Wie die Zeitschrift *Stroitelstwo Moskwy* berichtet, »hat der Moskauer Stadtrat angesichts der Bedeutung dieses Bauwerks Mosprojekt beauftragt, einen weiteren geschlossenen Wettbewerb durchzuführen. Die Aufträge wurden erteilt an: 1. Arch. Saweljew und Stapran unter Konsultation mit Akad. A. W. Schtschussew, 2. Arch. Bruno Taut, 3. Arch. Kessler und Wajnschtejn unter Konsultation mit Prof. Ginsburg.«[91]

Bruno Taut, einer der führenden deutschen Architekten der Moderne, beteiligte sich an dem Wettbewerb und arbeitete ein Jahr lang als »ausländischer Spezialist« bei Mosprojekt. 1933 verließ er Moskau extrem verärgert. Viele Details finden sich in Briefen, die er aus Moskau an seinen Bruder Max, ebenfalls Architekt, schrieb.

Am 11. Mai 1932 wurden die Projekte von Schtschussew und Taut in einer Sitzung des stellvertretenden Vorsitzenden des Mossowjet, Tichon Chwesin, erörtert. Genehmigt wurden der Grundriss des Taut-Entwurfs und Schtschussews Fassadenlösung zum Theaterplatz. Infolgedessen waren beide Architekten zur Zusammenarbeit gezwungen. Taut, der Schtschussews Architektur in einem Brief als »grob« und »plump«[92] bezeichnete, hielt dies angesichts der Unvereinbarkeit der beiden Entwürfe für absolut unmöglich. Er konnte die Zusammenarbeit jedoch nicht ablehnen, um »Taktlosigkeit« zu vermeiden.[93] Im Frühjahr 1932 hatte das Projekt immer noch einen relativ konstruktivistischen Charakter, der zunächst durch Saweljew und Stapran allein und dann gemeinsam mit Schtschussew mit »Verschönerungen«

dem Geschmack der Regierung anzupassen versucht wurde. Schließlich bat Taut am 21. Mai 1932 Chwesin in einem Brief darum, Schtschussew den Vorschlag zu unterbreiten, dass dieser sich weigern solle, Tauts Pläne vollständig zu übernehmen, damit er, Taut, »später in keiner Weise, auch nicht teilweise, als der Autor des Grundrisses bezeichnet und womöglich verantwortlich gemacht werden kann«[94]. Am 11. Dezember 1932 schrieb Taut, dass seine Pläne dennoch verwendet wurden, allerdings in einer entstellten Form.

In einem Brief an seinen Bruder Max vom 21. Oktober 1932 urteilte er vernichtend über die sowjetische Architektur: »Wenn die Nazis usw. wüssten, wie der wirkliche Kulturbolschewismus aussieht! (...) Kulturbolschewismus heute: Ablehnung der neuen Architektur, des Bauhauses, Corbusier usw., der neuen Musik, Liebe für einschmeichelnde Weisen, für Puppen und Ornamente an den Häusern, für einen miserablen mißverstandenen Klassizismus, für Ideenlosigkeit in Architektur und Kunst.«[95]

Der erste Bauabschnitt des Hotels wurde am 20. Dezember 1935 eröffnet.[96] Die Hauptfassade ist bekanntlich asymmetrisch. Der linke und der rechte Risalit unterscheiden sich in Dekor und Fensterverteilung: Der rechte Risalit weist weniger Bauschmuck und Fensteröffnungen auf. In der Fachwelt kursiert seit Stalins Zeiten die Legende, dass die Asymmetrie der Hauptfassade darauf zurückzuführen sei, dass Stalin die ihm vorgelegte Zeichnung mit zwei Fassadenvarianten genau in der Mitte unterzeichnet habe.[97] Die in den Dreißigerjahren publizierte Fassade ist jedoch symmetrisch. Für die Asymmetrie gibt es eine einfache technische Erklärung. Beim Bau des zweiten Bauabschnitts des Hotels stellte sich heraus, dass die Wände des alten viergeschossigen Grandhotels, das in den Neubau einbezogen worden war, der Aufstockung um elf Stockwerke nicht gewachsen waren und Risse bekamen. Um die Konstruktion zu verstärken, mussten Fenster im Erdgeschoss zugemauert, die übrigen Fenster verkleinert und die Fassadendekoration reduziert werden.[98]

Dass es sich beim Hotel Moskwa nicht um ein gewöhnliches Hotel handelte, sondern um eine Herberge für hochrangige sowjetische Funktionäre, geht aus dem Grundriss einer seiner Suiten hervor, der 1935 in Ausgabe 2 der Zeitschrift *Architektura SSSR* publiziert wurde: Abgebildet ist eine große Ecksuite mit zwei Räumen, einer Küche und einer Schlafnische für Personal. Sehr wahrscheinlich gab es viele weitere Raumvarianten, die jedoch nie veröffentlicht wurden.

1934 wurde in Schtschussews Atelier (Mossowjet-Büro Nr. 2) an einem weiteren großen Moskauer Hotelprojekt, dem »Zentralen Haus des Kolchosbauern«, gearbeitet. Es gelangte jedoch nicht zur Ausführung. Hierbei handelte sich um einen recht skurrilen mehrgeschossigen Palast, überladen dekoriert mit Arkaden und Ornamenten sowie mit der obligatorischen Säulenkolonnade am Eingang versehen. Höchstwahrscheinlich spiegelt diese Architektur ziemlich genau Schtschussews Vorstellung von den Vorlieben des uns unbekannten Auftraggebers wider. Absurd ist auch der Name des Hotels: Gerade in jener Zeit wurden die Kolchosbauern praktisch in die Leibeigenschaft gezwungen und durften ihr Dorf nicht ohne offizielle Erlaubnis verlassen. Vermutlich war dies ein weiteres NKWD-Projekt, das aus unbekannten Gründen unrealisiert geblieben ist.

1931–1933 entstand in Nischni Nowgorod (1932–1990 Gorki) ein Intourist-Hotel nach einem Entwurf von Alexander Grinberg und Michail Smurow.

In Leningrad wurde 1931 ein Wettbewerb zum Bau eines Intourist-Hotels ausgeschrieben, aus dem Igor Fomin und Jewgeni Lewinson mit einem expressiven konstruktivistischen Projekt im Geiste von Corbusiers Moskauer Zentrosojus-Gebäude (1929–1936) siegreich hervorgingen. Bis 1936 wurde das Hotel an der Petrowskaja-Uferstraße errichtet und im Laufe der Bauarbeiten immer eklektizistischer und schmuckvoller umgestaltet. Zu dieser Zeit schien es jedoch keinen Bedarf mehr an einem NKWD-Hotel zu geben, so dass dieselben Architekten an dessen Stelle 1938–1941 ein monumentales, mit Säulen und Dachskulpturen verziertes NKWD-Wohngebäude bauten.

Hotels der OGPU beziehungsweise des NKWD entstanden an vielen Standorten im ganzen Land, je nach Bedarf des Geheimdienstes. So wurde beispielsweise der 1936 in Medweschjegorsk (Karelien) errichtete monumentale Bau der Verwaltungsbehörde des Weißmeer-Ostsee-Kanals mit einem Hotel kombiniert. Dieses Hotel plante das 1. Büro des Instituts Giprogor (Leitung: Armen Barutschew, Isidor Gilter, Iosif Meerson). Es verfügte über 25 Suiten mit zwei Zimmern und Bad, 50 Suiten mit einem Zimmer und Bad sowie 25 Einzelzimmer ohne Bad.[99]

Den Erinnerungen des ehemaligen Häftlings Wladimir Jakowlew zufolge galt dieses Hotel zumindest unter den Strafgefangenen als Intourist-Hotel. Er hat Medweschjegorsk im Jahr 1934 beschrieben: »In der Nähe des Bahnhofs wurden auf abgeholzten Grundstücken zweigeschossige Bauten für die Lagerverwaltung und eingeschossige Baracken für die Häftlinge errichtet. Einige der eingeschossigen Baracken waren von Stacheldraht umgeben, andere standen zwischen Bäumen und bildeten eine Straße, und einige waren sogar in die untere Siedlung eingefügt. Für die Chefs wurden Häuschen und zweigeschossige Wohnbauten errichtet, für die OGPU-Truppen Kasernen. Außerdem entstanden ein Theater mit Kinoprojektor, ein Badehaus, ein Hospital, eine Gemeinschaftsküche und zwei Kantinen für die Freien und die inhaftierte Elite. Auf dem Hügel befand sich eine Radiostation. Alle Bauten, auch die Lagerhäuser, waren aus Holz. Einzige Ausnahme war das große viergeschossige Hotel für ausländische Touristen, das 1934 am Ufer des Onegasees errichtet wurde. Das Solowezki-Sonderlager baute ein Hotel für ausländische Touristen in der Stadt Kem. Das Weißmeer-Ostseekanal-Lager errichte ein ähnliches Hotel auf dem Bärenberg (Medweschja Gora). Der Bau solcher Objekte durch die Lager war in gewisser Weise paradox. Innerhalb des Landes wusste jeder von der Existenz der Lager, sprach aber nicht darüber, weil die offizielle Presse und der Rundfunk diese Tatsache sorgfältig verschwiegen und die Bürger mit Haft bestraft wurden, wenn sie dies in ihren Gesprächen erwähnten. Zugleich wurden in der Nähe der Lager Hotels für ausländische Touristen eröffnet, so als ob die ganze Welt davon erfahren sollte.«[100]

Wahrscheinlich waren diese Intourist-Hotels nicht für ausländische Touristen gedacht, sondern es handelte sich um eine allgemeine Bezeichnung für NKWD-Hotels. Möglicherweise wurden alle Hotelbauten von Moskau aus der gleichen Haushaltskasse finanziert.

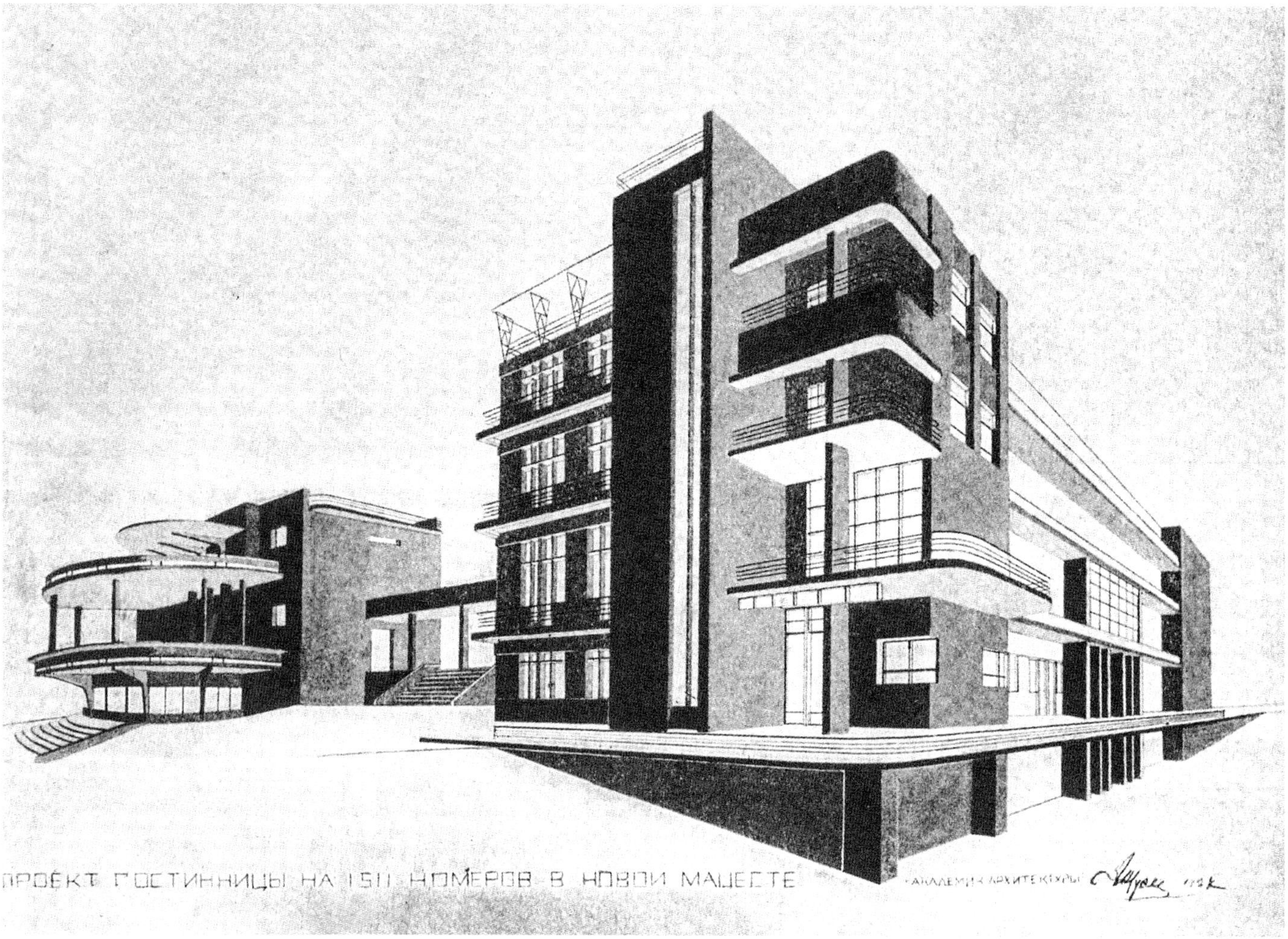

Alexei Schtschussew: Regierungssanatorium-Hotel Nr. 7 in Nowaja Mazesta. Perspektive.

Quelle: CA, №3, 1927, c. 99

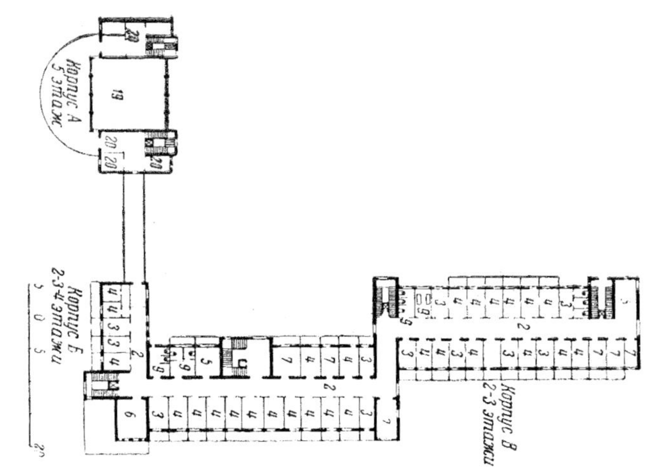

Alexei Schtschussew: Regierungssanatorium-Hotel Nr. 7 in Nowaja Mazesta. Grundriss.

Quelle Сочи-Мацеста. Москва, 1950, c. 205

Igor Fomin, Jewgeni Lewinson: Intourist-Hotel in Leningrad. Wettbewerbsentwurf, 1. Preis, 1931. Perspektive.

Quelle: citywalls.ru

Igor Fomin, Jewgeni Lewinson: Intourist-Hotel in Leningrad, Variante 1935.

Quelle: Ежегодник общества архитекторов-художников XIV, 1935, с. 95

Igor Fomin, Jewgeni Lewinson: Intourist-Hotel in Leningrad, Variante 1935. Grundriss.

Quelle: Ежегодник общества архитекторов-художников XIV, 1935, с. 98

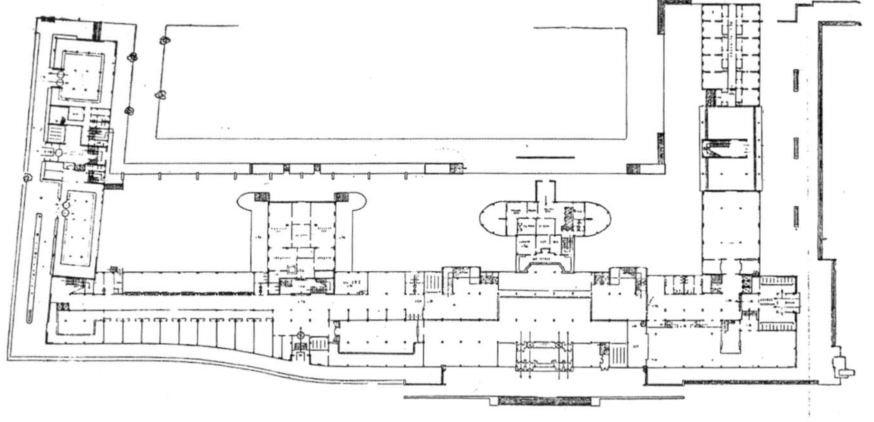

Quelle: Heike Maria Johenning: Architekturführer Baku, Berlin 2018, S. 187

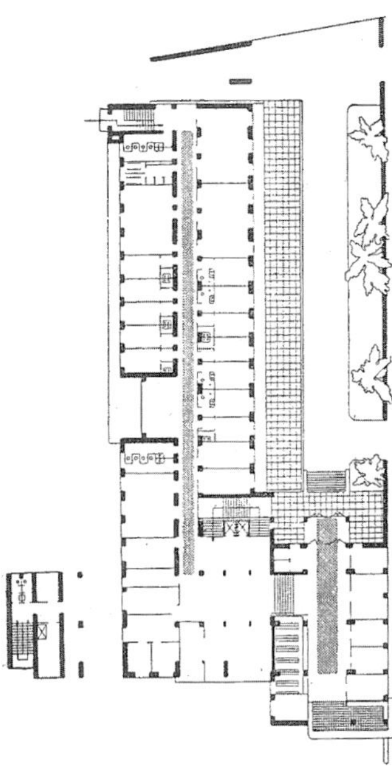

Alexei Schtschussew: Intourist-Hotel in Baku. Grundriss.

Quelle: Соколов, Н.Б.: А.В. Щусев. Москва, 1952, с. 50

Alexei Schtschussew: Intourist-Hotel (heute Sheraton Baku Intourist) in Baku, Wiederaufbau ReardonSmith Architects 2015. Foto von 2017.

Quelle: Heike Maria Johenning: Architekturführer Baku, Berlin 2018

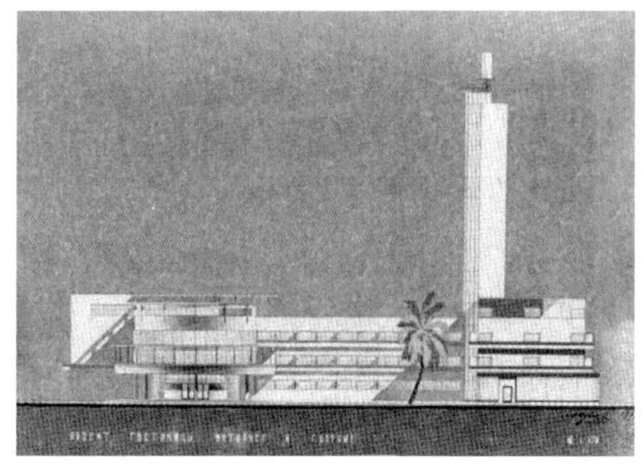

Alexei Schtschussew: Intourist-Hotel in Batumi, 1931. Fassade.

Quelle: Щусев, П.: Страницы из жизни академика А.В. Щусева. М., 2011, с. 198

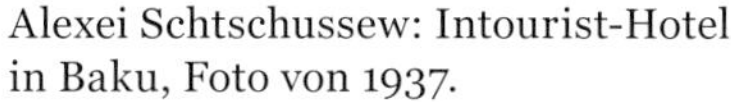

Alexei Schtschussew: Intourist-Hotel in Baku, Foto von 1937.

Quelle: Соколов, Н.Б.: А.В. Щусев. Москва, 1952, с. 241

Alexei Schtschussew: Mossowjet-Hotel, 1933. Perspektive (Variante), Seitenfassade.

Quelle: Соколов, Н. Б.: А. В. Щусев. Москва, 1952, с. 160

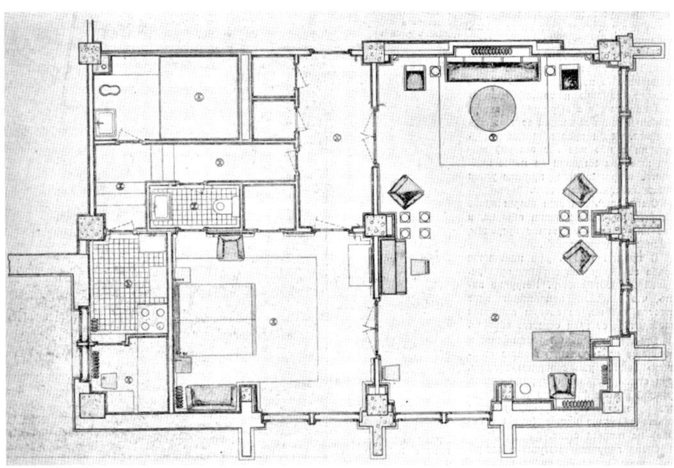

Alexei Schtschussew: Hotel Moskwa. Grundriss einer Suite mit Küche und Unterkünften für das Hauspersonal.

Quelle: Архитектура СССР №2, 1935, с. 64

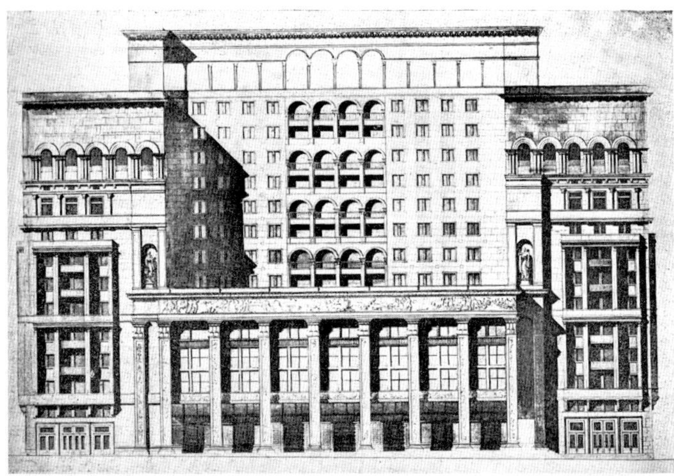

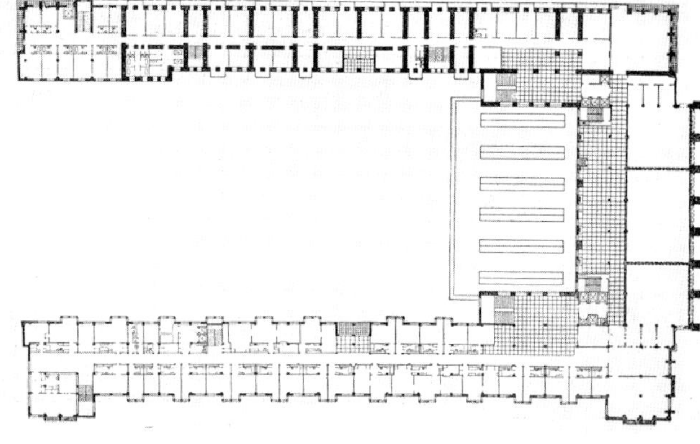

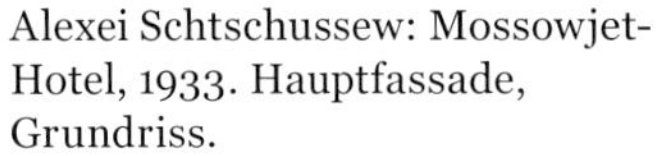

Alexei Schtschussew: Mossowjet-Hotel, 1933. Hauptfassade, Grundriss.

Quelle: Архитектура СССР, №2, 1935, с. 60

Alexander Grinberg, Michail Smurow: Intourist-Hotel in Gorki, 1931–1933.

Quelle: Dreißig Jahre sowjetische Architektur in der RSFSR, Leipzig 1951, B. 247

Armen Barutschew, Isidor Gilter, Iosif Meerson: Gebäude der Verwaltungsbehörde des Weißmeer-Ostsee-Kanals mit Hotel (Intourist), 1934–1935.

Quelle: Quelle: sa-kuva.fi

Alexei Schtschussew: Zentrales Haus des Kolchosbauern in Moskau, 1934. Perspektive.

Quelle: Соколов, Н. Б.: А. В. Щусев. Москва, 1952, с. 274

In einem Beitrag in der Zeitschrift *Karelo-Murmanski Kraj* von 1935 wird das Gebäude wie folgt beschrieben: »An der Touristenroute entlang des Weißmeer-Ostsee-Kanals in Medweschja Gora ist ein spezielles Gästehaus für Touristen fertiggestellt worden. Geplant und ausgeführt wurde es unter der Leitung der Leningrader Architekten und Künstler A. K. Barutschew, I. A. Gilter und I. A. Meerson. Das Hotel befindet sich am Ufer des Onegasees, an einem Ort von außergewöhnlicher landschaftlicher Schönheit. Es verfügt über 100 Zimmer, einen Wintergarten, ein großes Restaurant und eine Telefonzentrale und ist darüber hinaus mit Radio ausgestattet. Die Außenfassade des Gebäudes ist mit Granit verkleidet, während im Inneren kostbare Holzarten und Marmor verwendet wurden.«[101]

Kanäle

Einen besonderen Stellenwert in der sowjetischen Architektur hatten der Bau und die Gestaltung von Kanälen: des Weißmeer-Ostsee-Kanals (1931–1933), des Moskwa-Wolga-Kanals (1932–1937) und des Wolga-Don-Kanals (1948–1952). So wie Straßen und Plätze die Kulissen für Massenprozessionen bildeten, so spielten Dämme und Wasserwerke eine monumentale Rolle als würdevoller Rahmen der Bewegung auf dem Wasser. Daher maß Stalin der Architektur von Schleusen, Flusskanälen und Dämmen große Bedeutung bei. Dies war ein typisch stalinistisches Phänomen: An weitgehend menschenleeren Orten entstand eine Vielzahl von Wasserbauten, die zu Palästen und Tempelensembles wurden und sich über Hunderte von Kilometern erstreckten, um von der Größe und Macht des Regimes zu künden.

Der Bau der großen Kanäle war in erster Linie militärischer und strategischer Natur; er wurde vom Geheimdienst geleitet und fast ausschließlich von Häftlingen ausgeführt. Der erste Kanal, der 1931–1933 entstand, war der Weißmeer-Ostsee-Kanal. Seine Länge betrug 227 Kilometer. Ende 1932 waren mehr als 100.000 Häftlinge im speziell für den Kanalbau eingerichteten Belbaltlag interniert. Verschiedenen Quellen zufolge fielen den Bauarbeiten zwischen 50.000 und 80.000 Menschen zum Opfer. Die zahlreichen Wasserbauwerke (19 Schleusen, 15 Dämme, fünf Wasserkraftwerke etc.) wurden von der Regierung damals nicht als architektonische Schöpfungen eingestuft. Sie waren (im Gegensatz zu den späteren Bauten des Moskwa-Wolga- und des Wolga-Don-Kanals) rein zweckmäßig geplant und errichtet worden. 1950 wurden erste Entwürfe zur Umwandlung der Kanalschleusen in Denkmäler erstellt, sie blieben jedoch unrealisiert.

Nach der Fertigstellung des Kanals wurde auf dem Belbaltlag-Areal das Belomor-Baltijski-Kombinat (BBK) gegründet, zur industriellen Ausbeutung und Rodung der an den Kanal angrenzenden Gebiete. In der Lagerzeitschrift des BBK *Unter dem Banner von Belomorstroj* von 1934/35 finden sich interessante Zeichnungen des Künstlers Wladimir Switalski (1904–1937), die Bauprojekte für Medweschjegorsk zeigen. Switalski war ab 1931 Häftling in Solowki und lebte dann in der Verbannung in Morschansk. Im Finnischen Fotoarchiv Sa-Kuva (Medweschjegorsk wurde 1941 von den Finnen besetzt) finden sich noch Aufnahmen verschiedener Holzwohnhäuser in

Medweschjegorsk, die 1944 bei der Rückeroberung der Stadt durch die Rote Armee niedergebrannt wurden, wie zum Beispiel die elegante Jugendstilvilla des Lagerkommandanten. Einige interessante Bauprojekte in Medweschjegorsk entwarf die Architektin Ksenija Polowzewa (1886–1948), die 1929–1933 in Belbaltlag inhaftiert war: das Sanitätslager mit einer Poliklinik sowie vermutlich das realisierte Zentraltheater und die hölzernen Wohnhäuser.[102] Alle diese Gebäude sind sehr individuell und unterscheiden sich architektonisch stark von der »Bauweise für Freie«.

1932–1937 wurde der Moskwa-Wolga-Kanal gebaut. 128 Kilometer lang, verband er die Flüsse Wolga und Moskwa. Für den Kanalbau wurde ein Teil der Häftlinge von Belbaltlag verlegt. Zum Leiter des Bauvorhabens ernannte man den früheren Direktor von Belomorstroj OGPU, Lasar Kogan. In Dmitrow, etwa in der Mitte der Kanalstrecke, entstand ein neues Strafarbeitslager, in dem um 1935 zwischen 150.000 und 180.000 Häftlinge interniert waren. 1934 wurde Wiktor Wesnin im Auftrag von Moskwa-Wolgostroj (MWS) zum architektonischen Berater der technischen Bauabteilung ernannt.[103] Eine große Gruppe von Architekten unter der Leitung des Chefarchitekten des Kanals Weniamin Perlin – Wladimir Krinski, Wladimir Mowtschan, Alexander Pasternak und andere – war für die architektonische Gestaltung der Bauten verantwortlich.

Die Kontrolltürme von neun Schleusen sowie zahlreiche Pumpwerke, Dämme und Nebengebäude wurden als monumentale palastartige Bauten oder Triumphbögen gestaltet und mit zahlreichen Flachreliefs und Statuen, darunter auch von NKWD-Offizieren (Schleuse Nr. 2), dekoriert. Der Kanal begann beim Iwankowoer Stausee in der Nähe der Stadt Dubna, mit riesigen Granitskulpturen von Lenin und Stalin (26 Meter Höhe inklusive der Sockel, Bildhauer: Sergej Merkurow), und endete an der prächtigen Abfertigungshalle des Nördlichen Moskauer Flusshafens in Chimki (Architekt: Alexei Ruchljadew). Alle Gebäude wurden mit Naturstein verkleidet.

Der Wolga-Don-Kanal, der dritte von Stalins großen Kanälen, wurde erst ab 1948 gebaut, obwohl der erste sowjetische Entwurf bereits 1927–1928 entstand (erste Versuche, die Wolga und den Don durch einen Kanal zu verbinden, gehen auf das 16. Jahrhundert zurück). 1947 wurde eigens die Hauptverwaltung für Wasserbaulager gegründet, die Hunderttausende von Arbeitskräften beschäftigte. Der Kanal mit einer Länge von 101 Kilometern und 13 Schleusen war 1952 fertiggestellt. Seine architektonische Gestaltung oblag einem Architekturkollektiv unter der Leitung von Leonid Poljakow. Die Schleuse an der Einmündung des Kanals in die Wolga ist als 40 Meter hoher Triumphbogen gestaltet, verziert mit Obelisken, die die sowjetischen Siege im Bürger- und im Weltkrieg verherrlichen. In Stalingrad (heute Wolgograd) wurde am Eingang des Kanals ein gigantisches, inklusive Sockel 54 Meter hohes Stalin-Denkmal aufgestellt (Bildhauer: Jewgeni Wutschetitsch). Ein 30 Meter hoher Triumphbogen markiert die Einfahrt zum Kanal vom Don aus. Auch zahlreiche andere Wasserbauwerke sind in diesem Sinne gestaltet. Im Einklang mit der stalinistischen Nachkriegspolitik dominieren militärische Siegesmotive die Themen bei zahlreichen Denkmälern.

In gewisser Weise ähneln Stalins Kanäle der Moskauer Metro. Es handelt sich hier um zwei Verkehrssysteme, die zur gleichen Zeit gebaut wurden und in einem imperialen Geist mit übertriebenem Pomp dekoriert sind, der vor dem Hintergrund der ärmlichen Lebensverhältnisse der großen Mehrheit der sowjetischen Bevölkerung einen besonders eindringlichen Kontrast setzte. Die Kanäle bauten ausschließlich Häftlinge; nach dem Krieg wurden auch beim Bau der Metro Strafgefangene, darunter deutsche Kriegsgefangene, eingesetzt.[104]

Под знаменем
БЕЛМОРСТРОЯ
№ 1 ЛИТЕРАТУРНО-ХУДОЖЕСТВЕННЫЙ ЖУРНАЛ 7 ноября 1934

ИЗДАНИЕ ББК НКВД

Тт. СТАЛИН, ВОРОШИЛОВ и КИРОВ на Беломорско-Балтийском канале

Фото А. Функа

Titelblatt der Lagerzeitschrift des Belomor-Baltijski-Kombinats *Unter dem Banner von Belomorstroj*, Nr. 1 vom 7. November 1934. Das Foto zeigt Stalin, Woroschilow und Kirow auf einem Boot auf dem Weißmeer-Ostsee-Kanal (Juli 1933).

Не подлежит распространению за пределы лагеря.

Под знаменем
БЕЛМОРСТРОЯ
№ 1 7 НОЯБРЯ 1934 г. ЛИТЕРАТУРНО-ХУДОЖЕСТВЕННЫЙ ЖУРНАЛ
АДРЕС РЕДАКЦИИ: МЕДГОРА, ББК, газ. „ПЕРЕКОВКА“

БУРИЛЬЩИК

Фото А. Функа

Titelblatt der Lager-Zeitschrift des Belomor-Baltijski-Kombinats *Unter dem Banner von Belomorstroj*, Nr. 1 vom 7. November 1934. Der Text oben links lautet: »Darf nicht außerhalb des Lagers verteilt werden.«

Sergej Merkurow: Stalin-Statue am Moskwa-Wolga-Kanal, 1937.

Quelle: Архитектура СССР №1, 1937

Sergej Merkurow: Lenin-Statue am Moskwa-Wolga-Kanal, 1937.

Quelle: Архитектура СССР №1, 1937

Alexei Ruchljadew: Flusshafen in Chimki, Moskau, 1933–1938. Perspektive.

Quelle: Архитектура канала Москва-Волга. М., 1939. С. 6

Alexei Ruchljadew: Moskwa-Wolga-Kanal, Schleuse Nr. 39, 1939.

Quelle: Архитектура канала Москва-Волга. М., 1939. С. 137

Alexei Ruchljadew: Moskwa-Wolga-Kanal, Karamyschew-Damm, 1939.

Quelle: Архитектура канала Москва-Волга. М., 1939. С. 139

Alexei Ruchljadew: Moskwa-Wolga-Kanal, Schleuse Nr. 39, 1939.

Quelle: Архитектура канала Москва-Волга. М., 1939. С. 137

Dmitri Sawizki: Moskwa-Wolga-Kanal, Schleuse Nr. 5, 1939.

Quelle: Архитектура канала Москва-Волга. М., 1939. С. 113

Leonid Poljakow u. a.: Wolga-Don-Kanal. Tor Nr. 1: Eingangstriumphbogen von der Seite der Wolga. Perspektive.

Quelle: Архитектура СССР, №1, 1951. С. 2

Leonid Poljakow u. a.: Wolga-Don-Kanal, Schleuse Nr. 13. Triumphbogen von der Seite des Don. Perspektive.

Quelle: Архитектура СССР, №1, 1951. С. 3.

Leonid Poljakow u. a.: Wolga-Don-Kanal, Schleuse Nr. 10, Perspektive.
Quelle: Архитектура СССР, №1, 1951. C. 5

Leonid Poljakow u. a.: Wolga-Don-Kanal, Schleuse Nr. 13. Einlaufbogen von der Seite des Don, Perspektive.
Quelle: Архитектура СССР, №1, 1951. C. 3

V. Die Architektur des GULAG

1. Stadtplanung im GULAG. Planung und Entwicklung des Lagersystems

Bis 1929 erfüllte die OGPU die Funktion der politischen Polizei, das heißt: Sie bekämpfte ideologische Feinde. Die ab 1919 bestehenden Konzentrationslager (Zwangsarbeitslager), die dem Geheimdienst und dem Volkskommissariat für Justiz der RSFSR unterstellt waren, dienten der Internierung von Gefangenen und hatten keine eigenständige wirtschaftliche Bedeutung. Lediglich das 1923 gegründete »Lager zur besonderen Verwendung« auf den Solowezki-Inseln war direkt der OGPU unterstellt (1930 waren dort etwa 60.000 Personen interniert)[1]. Im November 1921 gab es 122 Lager in der RSFSR. Die Gesamtzahl der Gefangenen betrug 183.000.[2]

Mit Beginn der Industrialisierungspolitik änderte sich die Situation dramatisch. Im ersten Fünfjahrplan war ein enormer Anstieg der sogenannten Stadtbevölkerung vorgesehen, das heißt der Arbeitskräfte, die für die Bauvorhaben der nächsten Jahre erforderlich waren. Dies konnte nur durch Zwangsarbeit sichergestellt werden. Ab 1929 übernahm die OGPU die Aufgabe, die Bauprojekte des Fünfjahrplans mit Zwangsarbeitern zu versorgen, vor allem mit Häftlingen und sogenannten Sondersiedlern (Familien, die vom Lande deportiert wurden). Dementsprechend änderte sich die Sanktionspolitik des Sowjetregimes. Den Behörden ging es nicht mehr darum, Feinde des Regimes zu finden, sondern darum, die richtige Anzahl von Menschen in diesen Status zu bringen, um die wirtschaftlichen Probleme des Landes zu lösen. Die Repressionen wurden geplant. Zugleich wandelte sich die OGPU (ab 1934 Volkskommissariat für innere Angelegenheiten, NKWD) in ein industrielles Unternehmen, das die Planung und den Bau aller Arten von zivilen und militärischen Objekten sowie die Anlage von Straßen, Bergwerken und Rodungen selbst übernahm.

Im Juli 1929 erfolgte der Beschluss, alle Personen, die zu einer Freiheitsstrafe von mehr als drei Jahren verurteilt worden waren, an die OGPU zu übergeben.

Im April 1930 schuf die OGPU die Verwaltung der Strafarbeitslager (ULAG), die im Oktober desselben Jahres den Status einer Hauptverwaltung (GULAG) erhielt. Nach der Gründung des NKWD 1934 wurden auch die Strafkolonien, die zuvor dem Volkskommissariat für Justiz unterstellt und in denen Häftlinge für weniger als drei Jahre interniert waren, diesem zugeordnet.[3] 1940 umfasste der GULAG 53 Lager mit über 600 Lagertrakten, 425 Strafarbeitskolonien, 50 Jugendkolonien und 90 »Säuglingsheimen« für die Kinder inhaftierter Mütter. Am 1. Januar 1941 waren etwa 1,9 Millionen Menschen in den Lagern interniert (mehr als eine halbe Million davon wegen »konterrevolutionärer Verbrechen«).[4]

In den »Informationen über die Geschichte der Entstehung und Entwicklung der ITL und des GULAG OGPU-NKWD-MWD der UdSSR« aus dem Jahr 1950, unterzeichnet vom Leiter der Referenzgruppe beim Vorsitzenden des GULAG des Ministeriums für Innere Angelegenheiten (MWD), Hauptmann Lebedew, wird die Enstehung des Lagersystems wie folgt beschrieben:

»Die ersten Strafarbeitslager wurden im Norden eingerichtet, um die natürlichen Reichtümer des nördlichen Territoriums auszubeuten, insbesondere die Kohle in den Flussbecken von Petschora und Workuta, das Öl in Uchta. Hinzu kam die Anlage von Eisenbahnstrecken und unbefestigten Straßen. Diese Lager wurden von der Verwaltung für nördliche Sonderlager der OGPU geleitet.

Am 25. April 1930 erließ die OGPU den Befehl Nr. 131, in dem die tschekistischen Kader aufgefordert wurden, Freiwillige für Führungspositionen in den neu organisierten Lagern zu rekrutieren. In dem Befehl hieß es: ›Die Resolution des Rates der Volkskommissare der UdSSR vom 2.7.29 hat der OGPU die Aufgabe übertragen, das Wirtschaftsleben in den am schwersten zugänglichen und am schwierigsten zu erschließenden Gebieten mit enormen natürlichen Reichtümern unserer Union durch die Nutzung der Arbeitskraft sozial gefährlicher Elemente und die Kolonisierung unterbevölkerter Gebiete durch diese zu entwickeln.‹ Ziel war es, neue Lager in Sibirien, im Norden, im Fernen Osten und in Zentralasien zu errichten.

In den Dreißigerjahren richtete die OGPU in Umsetzung des Regierungsbeschlusses folgende Strafarbeitslager in verschiedenen Gebieten des Landes ein: Nischni Nowgorod, Kasachstan, Sysran, Kungur, Uchta-Petschora, Swir, Bischer, Temnikow, Sibirien und Karaganda (Sowchose ›Gigant‹). Besonders hervorzuheben ist die Organisation des Sonderarbeitslagers der OGPU für den Bau des Weißmeer-Ostsee-Kanals am 16. November 1931, dessen Errichtung eine Ehre für die gesamten OGPU-Truppen war. Während des Baus des Weißmeer-Ostsee-Kanals wurden die Grundprinzipien der sowjetischen Strafarbeitspolitik überzeugend bestätigt. (…)

1932 wurden neue OGPU-Lager eingerichtet, darunter: das Lager Nordost für die Erschließung des Hohen Nordens und die Gewinnung von Buntmetallen; Porwinski, ein Fischereilager in Kasachstan; Dmitrowski in der Region Moskau für den Bau des Moskwa-Wolga-Kanals und Baikal-Amurski im Fernen Osten für den Eisenbahnbau.

1935 wurde in der fernen Arktis, in Norilsk, zum Bau einer Nickelfabrik und zur Erschließung des umliegenden Gebiets Norillag gegründet (Befehl Nr. 00239 des NKWD der UdSSR vom 25.6.35).

Zur Erschließung und Ausbeutung der natürlichen Reichtümer des Hohen Nordens wurden 1937 folgende ITL gegründet: Workuta (S. Usa) für den Bau von Bergwerken und den Kohleabbau sowie den Bau der Eisenbahnlinie Workuta-Koschwa; Uchta für den Erdöl-, Erdgas-, Asphaltit- und Radiumabbau; Ust-Wymsk für den Bau der Eisenbahnstrecke Tschibju-Kotlas und Rodungen im Ust-Wymsker Waldgebiet; Petschora für den Bau von Binnenschiffen und für Rodungen in den Forstbetrieben Troizko-Pechorski und Koschwinski. (Befehl des NKWD der UdSSR Nr. 00765-37)

Ins Jahr 1937 fällt auch die Einrichtung von acht Forstwirtschaftslagern: Taischet, Tomsk-Asinsk, Kulomsk, Ust-Wymsk, Iwdel, Kargopol, Loktschimsk (Befehl des NKWD der UdSSR Nr. 078 vom 16.8.1937). (…) Die produktive Tätigkeit im GULAG war in dieser Zeit durch eine große Vielfalt von Erzeugnissen gekennzeichnet und umfasste die Industrie, die Landwirtschaft und den Bau großer Industriezentren. Es wurden 17 verschiedene Industriezweige einbezogen. Größter Wirtschaftszweig war jedoch die Forstwirtschaft. Der Anteil der Rodungslager an der Volkswirtschaft war bis 1939 so groß geworden, dass die Regierung beschloss, den GULAG zum Hauptlieferanten von Holz zu machen und ihn 1938 von den Gebühren zu befreien.

Die Bergbau- und Hüttenindustrie im GULAG wurde erst 1938–1939 intensiv entwickelt und blieb bis 1941 unter seiner Aufsicht, bevor sie der eigens geschaffenen Hauptverwaltung für die Bergbau- und Hüttenlager des NKWD übertragen wurde. Dieser Industriezweig befasste sich hauptsächlich mit der Gewinnung und Verarbeitung von Kupfer-Nickel-Erzen in besonders abgelegenen Landesteilen.

Die Brennstoffindustrie im GULAG basierte auf Kohlevorkommen in Workuta, Bukatschatscha, Raitschichinsk und im Ölrevier von Uchta.

Bis 1941, das heißt vor der Gründung der Hauptverwaltung für Hydrotechnik, hatte der GULAG selbst bedeutende hydrotechnische Arbeiten durchgeführt. In diesem Bereich waren seine Aktivitäten bestimmt durch die Direktive des 18. Kongresses der Kommunistischen Allunionspartei der Bolschewiki über die Notwendigkeit, ›die Errichtung des größten Bauwerks der Welt, der beiden Kuibyschew-Wasserkraftwerke mit einer Gesamtleistung von 3,4 Millionen Kilowatt, voranzutreiben‹ sowie den ›Bau und die Inbetriebnahme der Wasserkraftwerke Uglitsch und Rybinsk abzuschließen‹. Am Ende des 3. Fünfjahrplans soll eine Tiefwasserroute von Astrachan nach Moskau geschaffen werden, deren Tiefe an allen Stellen nicht weniger als 2,6 m beträgt.«[5]

Zwischen 1937 und 1938 – offensichtlich im Zuge des »Großen Terrors« – stieg sowohl die Zahl der ITL-Verwaltungen als auch die Zahl der dem NKWD anvertrauten Bauvorhaben stark an. Ab 1938 kontrollierte der NKWD neben dem GULAG auch die Hauptverwaltung für Bauwesen im Hohen Norden (GUSDS, Dalstroj). 1940 wurden die neuen Hauptverwaltungen für Wasserbau (Glawgidrostroj) und für Eisenbahnbaulager (GULSchDS) vom GULAG-System getrennt und in den Zentralapparat des NKWD eingegliedert.

»Im Februar 1941, nach der Ausgliederung der Organe der Staatssicherheit aus dem NKWD in ein unabhängiges Volkskommissariat, stieg die Zahl der Produktionszentralen wieder an. Die für den Flugplatzbau (GUAS), den Industriebau

(Glawpromstroj) und den Bau von Bergbau- und Hüttenbetrieben (GULGMP) zuständigen Einheiten erhielten diesen Status.«[6]

Ende 1941 entstand ein System von Sonderlagern, die 1944 die Bezeichnung »Überprüfungs- und Filtrierungslager« (PFL) erhielten. Sowjetische Staatsbürger, die zuvor in besetzten Gebieten interniert gewesen waren, oder auch Kriegsgefangene wurden dort inhaftiert. Ab 1943 vergrößerte sich das Netz dieser Lager rasch. Die ersten waren 1939 für polnische Kriegsgefangene eingerichtet worden, zugleich wurde die Abteilung für Kriegsgefangene und Internierte (OPWI) im Zentralapparat des NKWD gegründet. Ab Januar 1945 erhielt sie den Status einer Hauptverwaltung (GUPWI). Nach der Kapitulation der Wehrmacht im Mai 1945 waren in diesen Lagern etwa drei Millionen Personen inhaftiert, mehr als die Gesamtzahl der GULAG-Häftlinge jener Zeit.[7] Die tatsächlichen Kriegsgefangenen machten jedoch nur einen sehr geringen Teil aus.

Eine weitere Kategorie von Arbeitskräften waren die sogenannten Sondersiedler. Hierbei handelte es sich um enteignete Bauern (»Kulaken«) und um Opfer der zahlreichen ethnischen Deportationen in den Dreißiger- und Vierzigerjahren. Sie wurden als Familien in die für sie vorgesehenen Orte deportiert. Im Januar 1930 erließ das Zentralkomitee der Kommunistischen Allunionspartei ein geheimes Dekret »Über die Maßnahmen zur Liquidierung der Kulakenbetriebe in den Gebieten der totalen Kollektivierung«. Es sah die Beseitigung (»Liquidierung«) der Kulaken durch Erschießung oder durch Haft in Konzentrationslagern und die Deportation aller wohlhabenden Bauern in abgelegene Gebiete vor. Der Beschluss des Rates der Volkskommissare der UdSSR vom 1. Juli 1931 unterstellte alle »Sondersiedlungen« der OGPU und dem GULAG. Die OGPU richtete Kommandanturen ein, um die Umsiedlungen zu verwalten. Allein 1930–1931 wurden über 381.000 Familien beziehungsweise 1,8 Millionen Menschen deportiert.

Es gibt keine genauen Daten über die Zahl der Menschen, die in der UdSSR inhaftiert und »umgesiedelt« wurden. Alle Berechnungen sind mehr oder weniger ungenau, und die offiziellen Daten, die wir kennen, sind wissentlich unvollständig und schlecht zu verifizieren.

Die folgende Tabelle zeigt die Entwicklung der Häftlingszahlen. Sie wurde von der Historikerin Anne Applebaum, der Autorin der bisher grundlegendsten Studie über den GULAG, erstellt.

Jahr	**Anzahl der Gefangenen (Personen)**[8]
1930	179.000
1931	212.000
1932	268.700
1933	334.300
1934	510.307
1935	965.742
1936	1.296.494
1937	1.196.369
1938	1.881.570
1939	1.672.478
1940	1.659.992
1941	1.929.729
1942	1.777.043
1943	1.484.182
1944	1.179.819
1945	1.460.677
1946	1.703.095
1947	1.721.543
1948	2.199.535
1949	2.356.685
1950	2.561.351
1951	2.525.146
1952	2.504.514
1953	2.468.524

Die Zahl der »Sondersiedler« schwankte in der Nachkriegszeit von Jahr zu Jahr zwischen 2,2 Millionen (1945) und 2,7 Millionen (1953). Zum Zeitpunkt von Stalins Tod gab es mehr »Sondersiedler« als Häftlinge. Dem Kulturgeografen Pavel Polian zufolge betrug die Gesamtzahl aller »Sondersiedler« 6,051 Millionen.[9] Nach Angaben des Historikers J. Otto Pohl belief sich die Zahl der Kriegsgefangenen zwischen 1930 und 1948 auf über sieben Millionen.[10] Nach dem Krieg gab es in der Sowjetunion etwa vier Millionen Kriegsgefangene. Zwischen 1941 und 1945 durchliefen etwa 700.00 Menschen die sogenannten Filtrationslager. Nach Schätzungen von Anne Applebaum haben zwischen 1917 und 1960 insgesamt 28,7 Millionen Menschen das Zwangsarbeitssystem in der UdSSR erlitten und waren zwischen 1929 und 1953 etwa 18 Millionen Menschen in Lagern und Strafkolonien interniert.[11]

1933 wurde in dem streng geheimen OGPU-Befehl Nr. 00361 die Struktur der ITLs der OGPU festgelegt.[12]

Das gesamte Lagersystem war je nach Anzahl der Häftlinge in Hauptverwaltungen, Abteilungen (Lager) und Lagerstandorte unterteilt, wobei es jeweils drei Kategorien gab. Jede Kategorie hatte ihr eigenes Personal (ohne Wachpersonal).

In den Hauptverwaltungen der Lager der ersten Kategorie (über 50.000 Häftlinge) waren 266 Mitarbeiter beschäftigt, in denen der zweiten (30.000 bis 50.000 Häftlinge) 205 und in denen der dritten (15.000 bis 30.000 Häftlinge) 160. Die Abteilungen und Stationen des Lagers waren wie folgt besetzt:

Abteilungen der ersten Kategorie (10.000 bis 15.000 Häftlinge): 87 Personen,
Abteilungen der Kategorie II (5.000 bis 10.000 Häftlinge): 62 Personen,
Abteilungen der Kategorie III (3.000 bis 5.000 Häftlinge): 47 Personen,
Lagerstandorte der ersten Kategorie (1.500 bis 2.000 Häftlinge): 20 Personen,
Lagerstandorte der zweiten Kategorie (650 bis 1.500 Häftlinge): 16 Personen,
Lagerstandorte der dritten Kategorie (250 bis 750 Häftlinge): 10 Personen.

Das Personal des Lagers bestand zu 60 bis 70 Prozent aus Häftlingen, die technische Arbeiten verrichteten: Statistiker, Buchhalter, Feldarbeiter, Hilfsarbeiter etc.

Aus diesen Daten können die soziale Struktur der Lagersiedlungen und das Verhältnis der verschiedenen Unterbringungsarten zueinander abgelesen werden. So waren beispielsweise 58 freie Arbeiter einer Lagerabteilung der Kategorie I zugeordnet. Sie wurden in Wohnungen oder Wohnheimen untergebracht, während 10.000 bis 15.000 Häftlinge in Baracken leben mussten. Auf einen Lagerstandort der Kategorie I (1.500 bis 2.000 Häftlinge) entfielen sieben freie Arbeiter. Im Schnitt kam also auf 250 Gefangene ein freier Arbeiter.

Eine weitere Kategorie von Lagerbewohnern war das Wachpersonal. Im Jahr 1940, als die Zahl der Häftlinge 1,5 Millionen erreichte, betrug die Zahl der bewaffneten Wachleute 107.000, im Juni 1945 waren es 135.000 Mann.[13] Auf 15 Häftlinge kam also ungefähr ein Wachmann. Darüber hinaus gab es Konvoi-Truppen, die 1934 von der Roten Armee dem NKWD überstellt worden waren und zur externen Bewachung von Gefängnissen, Lagern und Gefangenentransporten eingesetzt wurden. 1940 betrug ihre Zahl 34.300 Mann.[14]

Hinter dem Anstieg der Zahl der Häftlinge und »Sondersiedler« verbarg sich eine gewaltige städtebauliche Aufgabe, die die Staatssicherheitbehörden zusammen mit dem Komitee für die Wirtschaftsplanung (Gosplan) zu bewältigen hatten. Das Programm des ersten Fünfjahrplans beinhaltete daher auch die Schaffung eines Netzes neuer Industrieunternehmen und eines damit verbundenen Systems zur Ansiedlung von Arbeitskräften: Lager und Siedlungen für Gefangene, Vertriebene, Deportierte sowie freie Arbeiter an den Standorten des ersten und des folgenden Fünfjahrplans.

Insgesamt 1.500 Bauvorhaben des ersten Fünfjahrplans wurden in der gesamten Sowjetunion realisiert, meist in der Nähe von Energie- und Rohstoffquellen, das heißt sehr oft in unbewohnten Gebieten. Doch selbst in den Fällen, in denen Fabriken in der Nähe bestehender Städte errichtet wurden, reichten die vorhandenen

Arbeitskräfte nicht aus. Den offiziellen Zahlen zufolge stieg die städtische Bevölkerung der UdSSR zwischen 1928 und 1932 um 13 Millionen.[15] Das bedeutet jedoch nicht, dass es sich hier um einen kompletten Zuzug in die bestehenden Städte handelte. Im Gegenteil: Nach der Einführung von Inlandspässen im Jahr 1932 wurden Hunderttausende von »Enteigneten«, die keine Pässe erhalten hatten und somit ihrer städtischen Registrierung beraubt waren, aus den bestehenden Städten bis zum »100. Kilometer« vertrieben: Sie alle wurden entweder in Lagern oder in Arbeitssiedlungen auf den Baustellen des Fünfjahrplans interniert.

In der UdSSR gab es kaum ein industrielles Bauwerk, bei dem nicht auf Häftlingsarbeit zurückgegriffen wurde. So standen nach Angaben des amerikanischen Schriftstellers John Scott, der 1932–1941 als »Spezialist« in der Sowjetunion tätig gewesen war, in der zweiten Hälfte der Dreißigerjahre mehr als 50.000 Arbeiter von Magnitogorsk unter direkter Aufsicht der GPU, etwa 18.000 von ihnen waren »Kulaken« (sogenannte Sondersiedler), 20.000 bis 35.000 waren Häftlinge.[16] Das war ungefähr ein Viertel der damaligen Bevölkerung von Magnitogorsk. Das geheime Netz von Lagern, in die Millionen von Menschen »umgesiedelt« werden sollten, fiel ziemlich genau mit den industriellen Bauvorhaben der ersten Fünfjahrpläne zusammen. Einer der frühesten Versuche, das sowjetische Lagersystem zu erfassen, ist Hermann Greifes 1936 in Deutschland veröffentliches Buch *Zwangsarbeit in der Sowjetunion*.[17] In ihm findet sich eine recht genaue Karte des GULAG. Die Zahl der Menschen, die Zwangsarbeit leisten mussten, wird von Greife auf sechs Millionen geschätzt.[18]

Eine detailliertere Karte wurde von den polnischen Offizieren Sylvester Mora und Pierre Zwierniak erstellt und 1945 in Italien veröffentlicht.[19] Sie zeigt in Orange die riesigen Lagerregionen, die etwa die Hälfte des Territoriums der UdSSR ausmachen (vgl. Abb. S. 183).

1954 erschien in München das Buch *Konzentrazionnyje lageri SSSR* (*Die Konzentrationslager der UdSSR*) von Boris Jakowlew. »Boris Jakowlew« war das Pseudonym des Architekten Nikolai Troizki. Troizki hatte sich während des Krieges in der Wlassow-Armee engagiert, später wurde er Vorsitzender des Kampfbundes für die Befreiung der Völker Russlands (SBONR) sowie Gründer des Instituts für das Studium der sowjetischen Geschichte und Kultur in München (vgl. S. 62f.). Basierend auf Interviews mit ehemaligen Häftlingen und Sowjetbürgern, denen es bis 1954 gelungen war, die UdSSR zu verlassen, enthält das Buch Beschreibungen von 165 sowjetischen Lagern und eine detaillierte Karte des GULAG. Es ist vielleicht eine der ersten und auch letzten Studien über den GULAG, bis 1973, also fast 20 Jahre später, Alexander Solschenizyns *Archipel Gulag* veröffentlicht wurde.

Zeitgleich mit der Einrichtung des GULAG spaltete sich die Stadtplanung in der UdSSR in einen offiziellen und einen inoffiziellen Bereich. Die offizielle Stadtplanung war mit der Planung neuer Siedlungen betraut, sogenannter Sozgorodoks, die an Industrieunternehmen angegliedert waren. Die inoffizielle Stadtplanung befasste sich mit dem Lagersystem, sowohl mit bestehenden als auch mit zukünftigen Lagern. In einigen Fällen überschnitten sich diese Bereiche und existierten nebeneinander. Es gab jedoch weite Regionen in der Sowjetunion, in denen das Lagernetz das einzige Siedlungssystem und die OGPU beziehungsweise das NKWD die einzige Verwaltungsbehörde darstellte.

Viele Städte der UdSSR sind aus Lagerzentren hervorgegangen. In den Zwanzigerjahren entstand in der Republik Karelien das Sonderlager auf den Solowezki-Inseln, auf dessen Grundlage 1930 der Weißmeer-Ostsee-Kanal 1931–1933 errichtet wurde (1932 waren dort etwa 110.000 Menschen interniert). Zwischen 1933 und 1941 widmete sich in Karelien das Belomor-Baltijski-Kombinat in Karelien der Ausbeutung von Bodenschätzen, dem Bau von Straßen, Häfen und Fabriken. Alle diese Arbeiten übernahmen Häftlinge. Es war ein eigenständiger Staat mit einer eigenen Infrastruktur: ein riesiges Territorium mit militärischen Einheiten und Arbeitskräften sowie Industrie, Verkehr, Landwirtschaft, Schulen und Theater.

In der Republik Komi errichteten Strafgefangene in den Dreißigerjahren die Kotlas-Workuta-Bahnstrecke. Sie verband die Ölquellen in Uchta, die Kohlebergwerke in Inta, Petschora und Workuta sowie die Rodungsgebiete in Petschora und Abes mit Zentralrussland. Alle diese modernen Städte entstanden in den Dreißigerjahren quasi aus dem Nichts, als große Lagerzentren. Bis heute besteht die Bevölkerung der Republik Komi hauptsächlich aus ehemaligen Häftlingen und deren Nachkommen.

Dalstroj, eine 1931 für den Goldabbau gegründete staatliche Treuhandgesellschaft für den Straßen- und Industriebau in der Region Oberkolyma, wurde 1938 in Dalstroj, die Oberste Bauverwaltung für den Hohen Norden des NKWD, umstrukturiert. Für sie arbeiteten Gefangene des Systems Sewwostlag (Zwangsarbeitslager Nordosten). Der Direktor von Dalstroj hatte die alleinige Befehlsgewalt über eine riesige Region, in der in den Industriestädten und -siedlungen (mit Ausnahme der Stadt Magadan und zweier anderer Siedlungen) keine sowjetische Behörde eingerichtet war – ein Gebiet, das im Januar 1951 nach einem Sonderdekret des Präsidiums des Obersten Sowjets drei Millionen Quadratkilometer (etwa ein Siebtel der Gesamtfläche der UdSSR) umfasste.[20] »Hauptstadt« von Dalstroj war das 1929 gegründete Magadan, das zehn Jahre später den Stadtstatus erhielt.

Die Auflösung von Dalstroj begann 1953, als die Gesellschaft aufgrund des Produktionsrückgangs dem Ministerium für Metallurgische Industrie unterstellt wurde und fast alle ihre Arbeitslager dem GULAG des Justizministeriums der UdSSR übertragen wurden. 1953 wurde auch die Region Magadan gegründet, und Dalstroj trat alle Funktionen der Partei- und Verwaltungsaufsicht an Partei- und Sowjetorganisationen ab. 1957 wurde Dalstroj abgeschafft. Stattdessen wurde die Wirtschaftsregion Magadan geschaffen, kontrolliert vom Ministerium für Volkswirtschaft. Es ist klar, dass alle baulichen Aktivitäten auf dem Gebiet von Dalstroj, einschließlich der Entwicklung der Stadt Magadan, bis 1953 unter Aufsicht der Staatssicherheitsbehörden gestanden hatten.

Auch die Stadt Norilsk in der Region Krasnojarsk verdankt ihre Gründung und Entwicklung dem NKWD. Norilsk, 300 Kilometer nördlich des Polarkreises gelegen, ist die nördlichste Stadt der Welt. Das NKWD-Straflager Norilsk (Norillag) wurde

1935 eingerichtet, um das Nickelkombinat Norilsk aufzubauen, das dem NKWD unterstellt worden war. Im Zuge dessen entstand die Siedlung Norilsk, die 1953 den Status einer Stadt erhielt. Norilsk wurde von Häftlingen entworfen und errichtet. Die Höchstzahl an Gefangenen in Norillag war 1950 erreicht: 72.500 Menschen waren hier interniert. 1956 wurde das Lager aufgelöst und Norilsk existierte wie viele andere Lagerzentren als normale sowjetische Stadt weiter.

Das Netz der Lager und Sondersiedlungen, das die gesamte Sowjetunion überzog, wurde in den Dreißigerjahren geplant und schrittweise bis Mitte der Fünfzigerjahre ausgebaut. Es umfasste Produktions-, Transport- und Wohnstrukturen für zwei Arten von Bewohnern: die Häftlinge, die in den Lagerzonen lebten, und die freie Bevölkerung, die in speziellen Siedlungen lebte. Die freie Bevölkerung bestand wiederum aus der Lager- und der technischen Verwaltung, den Wachleuten, den Freien (in der Regel die Ehefrauen der Offiziere), den Verbannten, die nicht an ihre Wohnorte zurückkehren durften, und ehemaligen Häftlingen, die keinen Ort mehr hatten, an den sie zurückkehren konnten. Die freien Siedlungen wurden ursprünglich für die Lager konzipiert und gebaut. Sie wuchsen gemeinsam mit dem Lager und mit der Zahl der Verbannten und der entlassenen Häftlinge, die weiter in der Lagerindustrie arbeiten mussten. Auf Grundlage dieser Siedlungen entstanden die Strukturen der künftigen Städte. Zugleich wurde ein Teil der Lagerinfrastruktur – die Wohnbaracken – nach der Auflösung der Lager und einer entsprechenden Umstrukturierung auch zu städtischem Wohnraum.

Die Verteilung der Zwangsarbeitslager in der Sowjetunion, veröffentlicht in Hermann Greifes Buch *Zwangsarbeit in der Sowjetunion* (Berlin 1936, S. 7).

Von den polnischen Offizieren Sylvester Mora und Pierre Zwierniak gegen Ende des Zweiten Weltkriegs erstellte Karte des sowjetischen Lagersystems, 1945 in Rom in dem Buch *Sprawiedliwość Sowiecka* (*Sowjetische Justiz*) veröffentlicht. Siehe auch vordere Umschlaginnenklappe.

Quelle: bostonraremaps.com

Die Verteilung der Zwangsarbeitslager in der Sowjetunion. 1. Lager von Solovkij: Holz, Wasserkraftwerk, Fischfang. 2. Lager vom Weißmeerkanal. 3. Nordlager: Holz. 4. Lager von Svyrsk: Wasserkraftwerk. 5. Lager von Wolchow: Aluminiumfabrik. 6a. Lager von Dmitrow: Kanal Moskwa–Wolga. 6b. Lager von Sornovo: Hafen. 7. Lager von Kotlaß: Eisenbahn. 8. Lager von Wischera: Chemische Fabrik und Bergbau. 9. Lager von Kungul: Bergbau und Hüttenwerke. 10. Lager vom Nordkaukasus: Getreide-„Fabriken". 11. Lager von Astrachan: Fischfang. 12. Lager von Kasakstan: Viehzucht und Konservenfabriken. 13. Lager von Tschardjouy: Baumwolle und Textilfabriken. 14. Lager von Taschkent: Baumwolle und Textilfabriken. 15. Lager von Sibirien: Kohle und Metallwerke. 16. Lager von Novaja Semlja: Blei. 17. Lager von Igorka: Hafen. Holz. 18. Lager von Narim: Holz. 19. Lena-Lager: Gold. 20. Lena-Olekma-Lager: Holz und Edelmetalle. 21. Amur-Seja-Lager: Gold, Landwirtschaft, Eisenbahn, Befestigungsarbeiten am Amur und Hafenarbeit. 22 Sachalin-Lager: Kohle.

Karte bearbeitet von der „Entente Internationale contre la IIIème Internationale", Genf.

7

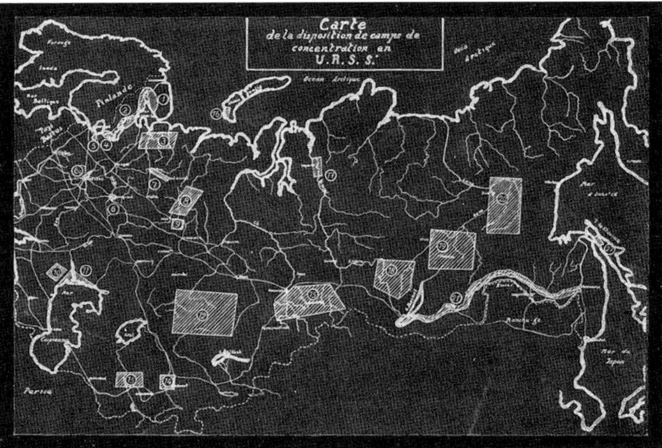

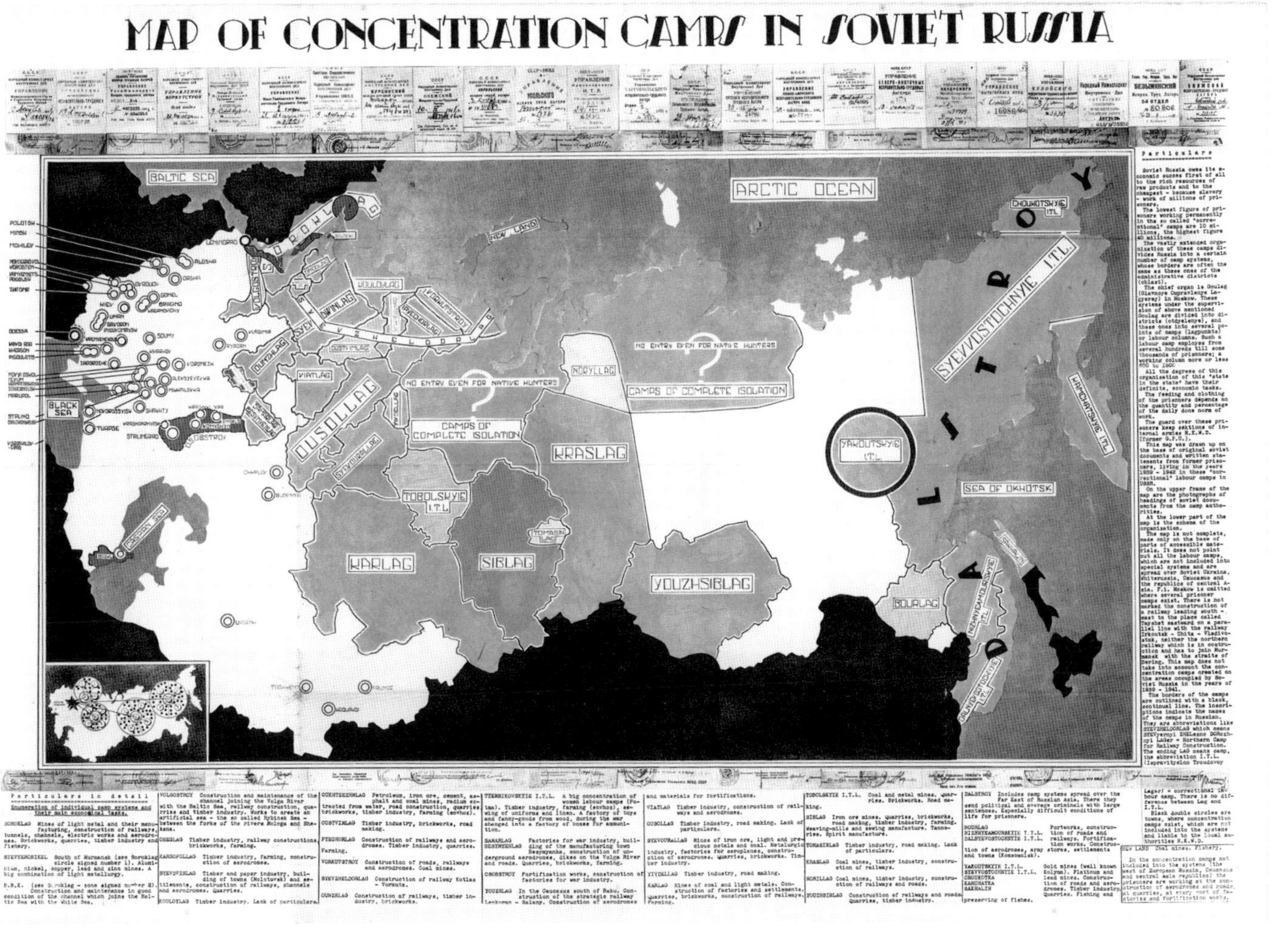

MAP OF CONCENTRATION CAMPS IN SOVIET RUSSIA

BALTIC SEA
ARCTIC OCEAN
NEW LAND
CHOUKOTSKYIE ITL
SYEVVOSTOCHNYIE I.T.L.
KAMCHATSKYIE ITL
NO ENTRY EVEN FOR NATIVE HUNTERS
CAMPS OF COMPLETE ISOLATION
NORYLLAG
KRASLAG
OUSOLLAG
VIATLAG
TOBOLSKYIE I.T.L.
KARLAG
SIBLAG
YOUZHSIBLAG
YAKOUTSKYIE I.T.L.
SEA OF OKHOTSK
BOURLAG
BLACK SEA
DALSTROY

Particulars

Soviet Russia owes its economic succes first of all to the rich resources of raw products and to the cheapest – because slavery – work of millions of prisoners.

The lowest figure of prisoners working permanently in the so called "correctional" camps are 10 millions, the highest figure 40 millions.

The vastly extended organization of these camps divides Russia into a certain number of camp systems, whose borders are often the same as these ones of the administrative districts (oblast).

The chief organ is Goulag (Glavnoye Oupravlenye Lagerey) in Moskow. These systems under the supervision of above mentioned Goulag are divided into districts (otdyelenye), and these ones into several points of camps (lagpunkts) or labour columns. Such a labour camp employes from several hundreds till some thousands of prisoners; a working column more or less 600 to 1800.

All the degrees of this organization of this "state in the state" have their definite, economic tasks.

The feeding and clothing of the prisoners depends on the quantity and percentage of the daily done norm of work.

The guard over these prisoners keep sektions of internal armies N.K.W.D. (former G.P.U.).

This map was drawn up on the base of original soviet documents and written statements from former prisoners, living in the years 1939 – 1942 in these "correctional" labour camps in USSR.

On the upper frame of the map are the photographs of headings of soviet documents from the camp authorities.

At the lower part of the map is the schema of the organization.

The map is not complete, made only on the base of parts of accessible materials. It does not point out all the labour camps, which are not included into special systems and are spread over Soviet Ukraine, Whiterussia, Caucasus and the republics of central Asia. F.i. Moskow is omitted where several prisoner camps exist. There is not marked the construction of a railway leading south – east to the place called Tayshet eastward on a parallel line with the railway Irkoutsk – Chita – Vladivostok, neither the northern railway which is in costruction and has to join Murmansk with the straits of Bering. This map does not take into account the concentration camps created on the areas occupied by Soviet Russia in the years of 1939 – 1941.

The borders of the camps are outlined with a black, continual line. The inscriptions indicate the names of the camps in Russian. They are abbreviations like SYEVZHELDORLAG which means SYEVyernyi ZHELezno DORozhnyi LAGer = Northern Camp for Railway Construction. The ending LAG means camp, the abbreviation I.T.L. (Ispravityelno Troudovoy Lager) = correctional labour camp. There is no difference between Lag and I.T.L.

Black double circles are towns, where concentration camps exist, which are not included into the systems and liable to the local authorities N.K.W.D.

Particulars in detail

Enumeration of individual camp systems and their main economical tasks.

SOROKLAG Mines of light metal and their manufacturing, construction of railways, tunnels, channels, electric works and aerodromes. Brickworks, quarries, timber industry and fishery.

SYEVYEROSIKEL South of Murmansk (see Soroklag circle signed number 1). Aluminium, nickel, copper, lead and zinc mines. A big combination of light metallurgy.

B.B.K. (see Soroklag – zone signed number 2). Construction and maintenance in good condition of the channel which joins the Baltic Sea with the White Sea.

VOLGOSTROY Construction and maintenance of the channel joining the Volga River with the Baltic Sea, railway construction, quarries and timber industry. Works to create an artificial sea – the so called Rybinsk Sea – between the forks of the rivers Mologa and Sheksna.

ONEGLAG Timber industry, railway constructions, brickworks, farming.

KARGOPOLLAG Timber industry, farming, construction of aerodromes.

SYEVDVINLAG Timber and paper industry, building of towns (Molotovsk) and settlements, construction of railways, channels and aerodromes. Quarries.

KOULOYLAG Timber industry. Lack of particulars.

OUKHTEEZHMLAG Petroleum, iron ore, cement, asphalt and coal mines, radium extracted from water, road construction, quarries, brickworks, timber industry, farming (sovhoz).

OUSTVIMLAG Timber industry, brickworks, road making.

PYECHORLAG Construction of railways and aerodromes. Timber industry, quarries. Farming.

VORKUTSTROY Construction of roads, railways and aerodromes. Coal mines.

SYEVZHELDORLAG Construction of railway Kotlas – Vorkuta.

OUNZHLAG Construction of railways, timber industry, brickworks.

TYEMNIKOVSKYIE I.T.L. A big concentration of women labour camps (Fotma). Timber industry, farming (sovhoz), sewing of uniforms and linen. A factory of toys and fancy-goods from wood, during the war changed into a factory of boxes for ammunition.

SAMARLAG BESYMYENLAG Factories for war industry, building of the manufacturing town Besymyanka, construction of underground aerodromes, dikes on the Volga River and roads. Quarries, brickworks, farming.

OSOBSTROY Fortification works, construction of factories for war industry.

YOUZHLAG In the Caucasus south of Baku. Construction of the strategic railway Lenkoran – Salany. Construction of aerodromes and materials for fortifications.

VIATLAG Timber industry, construction of railways and aerodromes.

OUSOLLAG Timber industry, road making. Lack of particulars.

SYEVOURALLAG Mines of iron ore, light and precious metals and coal. Metalurgic industry, factories for aeroplanes, construction of aerodromes. Quarries, brickworks. Timber industry.

YIVDELLAG Timber industry, road making.

KARLAG Mines of coal and light metals. Construction of factories and settlements, quarries, brickworks, construction of railways. Farming.

TOBOLSKYIE I.T.L. Coal and metal mines, quarries. Brickworks. Road making.

SIBLAG Iron ore mines. Quarries, brickworks, road making, timber industry, farming. Weaving-mills and sewing manufacture. Tanneries. Spirit manufacture.

TOMASIBLAG Timber industry, road making. Lack of particulars.

KRASLAG Coal mines, timber industry, construction of railways.

NORILLAG Coal mines, timber industry, construction of railways and roads.

YOUZHSIBLAG Construction of railways and roads. Quarries, timber industry.

DALSTROY Includes camp systems spread over the Far East of Russian Asia. There they send political and average criminals with large sentences. Especially difficult conditions of life for prisoners.

BOURLAG NIZHNYEAMOURSKYIE I.T.L. DALNYEVOSTOCHNYIE I.T.L. Portworks, construction of roads and railways. Fortification works. Construction of aerodromes, army stores, settlements and towns (Komsomolsk).

YAKOUTSKYIE I.T.L. SYEVVOSTOCHNYIE I.T.L. CHOUKOTKA KAMCHATKA SAKHALIN Gold mines (well known Kolyma). Platinum and lead mines. Construction of roads and aerodromes. Timber industry. Quarries. Fishing and preserving of fishes.

NEW LAND Coal mines. Fishery.

In the concentration camps not included into the systems (the west of European Russia, Caucasus and central Asia republics) the prisoners are working at the construction of aerodromes and roads, at quarries, at every sort of factories and fortification works.

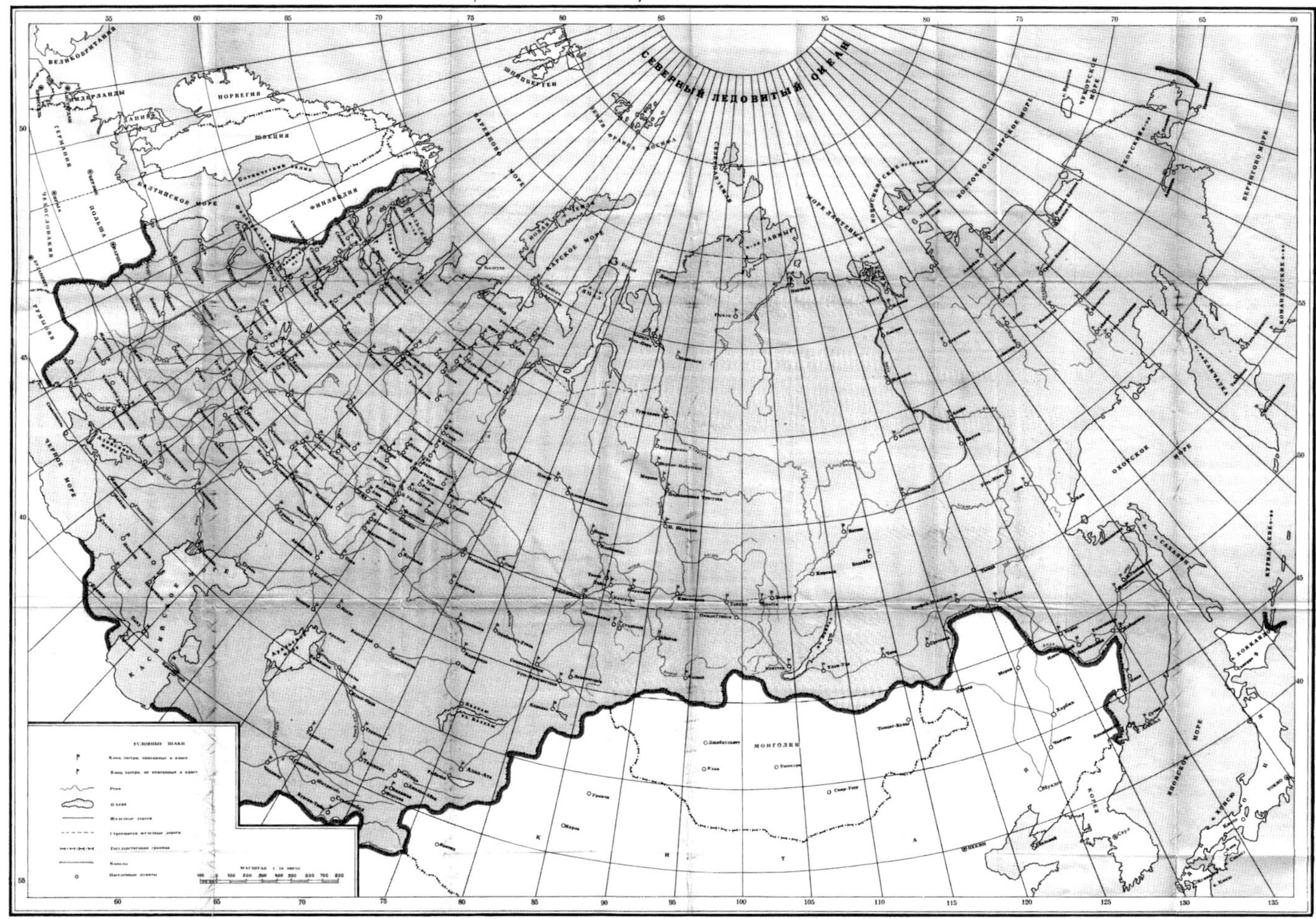

Karte der Konzentrationslager in der UdSSR, 1953–1954. Siehe auch hintere Umschlaginnenklappe.

Quelle: Boris Jakowlew: Konzentrazionnyje lageri SSSR, München 1955

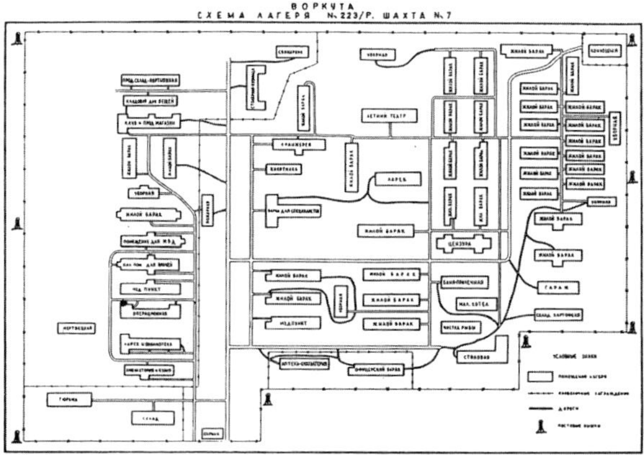

Lageplan eines Konzentrationslagers.

Quelle: Boris Jakowlew: Konzentrazionnyje lageri SSSR, München 1955, S. 57

Lageplan eines Lagers an der Mine Nr. 7 (Speziallager Nr. 6), Workuta.

Quelle: Boris Jakowlew: Konzentrazionnyje lageri SSSR, München 1955, S. 99

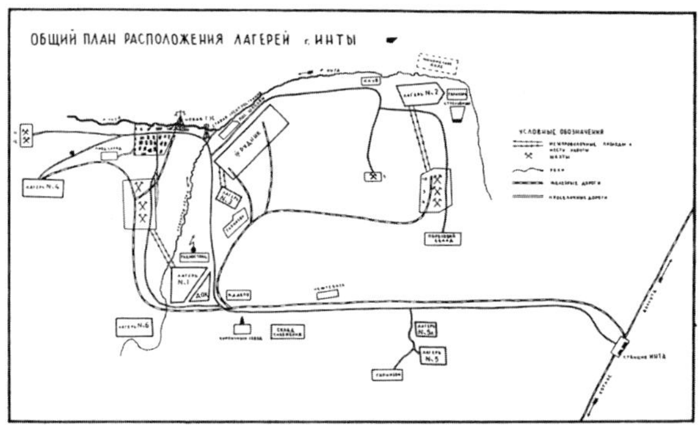

Übersichtsplan der Lager in Inta.

Quelle: Boris Jakowlew: Konzentrazionnyje lageri SSSR, München 1955, S. 75

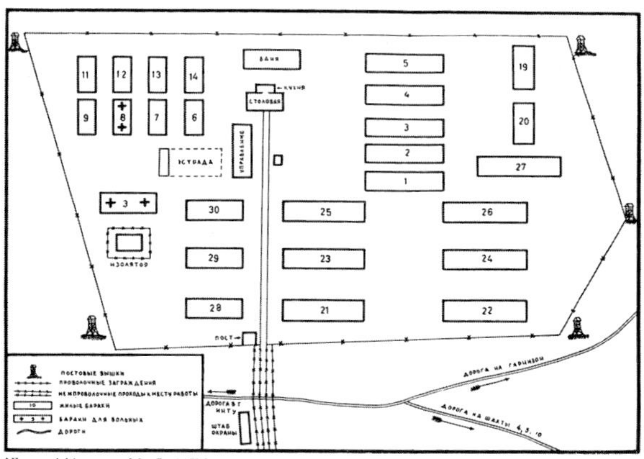

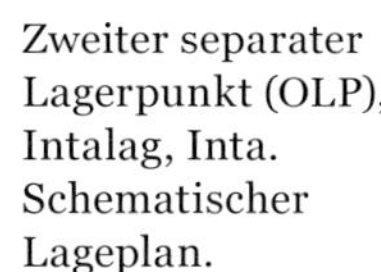

Zweiter separater Lagerpunkt (OLP), Intalag, Inta. Schematischer Lageplan.

Quelle: Boris Jakowlew: Konzentrazionnyje lageri SSSR, München 1955, S. 75

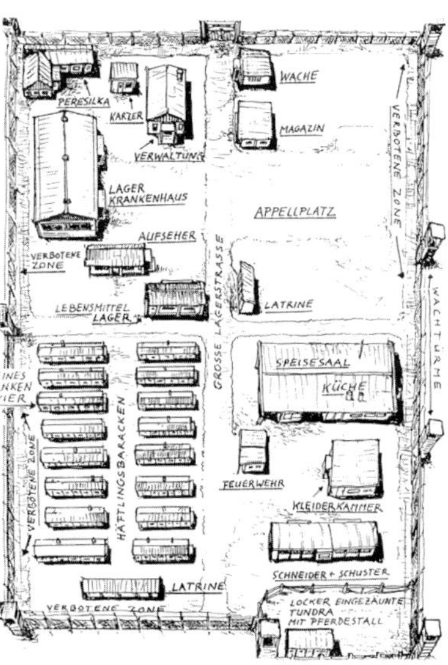

Lageplan des separaten Lagerpunkts (OLP) Nr. 10 des Flusslagers (Retschlag), gezeichnet aus dem Gedächtnis eines deutschen Kriegsgefangenen, Workuta.

Quelle: Von Potsdam nach Workuta, Ausst.-Kat., Berlin 2003

2. Die Architektur der Lager

Die Architektur des GULAG spiegelte die Architektur der »freien« sowjetischen Industriesiedlungen der Dreißigerjahre wider. Es war ein Konglomerat von Arbeitslagern, die Städte mit Baracken und einfachen Unterkünften für Hunderttausende von Bewohnern bildeten. Abseits der Barackensiedlungen entstanden bewachte Siedlungen für die Angehörigen der Betriebsleitung, mit Wohnungen unterschiedlichen Komforts, von Wohnheimen bis hin zu Villen. Damals betrug der Anteil der steinernen Wohnhäuser oder anderer relativ komfortabler Wohnungen für die privilegierten Schichten der Sowjetgesellschaft nicht mehr als 10 Prozent der neu gebauten Wohnungen. Einfache Arbeiter wurden in Gemeinschaftsbaracken untergebracht, in denen jeder Person etwa 3 bis 3,5 Quadratmeter zugestanden wurden. Angestellte durften über 6 Quadratmeter pro Person verfügen. Die mittlere Führungsebene siedelte man nach der Norm von 10 oder mehr Quadratmetern pro Person in komfortablen Wohnungen an. Für die höchsten Ränge wurden Einfamilienvillen und Landhäuser oder Wohnhäuser mit Hintertreppen und Räumen für Dienstpersonal errichtet. Dies blieb von 1929 bis zu Chruschtschows Reformen in den späten Fünfzigerjahren im Wesentlichen unverändert.

Es ist heute schwer zu sagen, wie die neuen sowjetischen Städte der ersten Fünfjahrplan-Periode aus städtebaulicher Sicht aussahen, da es keinerlei Studien zu diesem Thema gibt. In den neuen Industriestädten der Stalinzeit sind lediglich in unterschiedlichem Ausmaß die Siedlungsbauten für die Bauherren (zum Beispiel die Siedlung Berjoski in Magnitogorsk) und einzelne Beamtenwohnsiedlungen mit Verwaltungsgebäuden erhalten geblieben. Die Massenbaracken waren nach und nach in der Chruschtschow- beziehungsweise Breschnew-Zeit durch Typenbauten ersetzt worden. Mancherorts sind einige jedoch erhalten und werden sogar noch genutzt.

Konstruktiv und architektonisch unterschieden sich die Lagerbaracken nicht wesentlich von den Baracken der »sozialistischen Städte« (Sozgorodoks): eine Holzrahmenkonstruktion, die mit Brettern abgedeckt und mit allem, was verfügbar war, isoliert wurde: Moos, Sägemehl, Schlacke … War ausreichend Holz vorhanden, konnte es eine Blockhütte sein. Oder der Bau war halb eingegraben, indem die aus Holzstämmen bestehenden Wände in den Boden eingelassen wurden und die Dachschrägen bis zum Boden reichten. Im Inneren befanden sich Schlafräume für mehrere Dutzend oder auch Hunderte von Menschen, hinzu kamen ein Vorraum und ein Trockenraum für Kleidung. Zweistöckige Etagenbetten oder Schlafkojen bildeten eine Art Abteil für vier Personen.

Die Baracken der Siedlungen für freie Arbeiter waren vielfältiger gestaltet. Für die privilegierten Bewohner der unteren Ebene wurden Baracken mit Zimmern oder gar flache Plattenbauten mit zimmerweiser Unterbringung errichtet. Darüber hinaus bauten viele der freien Arbeiter ihre eigenen Hütten aus Bauschutt. In Magnitogorsk lebten 1937 etwa 17,5 Prozent der Arbeiter in Lehmhütten, 49 Prozent in Baracken und 32,8 Prozent in »Kapitalbauten«,[21] mit einer durchschnittlichen Wohnfläche von 2,6 Quadratmetern pro Person.[22] In Workuta beispielsweise waren noch 1963 viele

Einwohner (offenbar Familien ehemaliger Häftlinge) in Lehmhütten untergebracht, wie aus dem Wählerverzeichnis der Stadt hervorgeht.

In den Lagern wurden auch Lehmhütten gebaut, allerdings für Hunderte von Menschen. Das Lager für die Arbeiter der Gurjew-Raffinerie am Kaspischen Meer, das 1942–1945 von der GUAS betrieben wurde, wird so beschrieben: »Die Unterkünfte, die hauptsächlich aus halb unterkellerten Lehmbauten bestanden, befanden sich auf dem Gelände des heutigen Stützpunkts. Das Gebiet war mit Stacheldraht umzäunt und wurde von einer Spezialeinheit bewacht. Es gab 14 Lehmbauten mit einer Kapazität von jeweils 200 Personen sowie eine Kantine für 2.000 Personen mit zwei Sälen. Das Essen wurde in sieben gusseisernen 700-Liter-Kesseln gekocht. Es gab auch sanitäre Anlagen: Bäder für 30 Personen.«[23]

Der grundlegende Unterschied zwischen den Zivilbaracken und den Lagerbaracken war der Standard der Unterbringung. 1933 wurden in den Baracken der Moskauer Metrostroj-Arbeiter jeder Person 3,5 Quadratmeter zugestanden. Zulgeich erfolgte die Ansiedlung von Arbeitern in den Kasernen von Magnitogorsk gemäß der Norm von 3,5 Quadratmetern pro Kaderarbeiter und 1,3 Quadratmetern pro Familienmitglied.[24] Dies war in etwa die Situation in allen sowjetischen Arbeitersiedlungen der Dreißigerjahre. Bis Mitte der Fünfzigerjahre betrug die durchschnittliche Wohnfläche in den sowjetischen Städten etwa 3,5 bis 4 Quadratmeter pro Person.

In den Lagern und in den »Sondersiedlungen« betrug der Wohnflächenstandard 2 Quadratmeter pro Person. Dies war zum Beispiel für die Unterbringung der »Sondersiedler« 1933 in der Region Narym vorgesehen.[25] Einem Bericht der Abteilung für Unterbringung und Ausbeutung des GULAG aus dem Jahr 1948 zufolge betrug die durchschnittliche Wohnfläche in den Lagern 1,7 bis 1,8 Quadratmeter pro Person.[26] Nach einem Erlass des Innenministeriums (MWD) der UdSSR vom 17. Januar 1949 belief sich der Standard für die Wohnfläche der Häftlinge in den Straflagern auf 1,6 Quadratmeter pro Person.[27] Dies entsprach ungefähr der Fläche einer Liegestatt. Die zweigeschossigen Etagenbetten ließen Platz für einen Mittelgang.

Die Architektur der Lagerzonen kann nur im übertragenen Sinne als eine solche verstanden werden: Rein utilitaristisch, wurde sie von ihren Schöpfern nicht als kreativ angesehen. Dies war auch bei den Wohnbauten der freien Arbeitersiedlungen der Fall. Entwürfe für Arbeiterbaracken wurden daher, von wenigen Ausnahmen abgesehen, in der sowjetischen Fachpresse weder erwähnt noch diskutiert. Sie zählten als Übergangsunterkünfte, für die die Normen für Dauerwohnungen nicht galten. Offiziell repräsentierten die gut ausgestatteten Wohnhäuser der sowjetischen Oberschicht den sowjetischen Wohnungsbau. Sie machten jedoch nur einen mikroskopisch kleinen Teil des gesamten Wohnungsbaus in der stalinistischen UdSSR aus. Die Architektur der Lager war geheim – wie alles, was innerhalb der OGPU beziehungsweise des NKWD vor sich ging. Es gab Standardentwürfe für Baracken und Standardentwürfe für Lager für eine unterschiedliche Anzahl von Häftlingen, von einigen Hundert bis zu einigen Tausend.

Nach dem Krieg verbesserten sich die Lebensbedingungen in den Lagern etwas, und es entstanden Standardbaracken mit Latrinen und Sanitärräumen im Inneren der Bauten. Ein Beispiel hierfür ist die typische Workutlag-Kaserne aus den späten Vierzigerjahren. Ein ehemaliger Häftling, der Ingenieur Oleg Borowski, hat sie beschrieben: »Die Baracke, in der wir untergebracht waren, gehörte bereits zur dritten Generation seit Beginn des Baus von Workuta und sah innen und außen recht anständig aus. Die Baracke stand auf einer Aufschüttung, das heißt auf einer 1,5 Meter dicken Schicht aus rot verbranntem Gestein, das von der alten Abraumhalde stammt. Im Inneren der Baracke befanden sich drei Wohnräume für 75 Personen sowie eine geräumige Eingangshalle, Trockenräume mit einem großen Herd und ein Badezimmer, das heißt eine Latrine mit Waschbecken. Die Decken waren hoch, die Böden gestrichen, die Wände innen und außen verputzt und in einer hellen, freundlichen Farbe gestrichen. Die Baracke war hell, warm und sehr sauber. Von der ersten und sogar der zweiten Generation von Lagerbaracken unterschieden sich unsere Baracken so sehr wie ein moderner Abteilwagen von einem alten Güterwagen.«[28]

Nach der Schließung der Lager nutzte man die Baracken, die in den Städten und Arbeitslagern standen, noch viele Jahrzehnte weiter. Sie wurden durch Trennwände in einzelne Räume unterteilt, in denen Familien wohnten, oder in verschiedene Wohneinheiten gegliedert, indem man zusätzliche Türen in die Außenwände schnitt.

Halb in die Erde gebaute Lagerbaracke. Baustelle des Weißmeer-Ostsee-Kanals, 1931.

Quelle: fishki.net

Halb in die Erde gebaute Lagerbaracke in Fachwerkbauweise. ITL Karaganda (Karlag), 1936.

Quelle: gmig.bm.digita

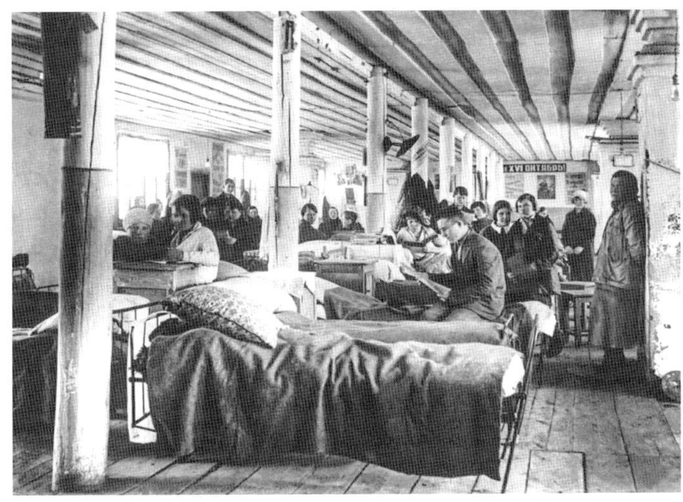

Magnitogorsk. Sondersiedlung Zentralny, Innenansicht einer Baracke, 1933.

Quelle: russiainphoto.ru

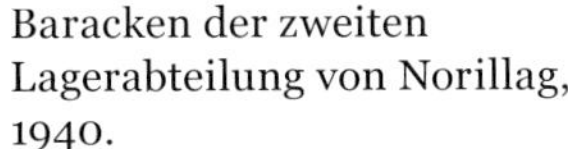

Baracken der zweiten Lagerabteilung von Norillag, 1940.

Quelle: severok1979.livejournal.com

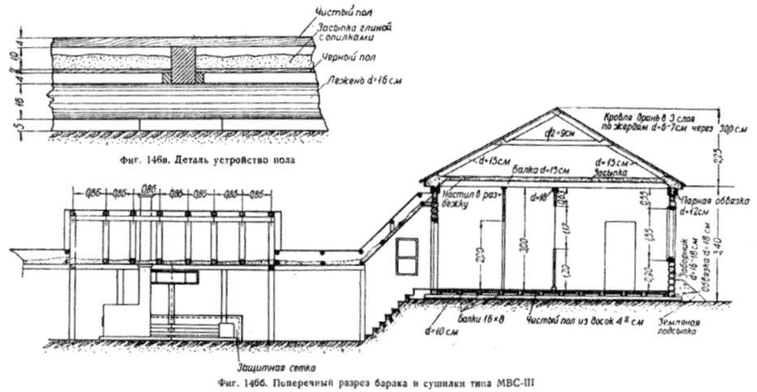

Entwurf der Baracke Typ MWS-III, Siedlung Strogino, Dmitrowlag, 1936.

Quelle: strogino-time.livejournal.com

Rudbaikalstroj, Baracke. Foto vom 17. August 1942.

Quelle: Museum des Gymnasiums Nr. 96 in Tscheljabinsk

Besimjanglag der Verwaltung für Sonderbau des NKWD (Osobstroj), Kuibyschew. Aufnahme von 1941.

Quelle: alabin.ru

Bau von Holzbaracken in Jagrinlag, Molotowsk (Sewerodwinsk), Region Archangelsk. Aufnahme vom 10. März 1939.

Quelle: goskatalog.ru

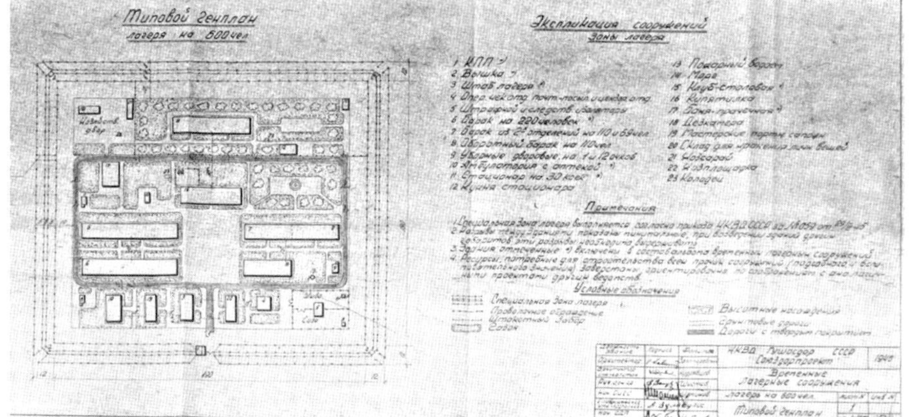

Typenlageplan für ein Lager für 600 Personen, Sojusdorprojekt, 1945.

Quelle: gistory.livejournal.com

Workutlag, Workuta, 1945.

Quelle: humus.livejournal.com

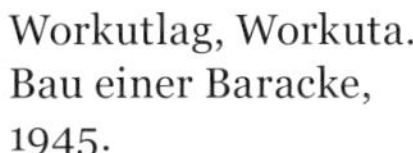

Workutlag, Workuta. Bau einer Baracke, 1945.

Quelle: humus.livejournal.com

Entwurf einer Lagerbaracke, Workuta, 1948.

Quelle: artefact.culture.ru

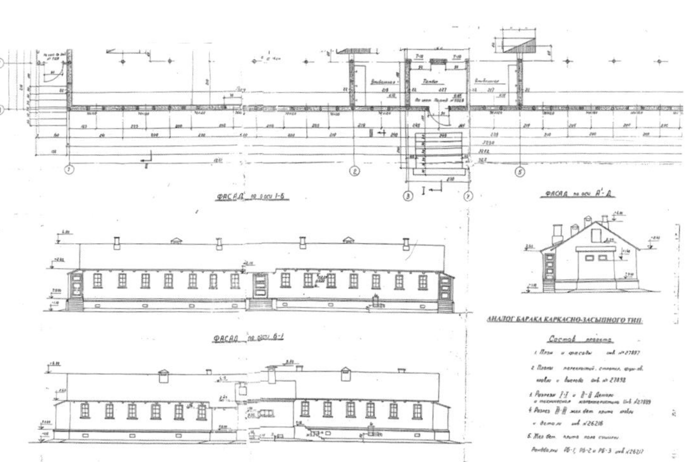

Workutlag, Workuta, Innenansicht einer Frauenbaracke, 1945.

Quelle: humus.livejournal.com

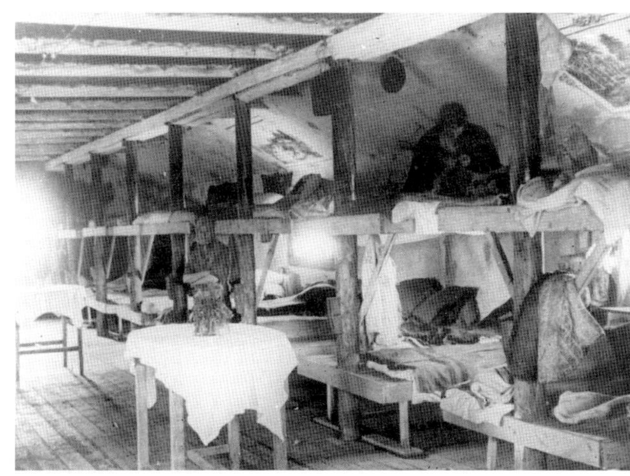

Workutlag, Workuta, Innenansicht Baracke, 1945.

Quelle: humus.livejournal.com

Workutlag, Workuta, Lagertor, 1945.

Quelle: humus.livejournal.com

3. Die Architektur der Siedlungen für die Lagerverwaltung

Architektonisch interessanter und vielfältiger waren die Gebäude der Lagerverwaltungen und der Siedlungen für die freien Arbeiter. Die Entwurfs- und Projektierungsarbeiten für diese Bauten unterlagen jedoch der Geheimhaltung und nicht der Genehmigung der zentralen Behörden oder der Zensurorgane wie zum Beispiel des sowjetischen Architektenverbandes. Die NKWD-Projektierungsbüros wurden nur von ihren eigenen Vorgesetzten gesteuert und überwacht, die eine geradezu feudale Macht über die ihnen untergeordneten Lager hatten. Dies gilt umso mehr für die großen Lagerverwaltungen wie Dalstroj, Karlag, Workutlag, die zugleich die Zivilgewalt über die von ihnen kontrollierten Gebiete innehatten. In diesem Fall hing viel von den persönlichen Vorlieben der örtlichen OGPU- beziehungsweise NKWD-Chefs ab. Und so war es möglich, mehr oder weniger individuelle Gebäude errichten zu lassen, die sich von den von Moskau für das gesamte Land gesetzten Standards unterschieden. Dies galt sowohl in der Zeit des Konstruktivismus als auch bis zu einem gewissen Grad in der stalinistischen Ära.

Die Siedlungen der Lagerwaltungen bestanden in der Regel aus Verwaltungsbauten, einem Klubgebäude, einem Krankenhaus, Wohnhäusern für die Wachleute und freien Arbeiter sowie Residenzen oder Villen für die Mitglieder der Führungsebene. Mit anderen Worten: Sie bildeten die Struktur des Zentrums einer jeden sowjetischen Stadt in Miniaturformat nach.

Ein frühes Beispiel ist die Entwicklung der Siedlung Dolinka in Kasachstan, des Zentrums des riesigen Strafarbeitslagers Karaganda (Karlag), das 1931 eingerichtet wurde. Karlag war das einzige rein landwirtschaftliche Straflager und hauptsächlich auf die Produktion von Getreide, Kartoffeln, Fleisch und Zucker spezialisiert. Zunächst hieß es »Karaganda Sowchose Gigant OGPU«. Hinsichtlich der Anforderungen an die Produktivität waren Häftlinge weitaus billigere Arbeitskräfte als die mit zu versorgenden Familien »belasteten« Bauern. Karlag entsprach flächenmäßig der Größe Frankreichs und bestand aus 26 Abteilungen, die in 192 Lagerstandorte aufgegliedert waren.[29] Es war eine Art Staat im Staat mit unmenschlichen Lebensbedingungen. Die durchschnittliche Häftlingszahl von Karlag betrug 20.000 bis 40.000, mehr als eine Million Menschen durchlief dieses Lager. Hunderttausende starben oder wurden erschossen.

Architektonisch sind die Lagerbauten, Krankenhäuser, Offiziershäuser usw. von Karlag Beispiele für den frühen sowjetischen Neoklassizismus und erinnern ein wenig an die »rote Dorik« von Iwan Fomin. Die Umstände ihrer Entstehung sind unbekannt. Als Urheber wird ein internierter Architekt namens Kos vermutet, der kurz nach seiner Freilassung in den Dreißigerjahren in der Nähe von Karaganda starb.[30]

Die Architektur der Lagerwaltungssiedlungen wies in den verschiedenen Regionen der Sowjetunion zuweilen lokale Varianten auf, so etwa im karelischen Medweschjegorsk, dem Zentrum des Weißmeer-Ostsee-Kanals und seines Nachfolgers, des Belomor-Baltijski-Kombinats; im Fernen Osten, auf dem riesigen Gebiet von Dalstroj; im nördlichen Norilsk oder in der Republik Komi in Petschora,

Workuta, Uchta, Inta etc. In Inta beispielsweise sind die hölzernen Wohnhäuser der Lagerkommandantur und der 1954 errichtete Wasserturm des schwedischstämmigen Esten Artur Tamwelius (1907–1959) als Baudenkmäler geschützt.

Ein seltenes Beispiel einer dokumentierten Siedlung für die Lagerverwaltung befand sich im sogenannten Ölarbeiterlager in der Stadt Gurjew (seit 1991 Atyrau), das 1942–1945 von der GUAS errichtet wurde. Man hätte nichts über dieses Projekt erfahren, wenn es nicht für den Stalinpreis nominiert worden wäre, den es 1946 auch erhielt. Details wurden jedoch in den zahlreichen Veröffentlichungen in der Sowjetpresse nie erwähnt. Das Projekt ging in die Geschichte der sowjetischen Architektur ein als ein Beispiel für eine komfortable Wohnsiedlung »für Werktätige«[31], die in schwierigen Zeiten (während des Krieges) und in einem für das Leben ungeeigneten Gebiet – in der Salzwüste – errichtet wurde.

Einzelheiten zu dieser Siedlungsgründung sind erst nach dem Zusammenbruch der UdSSR bekannt geworden. Sie vermitteln einen Eindruck davon, wie die Errichtung von Lagerverwaltungssiedlungen des NKWD (GULAG, GUAS und andere Hauptverwaltungen) in der gesamten Sowjetunion ablief, so dass eine eingehendere Betrachtung lohnt.

1942 schloss die Sowjetunion mit den USA ein Abkommen über die Lieferung von Leihausrüstungen für vier Ölraffinerien, die in Kuibyschew, Orsk, Krasnowodsk und Gurjew gebaut werden sollten. Die größte war die Raffinerie Gurjew mit der Nummer 441.[32] Mit dem Bau der Anlage wurde 1943 begonnen, die technische Planung erfolgte durch die US-Firma E. B. Badger & Sons Co., die auch für die Lieferung von Ausrüstung zuständig war. 1944 waren vier US-amerikanische »Spezialisten« dauerhaft in Gurjew stationiert. Die Unmöglichkeit der Geheimhaltung in diesem Fall erklärt, dass das Siedlungsprojekt 1945 in der Zeitschrift *Architektura SSSR* veröffentlicht und für den Stalinpreis als Beispiel für »Wohnungen für Werktätige« nominiert wurde. Die Realität sah jedoch bei Weitem nicht so gut aus.

Der Bau von Raffinerie und Siedlung oblag der 3. Bauabteilung der Hauptverwaltung für Flugplatzbau (GUAS) des NKWD, die eigens zu diesem Zweck in Gurjew eingerichtet wurde. GUAS NKWD war im Frühjahr 1941 für die Anlage von Flugplätzen an der Westgrenze der Sowjetunion gegründet worden und in der Folgezeit an einer Vielzahl von militärischen Bauvorhaben beteiligt. 1944 waren mehr als 45.000 Menschen für die GUAS tätig. Zu ihnen zählten etwa 11.000 Häftlinge, 23.500 mobilisierte Arbeitskräfte (Zwangsarbeiter) und mehr als 1.200 Personen aus dem »PFL-Kontingent« (»Überprüfungs- und Filtrationslager«,[33] in denen ehemalige Kriegsgefangene sowie Bewohner der von den Deutschen besetzten Gebiete nach ihrer Befreiung durch die Rote Armee interniert waren).

Zu Beginn der Bauarbeiten waren die meisten Arbeiter Häftlinge aus Lagern in Saratow, Pensa, Uralsk, Taschkent und Turkmenistan. 1943 trafen in Gurjew Bulgaren, Griechen und Armenier ein, die von der Krim und aus anderen Regionen der Ukraine deportiert worden waren. 1944 kamen 3.000 Krimtataren an. Insgesamt arbeiteten mehr als 50 Nationalitäten auf der Baustelle.[34]

Ende 1943 waren etwa 4.000 Menschen auf der Baustelle tätig, im Juli 1944 schwanken die Angaben zwischen 7.000 (darunter 359 privat angestellte Arbeiter)[35] und 12.000 Beschäftigten.[36] Am 1. Januar 1944 befanden sich 10.200 »Arbeitsmobilisierte« und 850 freie Arbeiter auf der Lohnliste.[37] Im Mai und Juni 1944 betrug die Gesamtzahl der Beschäftigten 12.214, organisiert in acht Baukonvois und sechs separaten Spezialkommandos.[38] Die meisten von ihnen waren Bulgaren (3.001), Krimtataren (3.006) und Griechen (2.429); es folgten Russen (1.784), Ukrainer (547) und Finnen (444). Die anderen Nationalitätengruppen waren viel kleiner, sie konnten nur einige Personen umfassen bis hin zu mehreren Dutzend. So gab es 79 Kasachen auf der Baustelle.[39] Diese Statistiken zeigen, dass die lokale Bevölkerung praktisch nicht am Bau der Raffinerie beteiligt war, auch nicht als Zwangsarbeiter.

Es sind viele persönliche Erinnerungen an die unmenschlichen Lebensbedingungen dokumentiert, aber von dem Lager mit Baracken für bis zu 200 Menschen existieren keine materiellen Spuren mehr. Andererseits unterschieden sich die Lebensumstände der Häftlinge und Zwangsarbeiter vermutlich nicht von denen auf anderen NKWD-Baustellen jener Zeit. Im Jahr 1944 starben 548 Arbeiter und 1.543 flohen.[40] Flucht wurde streng geahndet. 1944 wurden insgesamt 95 Personen wegen Desertion verurteilt, drei von ihnen zum Tode, die anderen zu unterschiedlichen Lagerhaftstrafen von bis zu zehn Jahren. 1945 waren bereits mehr als 1.000 Personen verurteilt worden.[41]

Besonders streng bewacht wurden die »mobilisierten« Krimtataren, da es zu Massenfluchten kam, als bekannt wurde, dass ihre Familien von der Krim nach Usbekistan deportiert werden sollten. Den Tataren war es verboten, außerhalb der Baustelle, auf Fahrzeugen und nachts zu arbeiten. Das gesamte Raffinerie-Gelände und das Gebiet, in dem sie lebten, war mit Stacheldraht umgeben und wurde von bewaffneten Soldaten bewacht,[42] obwohl die Tataren formell nicht verhaftet, sondern »mobilisiert« worden waren und als »Militärpersonal« galten.

1945 wurde die Raffinerie in Betrieb genommen, aber diejenigen, die sie gebaut hatten, arbeiteten weiter an der Anlage. Zugleich war die gesamte Wohnsiedlung für die Lagerwaltung fertiggestellt. Sobald die Raffinerie in Betrieb war, sollten dort rund 2.000 Menschen beschäftigt werden.[43] Zusammen mit ihren Familien waren das etwa 6.000 bis 7.000 Menschen. Die Wohnsiedlung in Gurjew war jedoch für eine komfortable Unterbringung von mehreren Hundert Einwohnern, wahrscheinlich etwa 200 bis 250 Familien, ausgelegt. Damit war eine Ansiedlung von freien Fabrikarbeitern völlig ausgeschlossen.

1945 wurde das Siedlungsprojekt erstmals in der Zeitschrift *Architektura SSSR* (Heft 11) veröffentlicht. Den Stalinpreis zweiter Klasse erhielten 1946 drei Entwurfsverfasser: der Ingenieur-Oberst Romanowski, Leiter der 3. Bauabteilung der GUAS NKWD, sowie die Architekten Sergej Wasilkowski und Alexander Arefjew. Zum Planungsteam gehörten des Weiteren A. Lansere, W. Wasilkowski und P. Jaworowski.[44] Autor des Masterplans und der meisten Siedlungsbauten war Sergej Wasilkowski, ein bekannter Leningrader Architekt. Über die beruflichen Aktivitäten von Arefjew und Lansere zu dieser Zeit ist nichts bekannt. Es kann jedoch davon ausgegangen werden, dass alle drei Architekten damals in einem NKWD-Projektierungsbüro beschäftigt waren.

Die Siedlung enstand am Ufer des Ural-Flusses auf einer auf drei Seiten von Wasser umgebenen Halbinsel. Einschließlich der Grünflächen beträgt die Gesamtfläche des bebauten Areals 42,7 Hektar.[45] Das Klima hier ist stark kontinental geprägt, sehr trocken, mit hohen Sommertemperaturen, eisigen Wintern und starken Winden, die Unmengen an Sandstaub mit sich führen.

Arefjew schrieb 1945 in dem in *Architektura SSSR* erschienenen Artikel, dass der Standort auf der Halbinsel es ermöglichte, die Siedlung von drei Seiten vor dem Staub zu schützen. Auf der vierten Seite »wurde ein breiter Grüngürtel auf der gesamten Länge von Ufer zu Ufer angelegt, der die Siedlung zu einer Art Insel mit eigenem Mikroklima macht«. Innerhalb dieses grünen Streifens befand sich ein Bewässerungsgraben, der die Flussläufe miteinander verband und die Halbinsel vom Festland abtrennte. Eine vier Meter hohe Mauer führte daran entlang, und die einzige Verbindung zwischen der Siedlung und dem Raffineriebereich war eine Toranlage.[46]

Eine solche Siedlungsorganisation schützte jedoch nicht nur vor Staub, sondern auch vor Angriffen von außen, was vermutlich der ausschlaggebende Punkt für den Standort war. Der Sicherheitsaspekt hatte bei Siedlungen für die Lagerverwaltung höchste Priorität – insbesondere in diesem Fall, da es sich hier um ein Lager mit 10.000 bis 12.000 Zwangsarbeitern handelte, die am Rande des Todes lebten und nichts mehr zu verlieren hatten.

Die Raffinerie selbst lag südöstlich der Siedlung, näher am Kaspischen Meer. Es gab nur eine Straße, die von der Fabrikanlage zur Siedlung verlief, sie führte direkt zum Tor. Hinter dem Kontrollpunkt querte sie den Grünstreifen und wurde zu einer Hauptstraße mit feierlichem Charakter (damals uliza Stalina, heute prospekt Auesowa). Die Straße verlief entlang der Achse der Halbinsel und endete am trapezförmigen Hauptplatz mit dem Klubgebäude, das einem römischen Tempel ähnelte. Den sich zum Klubgebäude hin verbreiternden Platz flankierten zwei lang gestreckte Gebäude, in deren Erdgeschossen Geschäfte und in den oberen Geschossen Zweizimmerwohnungen untergebracht waren. Die Loggien der Wohnungen waren auf den Platz ausgerichtet, unterhalb der Loggien befanden sich entlang der Geschäfte überdachte Galerien. Von den Galerien führten große Freitreppen nach oben, je eine für zwei Wohnungen.

Die Hauptstraße wurde von Nebenstraßen gekreuzt. Diese bestanden aus geraden Abschnitten mit leichtem Winkel, um die Winde abzuschwächen. An der Hauptstraße befanden sich die wichtigsten öffentlichen Gebäude sowie Wohnheimkomplexe. Im rückwärtigen Bereich, näher am Grün und am Wasser, waren die Wohnhäuser für die Führungsriege angeordnet. Bewässerungsgräben durchzogen die gesamte Halbinsel. Im Nordwesten, hinter dem Klubhaus, befand sich ein Park mit 30.000 Pflanzen.[47] Auch auf den beiden anderen Seiten begrenzten Park- und Grünstreifen die Siedlung.

Noch 1945 wurden ein Theater-Klubhaus mit 550 Plätzen (fertiggestellt 1947)[48], eine siebenklassige Schule für 280 Schüler[49], ein Kindergarten, eine Kinderkrippe,

Geschäfte, ein Badehaus, eine Wäscherei, ein Krankenhaus, ein Wasserturm, ein Pumpenhaus und ein Kesselhaus errichtet. Die gesamte städtebauliche Komposition glich einem befestigten römischen Lager, das von allen Seiten verteidigt werden muss. Der Wasserturm, der vor dem einzigen Zugang zur Siedlung stand, diente sowohl als Beobachtungsposten als auch als Schießpunkt.

Die Typologie der Wohnhäuser in Gurjew spiegelte deutlich die soziale Struktur der Einwohner wider.

Die grundlegende wiederkehrende Planungseinheit, die die Wohnstruktur der Siedlung bildet, ist ein eingeschossiger Komplex von Wohnheimen und Wohnungen, der auf drei Seiten ein Wasserbecken umgibt (aus den Publikationen geht nicht hervor, ob die Wasserbecken tatsächlich gebaut wurden).

Hier gibt es drei Arten von Unterkünften:

1) Ein Wohnheim mit Gemeinschaftsküchen und -sanitäranlagen mit 14 Zimmern für je vier Personen.
2) Zwei Blocks mit individuellen Zwei- oder Dreizimmerwohnungen für Familien mit zwei bis drei Personen. Eine Dreizimmerwohnung hatte eine Wohnfläche von 30,6 Quadratmetern und eine Gesamtfläche von 39,1 Quadratmetern. Die Zweizimmerwohnung hatte eine Wohnfläche von 26,5 Quadratmetern und eine Gesamtwohnfläche von 31,4 Quadratmetern.
3) Zwei zweigeschossige Häuschen mit drei Schlafzimmern (51 Quadratmeter Gesamtfläche).

Alle Gebäude sind durch überdachte Gänge verbunden.

Auf dem ursprünglichen Masterplan der Siedlung sind sechs solcher Komplexe und mehrere frei stehende Wohneinheiten verzeichnet.

Die Wohnungen wurden auf Grundlage der Vorgaben von 10 bis 13 Quadratmeter Wohnfläche pro Person und 13 bis 15 Quadratmeter Nutzfläche konzipiert. Die Zimmer im Wohnheim waren auf vier Personen ausgelegt (3,9 Quadratmeter pro Person). Dieses Siedlungsprogramm entsprach in etwa dem damals üblichen Lebensstandard der privilegierten Bevölkerungsschicht.

Die Zweizimmerwohnungen in den lang gestreckten Gebäuden am zentralen Platz waren sogar noch geräumiger, mit einem Wohnzimmer von 28,1 Quadratmeter Fläche und einem Schlafzimmer von 17,2 Quadratmeter Fläche.[50]

Es wurden auch Entwürfe für Ein-, Zwei-, Vier-, Acht- und Zehnfamilienhäuser mit einer großen Auswahl an komfortablen Wohnungen unterschiedlicher Größe, von Ein- bis Fünfzimmerwohnungen, veröffentlicht. So gibt es eine interessante Variante eines zweigeschossigen Hauses mit acht Wohnungen und drei Schlafzimmern. Es besteht aus zwei Blocks mit je vier Wohnungen, die durch ein offenes Treppenhaus verbunden sind, das von einer geschwungenen Freitreppe überdacht wird. Noch interessanter ist ein asymmetrisches Haus mit zehn Wohnungen, offenen Außentreppen, Balkonen und verschiedenen Wohnungstypen.

Das luxuriöseste Gebäude war ein zweigeschossiges Wohnhaus mit fünf Zimmern sowie einem kleinen Raum in der Küche für Personal. Es war wahrscheinlich für den Direktor der Raffinerie bestimmt. Das Haus öffnete sich zu einem Garten mit einer schattigen Arkade im Erdgeschoss und einer tiefen Loggia im ersten Obergeschoss. Im Erdgeschoss befanden sich ein Wohnzimmer (21,3 Quadratmeter), ein Arbeitszimmer (14,3 Quadratmeter), eine Küche (9,2 Quadratmeter) und das Dienstmädchenzimmer in der Küche (5,0 Quadratmeter). In der oberen Etage waren drei Schlafzimmer (17,8 Quadratmeter, 14,8 Quadratmeter, 15,4 Quadratmeter) untergebracht. Es gab eine Toilette im Erdgeschoss sowie eine weitere Toilette und ein Badezimmer im Obergeschoss.[51]

Bei allen Gebäuden wurden Sonnenschutz, Luftzirkulation und Landschaftsgestaltung sorgfältig berücksichtigt. Es kann davon ausgegangen werden, dass bei den in der sowjetischen Fachpresse veröffentlichten Entwürfen der Wohnhäuser in Gurjew das untere Segment fehlt – die Baracken für die bewaffneten Wachen (vielleicht befanden sie sich aber auch außerhalb der Siedlung, näher am Lager).

Architektonisch ist die Siedlung in Gurjew eines der besten Beispiele für den stalinistischen Wohnungsbau. Die Wohnungen sind abwechslungsreich gestaltet und sehr gut an das heiße, trockene Klima angepasst. Alle Häuser verfügen über sonnige Veranden, Loggien und überdachte Terrassen. Der Bauschmuck ist nahezu frei von dem für die stalinistische Architektur typischen Eklektizismus. Zumindest ist das aufgebrachte Dekor nicht besonders auffällig.

Ungewöhnlich für die stalinistische Zeit ist die Vielfalt der Wohnungstypen und Hausgrundrisse. In diesem Sinne gibt es weder in der Vor- noch in der Nachkriegszeit ein vergleichbares Projekt. Dies kann sehr wahrscheinlich auf den behördeninternen Charakter des Entwurfs zurückgeführt werden. Unter den Projekten, die mit dem Stalinpreis ausgezeichnet wurden, ist Gurjew das einzige Beispiel für eine niedriggeschossige Wohnsiedlung. Dies ist auch der Grund, warum das Projekt in der Sowjetzeit mehrmals publiziert wurde.

Es kann davon ausgegangen werden, dass auch andere NKWD-Lagerverwaltungssiedlungen, einschließlich diejenigen der anderen Ölraffinerien mit US-amerikanischer Leihausrüstung (Kuibyschew, Orsk und Krasnowodsk), nach einem ähnlichen Prinzip gebaut wurden. Jedoch war es dem Autor dieses Buches nicht möglich, publizierte Informationen dazu zu finden.

Wohnhaus des Direktors des Belomor-Baltijski-Kombinats (BBK). Foto von 1941.

Quelle: sa-kuva.fi

Schematische Darstellung des Lageplans der Stadt Medweschja Gora, des Zentrums des Belomor-Baltijski-Kombinats, 1935.

Quelle: Половцева, К.: Медвежья гора будущего. Под знаменем Беломорстроя. № 3–4, 1935. С. 16

Gebäude der im Bau befindlichen Poliklinik in Medweschja Gora. Zeichnung von Ksenija Polowzewa, 1935.

Quelle: Половцева, К.: Медвежья гора будущего. Под знаменем Беломорстроя. № 3–4, 1935. С. 17

Типография ББК—аппликация

Druckerei des Belomor-Baltijski-Kombinats (Belbalt, BBK). Zeichnung von Wladimir Switalski, 1935.

Quelle: Под знаменем Беломорстроя. №1 (2), 1935. С. 19

ЦЕНТРАЛЬНЫЙ ТЕАТР ББК
Аппликация худ. В. Свитальского.

Zentrales Theater des Belomor-Baltijski-Kombinats (Belbalt, BBK). Zeichnung von Wladimir Switalski, 1935.

Quelle: Под знаменем Беломорстроя. №2 (3), 1935. С. 24

Zentrales Theater des Belomor-Baltijski-Kombinats (Belbalt, BBK), 1934–1935. Aufnahme vermutlich von 1943.

Quelle: sa-kuva.fi

Такой будет гостиница к 1 июля текущего года.

Armen Barutschew, Isidor Gilter, Iosif Meerson: Gebäude der Belomor-Kanal-Verwaltung des NKWD der UdSSR mit Intourist-Hotel, 1934–1935.

Quelle: Под знаменем Беломорстроя. №3–4, 1935. С. 19

Armen Barutschew, Isidor Gilter, Iosif Meerson: Gebäude der Belomor-Kanal-Verwaltung des NKWD der UdSSR mit Intourist-Hotel, 1934–1935.

Quelle: sa-kuva.fi

Lageplan der Stadt Krasnowischersk am Wischera-Strafarbeitslager (Wischlag), 1932.

Quelle: Пермский государственный архив социально-политической истории. Ф. 187, оп. 3, д. 418

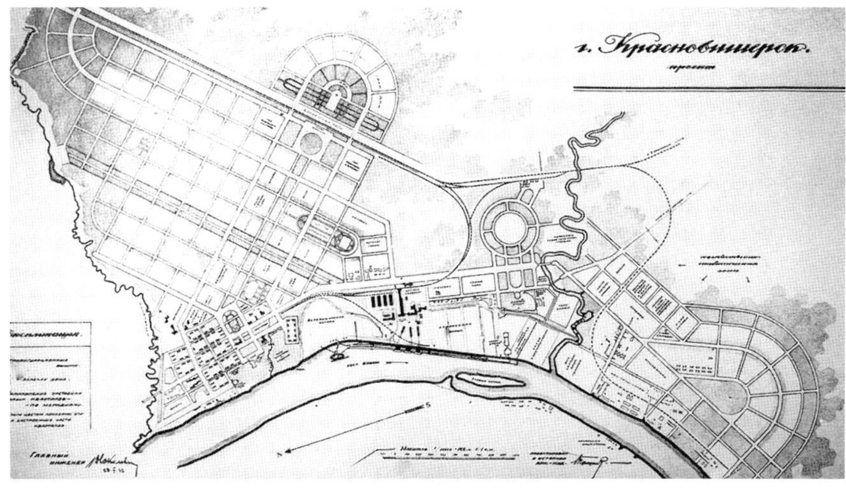

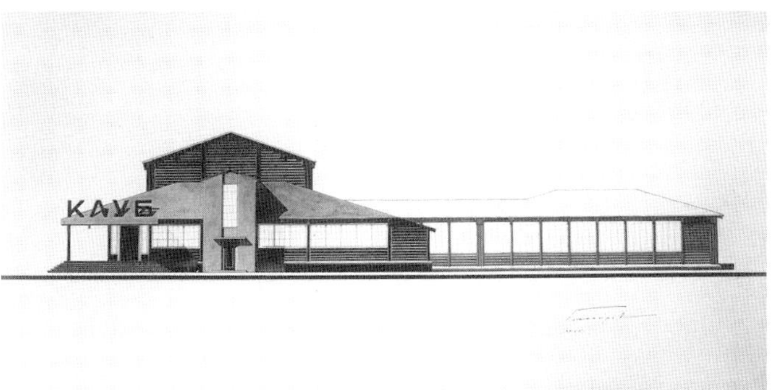

Entwurf des Klubs »Dserschinski« in der Siedlung Krasnowischersk am Wischera-Strafarbeitslager (Wischlag), 1930.

Quelle: newsko.ru

Hotel in der Siedlung Krasnowischersk am Wischera-Strafarbeitslager (Wischlag), 1931.

Quelle: newsko.ru

Wohnhäuser in der Siedlung Krasnowischersk am Wischera-Strafarbeitslager (Wischlag), 1930.

Quelle: newsko.ru

Postgebäude in der Siedlung Krasnowischersk am Wischera-Strafarbeitslager (Wischlag), 1933.

Quelle: Пермский государственный архив социально-политической истории. Ф. 187, оп. 3, д. 403

Zellstoff- und Papierfabrik Wischerski, errichtet von den Häftlingen des Wischera-Strafarbeitslagers (Wischlag).

Quelle: newsko.ru

Verwaltungsgebäude von Karlag in Dolinka, Kasachstan, 1933. Foto von 1990.

Quelle: Archiv Dmitrij Chmelnizki

Offiziersclub von Karlag in Dolinka, Kasachstan, 1933. Foto von 1990.

Quelle: Archiv Dmitrij Chmelnizki

Restaurant und Hotel, Uchta. Foto aus den 1930er Jahren.

Quelle: ru-sovarch.livejournal.com

Poliklinik für Zivilisten, Karlag, Dolinka, vermutlich 1933. Foto von 1990.

Quelle: Archiv Dmitrij Chmelnizki

Theater des Strafarbeitslagers Uchto-Petschorski (Uchtpetschlag), 1934.

Quelle: cultmap.nbrkomi.ru

Gebäude des NKWD-Waldlagers Loktschimski (Loktschimlag) in der Siedlung Adscherom (Komi), 1938. Heutiger Zustand.

Quelle: ppt-online.org

Wohnhaus des Direktors des NKWD-Waldlagers Loktschimski (Loktschimlag) in der Siedlung Adscherom (Komi), 1938.

Quelle: ppt-online.org

N. Jurgenson: Hauptverwaltung von Dalstroj (Bauhauptverwaltung für den Hohen Norden, NKWD UdSSR), 1941. Das erste viergeschossige Gebäude in Magadan.

Quelle: sevvostlag.ru

Wohnhaus von Eduard Bersin, dem Direktor von Dalstroj, Magadan, 1931.

Quelle: alkrylov.ru

Sergej Wasilkowski, Alexander Arefjew (GUAS NKWD): Wohnsiedlung Gurjew (heute Atyrau), 1943–1945. Lageplan.

Sergej Wasilkowski, Alexander Arefjew (GUAS NKWD): Wohnsiedlung Gurjew, 1943–1945. Einfamilienwohnhaus.

Quelle: Шасс, Ю.: Архитектура жилого дома. Москва, 1951. Табл. 33

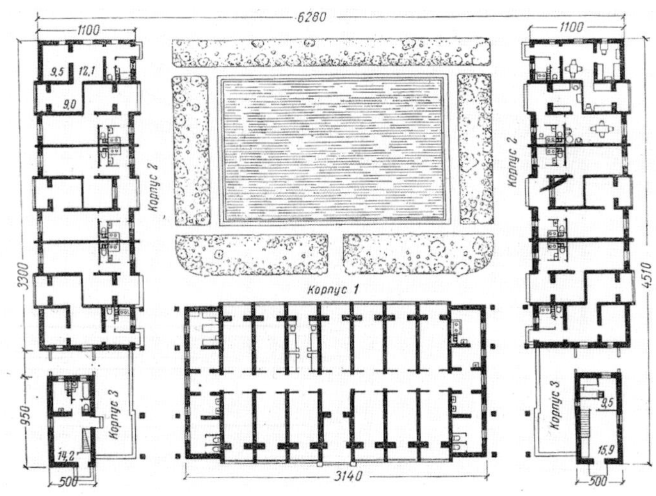

Sergej Wasilkowski, Alexander Arefjew (GUAS NKWD): Wohnsiedlung Gurjew, 1943–1945. Grundriss Wohnkomplex.

Quelle: Шасс, Ю.: Архитектура жилого дома. Москва, 1951. Табл. 27

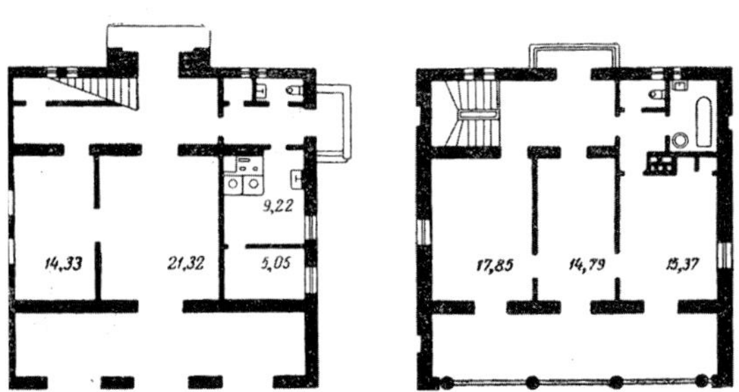

Sergej Wasilkowski, Alexander Arefjew (GUAS NKWD): Wohnsiedlung Gurjew, 1943–1945. Straßenperspektive.

Quelle: Шасс, Ю.: Архитектура жилого дома. Москва, 1951. С. 39

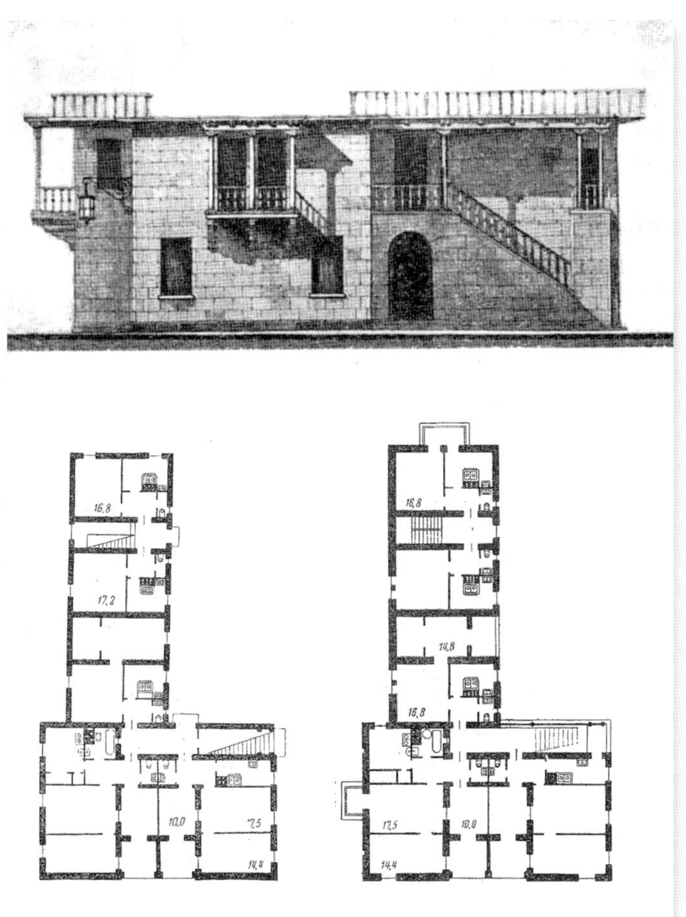

Sergej Wasilkowski, Alexander Arefjew (GUAS NKWD): Wohnsiedlung Gurjew, 1943–1945. Haus mit zehn Wohnungen. Ansicht, Grundrisse.

Quelle: Шасс, Ю.: Архитектура жилого дома. Москва, 1951. Табл. 32

Foto von 2013.

Quelle: Philipp Meuser: Architekturführer Kasachstan, Berlin 2014

Hauptfassade und Grundriss des Kulturpalastes im Zentrum der Ölarbeitersiedlung in Atyrau. Foto von 2013.

Quelle: Philipp Meuser: Architekturführer Kasachstan, Berlin 2014

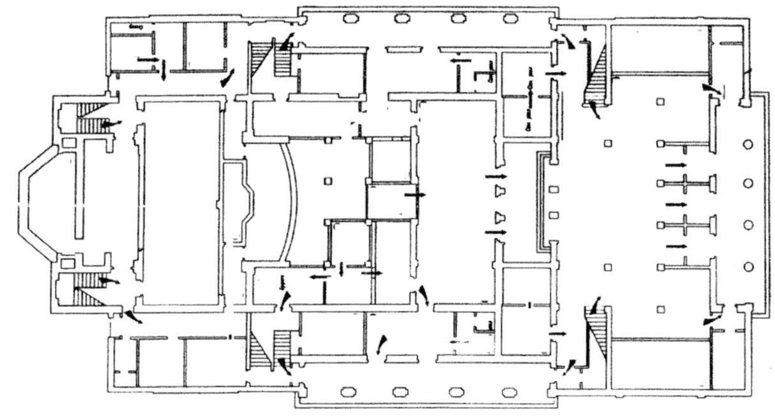

Zentraler Platz in der Stadt Istra, 1942.
Aquarell von Jewgeni Lansere.

Quelle: Щусев, А. В.: Проект восстановления города Истры. Москва, 1946. Рис. 5

Wsewolod Lunew: Musik-Dramen-Theater in Workuta, 1945.

Quelle: oteatre.info

Wsewolod Lunew: Musik-Dramen-Theater in Workuta vor der Erneuerung, Aufnahme von 1945.

Quelle: cultmap.nbrkomi.ru

Philipp Tolziner: Umbau eines Backsteingebäudes eines Salzlagers in der Leninstraße zu einem Wohnhaus mit Garten für den Direktor von Usollag, Skizze, 1946. Blick aus dem Garten, Kaliwerk Solikamsk. Kommandantur der Usollag-Behörde (Konstruktionsbüro von Usollag).

Quelle: cyberleninka.ru

Haus, in dem die Führungsebene von Petschorlag ab 1947 lebte, uliza Lenina, Petschora. Foto von 2008.

Quelle: P. A. Tschikow / Historisches Museum Petschora

NKWD-Untersuchungsgefängnis Petschscheldorlag, Petschora, Republik Komi. Aufnahme von 1989.

Quelle: Historisches Museum Petschora

Wohnhaus aus den 1940er Jahren in der uliza Kuratowa in Petschora.

Quelle: Historisches Museum Petschora

Eine der Abteilungen der Krankenstation Nr. 1 in Petschorlag, Bolnitschnaja uliza, Petschora, Republik Komi. Aufnahme von 1989.

Quelle: Historisches Museum Petschora

Hauptstraße von Inta. Foto aus den 1960er Jahren.

Quelle: humus.livejournal.com

Artur Tamwelius: Wasserturm in Inta, Minlag, 1954.

Quelle: humus.livejournal.com

Holzhäuser der 1930er Jahre in Inta. Foto von 1958.

Quelle: humus.livejournal.com

Theater in Inta (Klub von Intastroj, 1946), Foto von 1954.

Quelle: cultmap.nbrkomi.ru

VI. Architektur des FSB

Nach Stalins Tod und der Hinrichtung von Lawrenti Beria im Jahr 1953 kam es zu einer drastischen Reduzierung des gesellschaftlichen Status der Staatssicherheitsbehörden. Im März 1954 wurde das dem Ministerrat unterstellte Komitee für Staatssicherheit (KGB) aus dem Innenministerium ausgegliedert und erfüllte bis zum Zusammenbruch der UdSSR die Aufgaben der Geheimpolizei. Dazu gehörten der Auslandsnachrichtendienst und die Spionageabwehr, der Grenzschutz, der Schutz der KPdSU und der Staatsführung sowie die Bekämpfung von Dissidenten.

Die Häftlinge in den Straflagern unterstanden weiterhin dem Innenministerium (MWD), aber ihre Zahl nahm rasch ab. Die Produktionsbetriebe wurden an die zuständigen Ministerien übertragen. 1956 erfolgte eine Umbenennung des GULAG in Hauptverwaltung der Strafkolonien, die wiederum ab März 1959 Hauptverwaltung der Haftanstalten hieß. 1960 wurde das Innenministerium der UdSSR aufgelöst und seine Aufgaben den Innenministerien der Unionsrepubliken übertragen, die 1962 in Ministerien für den Schutz der öffentlichen Ordnung umbenannt wurden. Nach dem Zusammenbruch der UdSSR entwickelte sich das KGB zum Föderalen Dienst für Sicherheit der Russischen Föderation FSB und zu anderen Machtstrukturen der Russischen Föderation.

Die KGB-Bautätigkeit beschränkte sich auf Gebäude, die für die Funktionsabläufe der Behörde selbst notwendig waren – so wie es in den Zwanzigerjahren vor der Industrialisierung der Fall gewesen war.

Die NKWD-MGB-Gebäude der Nachkriegszeit wurden als Palast- und Tempelkomplexe von unterschiedlicher Opulenz errichtet und besetzten entsprechend der Stellung der Behörde innerhalb der Staatshierarchie bedeutende städtebauliche Standorte. Ein typisches Beispiel für einen solchen Palast ist das NKWD-MWD-Gebäude in Minsk, 1945–1947 errichtet von Michail Parusnikow und Gennadi Badanow. Während der Regierungszeit von Chruschtschow trat die Bautätigkeit des KGB in den Hintergrund. Tatsächlich entstanden jedoch viele Verwaltungsgebäude und auch Wohnhäuser. In der Ära des Kalten Kriegs unter Chruschtschow und Breschnew wuchsen die Aufgaben der Staatssicherheitbehörden, insbesondere im Hinblick auf Auslandsaufklärung sowie Wirtschaftsspionage und Subversionsarbeit in der ganzen Welt. Stilistisch unterschied sich die KGB-Architektur jedoch nicht mehr von der während dieser Zeit üblichen Architektur, was auch an der absoluten

Geheimhaltung dieser Bauprojekte lag. Die Namen der Architekten, die in den Planungsbüros der Sicherheitsdienste arbeiteten, sind nicht mehr bekannt. Wurden Entwürfe und Fotos von KGB-Bauten veröffentlicht, dann unter der neutralen Bezeichnung »Verwaltungsgebäude« (wie es auch zu Stalins Zeiten üblich gewesen war). Dies konnte als ein indirekter Hinweis auf die Staatssicherheit gelesen werden.

Die von Chruschtschow in den Fünfzigerjahren verordnete Stilreform spiegelte sich auch in den KGB-Bauprojekten wider. Eines der interessantesten Beispiele hierfür ist das 1971–1973 von Juri Parchow errichtete Gebäude der KGB-Regionalverwaltung in der tadschikischen Hauptstadt Duschanbe. Dieser leichte und plastische Bau könnte auch ein gewöhnliches Bürohaus in einer beliebigen europäischen Stadt sein. Er war das Thema der Diplomarbeit von Parchow, der nach seinem Studienabschluss noch zwei Jahre als Bauleiter arbeitete.

1971 wurde in Jasenewo bei Moskau nach dem Entwurf eines ungenannten finnischen Architekten das Gebäude der Ersten Hauptverwaltung des KGB der UdSSR errichtet, die im Auslandsnachrichtendienst tätig war. Heute ist der Bau Sitz des russischen Auslandsgeheimdienstes (SWR). Ursprünglich sollte dieser Komplex die Internationale Abteilung des Zentralkomitees der KPdSU beherbergen.[1]

In den Achtzigerjahren bekamen die KGB-Bauten einen schwereren, düsteren Charakter, der den neoklassizistischen Tendenzen der Breschnew-Ära entsprach. Charakteristische Beispiele sind das neue KGB-Gebäude in der Lubjanka 20 in Moskau (1984) oder das Gebäude des regionalen KGB-Büros in Jaroslawl (Architekt: Sergej Lowygin, 1984). In den Neunzigerjahren, nach dem Zusammenbruch der UdSSR, wurde die Architektur der KGB-Nachfolger in Russland zurückhaltender, wie etwa der sehr diskrete Backsteinbau der FSB-Akademie in Moskau (1995) zeigt.

Der Beginn des 21. Jahrhunderts und die Herrschaft Putins in Russland haben sich als eine Renaissance für die Architektur der russischen Staatssicherheitsdienste erwiesen. In gewisser Weise wiederholt sich die Situation der frühen Dreißigerjahre des 20. Jahrhunderts. Die zunehmende Bedeutung des FSB spiegelt sich in einer deutlichen Aufstockung der Mittel und des Personals wider sowie auch in der gestiegenen Anzahl an Neubauten. Deren Architektur zeigt sich in vielen regionalen Städten höchst vielfältig und manchmal geradezu ungezügelt – von allen möglichen Variationen der Postmoderne und moderner westlicher Architektur bis hin zu den seltsamsten Eklektizismen und Stilisierungen stalinistischer Architektur. Einer der skurrilsten Bauten ist das 2006 fertiggestellte neue Gebäude der FSB-Akademie in Moskau: mit einem Rundturm, unzähligen Erkern und Bauschmuck im Stil des sozialistischen Klassizismus. Im selben Jahr entstand ebenfalls in Moskau ein riesiges, betont modernes Bauwerk des militärischen Geheimdienstes GRU. Äußerst exotisch wirkt dagegen der gewaltige, prunkvolle Palast der FSB-Verwaltung für die Republik Tatarstan in Kasan, der 2010 errichtet wurde.

Im Auftrag des Auslandsgeheimdienstes SWR entstand zwischen 2007 und 2009 am Rande des ehemaligen Moskauer Stadtflughafens ein expressives Gebäude, gerundet und mit einer schwarz-weißen Mosaikfassade versehen, das sein Innenleben mehr verschleiert als demonstriert. Es beherbergt in den unteren Geschossen den sogenannten Klub – ein kleines Museum des Auslandsgeheimdienstes, eine Videothek und ein Kino, ein Restaurant und eine kurze Ladenpassage. In den Obergeschossen befinden sich die Büroräume. Zugänglich ist das Gebäude aber nur für die Angehörigen des Dienstes sowie für geladene Gäste. Als im Jahr 2005 der Masterplan für die Revitalisierung des alten Stadtflughafens verabschiedet wurde, waren für die Randbereiche des Flugfelds Wohnbebauungen und öffentliche Nutzungen vorgesehen. Andere Funktionen konnten nur durch Kunstgriffe – wie die Bezeichnung als Klub, was eine gesellschaftliche Nutzung vermuten lässt – genehmigt werden. Dass Andrej Bokow als Autor des Masterplans zugleich der Architekt dieses Gebäudes ist, mag wohl seinen Teil zur Erteilung der Genehmigung beigetragen haben.

Das jüngste Gebäude ist die FSB-Verwaltung für die Republik Krim und die Stadt Sewastopol. Es wurde 2021 in Simferopol fertiggestellt. Dieser Bau im Stil des Spätstalinismus mit seinem sechsgeschossigen Säulenportikus soll Moskaus Macht über die Krim symbolisieren, die 2014 der Ukraine entrissen wurde. Die nächsten Jahre werden zeigen, wie lange dieses Symbol Bestand haben wird.

Heutige FSB-Verwaltung in der Region Nischni Nowgorod, 1937, Architekt: Alexander Tjupikow.

Quelle: columbista.com

Gebäude des Hauptquartiers des Grenzschutzbezirks (Grenzschutzverwaltung des FSB in der Region Primorski) in Wladiwostok, 1944, Architekt: A. I. Porezkow.

Quelle: fototerra.ru

Michail Parusnikow, Gennadi Badanow: KGB-Gebäude in Minsk, 1947.

Quelle: planetabelarus.by

FSB-Verwaltung für die Republik Udmurtien in Ischewsk, o. J.

Quelle: tehno-stroj.ru

FSB-Verwaltung für Twer und die Region Twer in Twer, 1952.

Quelle: yandex.ru/maps

Iwan Wedjanin:
Gebäude des FSB-Büros für die Region Tschuwaschien in Tscheboksary, 1954.
Foto von 2006.

Quelle: enc.cap.ru

FSB-Verwaltung für die Region Tomsk in Tomsk, 1950er Jahre.

Quelle: aragodin.org

Juri Parchow: KGB-Zentrale in Duschanbe (heute Innenministerium der Republik Tadschikistan), 1971.

Quelle: vk.com

Gleb Makarewitsch: KGB-Gebäude in der Bolschaja Lubjanka 1 in Moskau, 1983.

Quelle: Fabrizio Mauro

SWR-Hauptquartier in Jasenewo (ehemalige Erste Hauptverwaltung des KGB).

Quelle: medium.com/snaruzhka

Sergej Lowygin: Gebäude der regionalen KGB-Verwaltung (heute FSB) in Jaroslawl, 1986.

Quelle: 2gis.ru

KGB-Verwaltung der Republik Baschkirien in Ufa, 1985.

Quelle: resbash.ru

FSB-Akademie in Moskau, 1995.

Quelle: yandex.ru/maps

Neues Gebäude der FSB-Akademie in Moskau, 2006.

Quelle: yandex.ru/maps

Dienst- und Technikgebäude des FSB für die Region Samara in Samara, 2010.

Quelle: vts-samara.ru

GRU-Hauptquartier an der Choroschewskoje schosse in Moskau. Foto von 2018.

Quelle: meduza.io

FSB-Verwaltung für Moskau
und die Region Moskau in
Moskau, Lubjanka 20, 2008.

Quelle: msk.ros-spravka.ru

FSB-Verwaltung in Naltschik,
Republik Kabardino-Balkarien, 2008.

Quelle: kbrria.ru

Der Klub des Auslandsgeheimdienstes auf dem Gelände des ehemaligen Stadtflughafens Chodynskoje Polje war bereits 2003 im Masterplan in seiner späteren Kubatur eingeplant. Für den Masterplan zeichnete das Institut Mosprojekt-4 verantwortlich.

Quelle: Peter Knoch: Architekturführer Moskau, Berlin 2011, S. 396

Klub des Auslandsgeheimdienstes in der uliza Awiakonstruktora Mikojana in Moskau, 2007–2009. Architekten: Mosprojekt-4 (Kusmin/Bokow Studio).

Quelle: Peter Knoch: Architekturführer Moskau, Berlin 2011, S. 395

W. Gusewa: FSB-Verwaltung der Republik Tatarstan in Kasan, 2010.

Quelle: kazan.kp.ru

FSB-Verwaltung für Mordwinien in Saransk, 2010.

Quelle: avatars.mds.yandex.net

FSB-Verwaltung für die Region Magadan in Magadan, o. J.

Quelle: amur.kraspan.ru

Gebäude des FSB-Grenzschutzinstituts in der Stadt Golizyno, Region Moskau, 1972. Erneuerung 2015.

Quelle: a-idea.ru

FSB-Verwaltung für die Region Orenburg in Orenburg, 2017.

Quelle: 56stroyka.ru

Gebäude der Kryptografie-Akademie des FSB der Russischen Föderation in Moskau, 2016.

Quelle: ecostoun.ru

Grenzschutzbehörde des FSB für die Region Murmansk in Murmansk, 2016.

Quelle: hmurmansk.kp.ru

Grenzverwaltung des FSB für die Region Pskow in Pskow, 2016.

Quelle: sdelanounas.ru

FSB-Verwaltung für die Republik Komi in Syktywkar, 2017.

Quelle: komiinform.ru

FSB-Verwaltung für Karatschai-Tscherkessien in Tscherkessk, 2019.

Quelle: kchr.ru

FSB-Institut für Umschulung und berufliche Entwicklung in Nowosibirsk, 2019.

Quelle: vuz.edunetwork.ru

Entwurf eines FSB-Wohnkomplexes in Jekaterinburg, 2020.

Quelle: pr-flat.ru

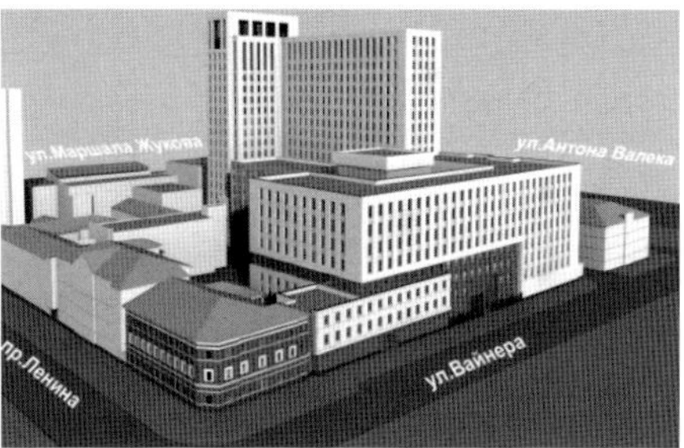

Entwurf für ein FSB-Bürogebäude in Jekaterinburg, 2021.

Quelle: ural.kp.ru

FSB-Verwaltung für die Republik Krim und die Stadt Sewastopol in Simferopol, 2021.

Quelle: vk.com

FSB-Verwaltung für die Region Belgorod in Belgorod.

Quelle: 2gis.ru/belgorod

FSB-Institut in Nischni Nowgorod.

Quelle: ru.wikipedia.or

FSB-Verwaltung für die Region Kamtschatka in Petropawlowsk-Kamtschatski.

Quelle: 2gis.ru/p_kamchatskiy

NKWD-Verwaltung für die Region Asow-Schwarzes Meer (heute FSB-Verwaltung für die Region Rostow) in Rostow am Don.

Quelle: yandex.ru/maps/

I. Kurze Geschichte der sowjetischen und russischen Staatssicherheit

1 Dekrety Sowetskoj wlasti, T.I.M. 1957, S. 490f. (Декреты Советской власти. Т.I.М., 1957. с. 490–491).
2 Zu den damaligen Prozessen innerhalb der WKP(b) und ihren Auswirkungen auf die sowjetische Wirtschaft siehe: N. Walentinow (N. Wolski): Nowaja ekonomitscheskaja politika i krisis partii posle smerti Lenina, Moskwa 1991 (Валентинов Н. (Н. Вольский): Новая экономическая политика и кризис партии после смерти Ленина. М.: Современник, 1991. 267 с.); N. Jasny: Sowjetskije ekonomisty 1920-ch godow, Moskwa 2012 (Ясный Н. Советские экономисты 1920-х годов. Долг памяти. М., 2012. 343 с).
3 Perspektiwnaja orientirowka na 1927/28–1931/32, Moskwa 1928, S. 40 (Перспективная ориентировка на 1927/28–1931/32. М., 1928. с. 40).
4 Itogi wypolnenija perwogo pjatiletnogo plana raswitija narodnogo chosjajstwa Sojusa SSR, Moskwa 1933, S. 252 (Итоги выполнения первого пятилетнего плана развития народного хозяйства Союза ССР. М., 1933. С. 252).
5 Ebd., S. 265.
6 Ebd., S. 267.
7 B. I. Ewentschik: Ural w plane Uralo-Kusnezkogo Kombinata, Moskwa 1932, S. 84 (Эвенчик, Б. И.: Урал в плане Урало-Кузнецкого Комбината, М., 1932, С. 84).
8 Ebenda.
9 E. Kwiring: Sadatschi postrojenija sozialisma w SSSR. O generalnom plane na 10–15 let, Moskwa 1931, S. 101–104 (Квиринг, Э.: Задачи построения социализма в СССР. О генеральном плане на 10–15 лет. М., 1931. С. 101–104).
10 Am 25. April 1930 wurde gemäß dem Befehl Nr. 130/63 der OGPU die Verwaltung der Strafarbeitslager (ULag OGPU) in Übereinstimmung mit dem Beschluss des SNK der UdSSR »Vorschriften über Strafarbeitslager« vom 7. April 1930 gegründet. (СУ СССР. 1930. Nr 22. С. 248).
11 P. Poljan: Nje po swojej wolje ... Istorija i geografija prinuditelnych migrazij w SSSR, OGI-Memorial, 2001, S. 61 (Полян, П.: Не по своей воле ... История и география принудительных миграций в СССР. ОГИ-Мемориал, 2001. 328 с. С. 61).
12 A. K. Sokolow: Prinuschdenije k trudu w sowjetskoj ekonomike, 1930-je – seredina 1950-ch gg./GULAG: Ekonomika prinuditelnogo truda, Moskwa 2005, S. 63 (Соколов, А. К.: Принуждение к труду в советской экономике: 1930-е – середина 1950-х гг. / ГУЛАГ: Экономика принудительного труда. М.: РОССПЭН, 2005. С. 63).
13 B. Guchman: Dinamika tschislennosti i sanjatij naselenija SSSR, in: Planowoje chosjajstwo, 1926, Nr. 8, S. 247–267, hier S. 262 (Гухман, Б.: Динамика численности и занятий населения СССР. Плановое хозяйство. 1926. №8. С. 247–264. С. 262).
14 O. W. Chlebnjuk: Istorija stalinskogo GULAGa, Moskwa 2004, S. 44 (Хлевнюк, О. В.: История сталинского ГУЛАГа, М.: РОССПЭН 2004, С. 44).
15 A. A. Zepkalowa: Glawpromstroj w sisteme GULAGa: ekonomika prinuditelnogo truda na »Welikich strojkach kommunisma« (Цепкалова, А. А.: Главпромстрой в системе ГУЛАГа: экономика принудительного труда на «Великих стройках коммунизма»), www.hist.msu.ru.
16 Auszug aus dem Protokoll Nr. 60 der Sitzung des Politbüros des Zentralkomitees der Allunions-Kommunistischen Partei der Bolschewiki WKP(b) über die Zahl der Grenz- und Innentruppen des sowjetischen NKWD. 20. April 1938. АП РФ. Ф. 3. Оп. 58. Д. 54. Л. 138–139. https://istmat.org/node/65666.
17 N. W. Petrow/K. W. Skorkin: Kto rukowodil NKWD, 1934–1941, Moskwa 1999 (Петров, Н. В.; Скоркин, К. В.: Кто руководил НКВД, 1934–1941: Справочник, М.: Звенья, 1999).

II. Planungsbüros der Staatssicherheit

1 Igor Kasus: Sowjetskaja architektura 1920-ch godow: organisazija projektirowanija, Moskwa 2009, S. 270 (Казусь, И.: Советская архитектура 1920-х годов: организация проектирования. М. 2009. С. 270).
2 »Gründer: Zentralverwaltung der Forstwirtschaft des Allunionsforstkomitees der RSFSR (ZULP), Staatlicher Verband der Forstwirtschaft des Sewero-Belomorski-Bezirks (Seweroles), Staatlicher Verband der Forstwirtschaft der Oberwolga-Region (Werchnewolgoles).« Kasus 2009, S. 285.
3 Proiswoditelnyje stily. Iskusstwo, promyschlennost i torgowlja SSSR, Leningrad 1927, S. 362 (Производительные силы. Искусство, промышленность и торговля СССР. Ленинград, 1927, с. 362).
4 Andrej Artamonow: Gosdatschi Tschernomorskogo pobereschja Kawkasa, Moskwa 2018, S. 183 (Артамонов, А.: Госдачи Черноморского побережья Кавказа. М., 2018, с. 183).
5 Kasus 2009, S. 409.
6 FSB: Sa i protiw, 2012, S. 30 (ФСБ. За и против. 2012, с. 30); http://osfsb.ru/upload/iblock/6b9/6b9f55594d9abe0bf54460212c595bca.pdf.
7 A. Jakowlew et al.: Lubjanka: Organy WTscheKa-OGPU-NKWD-NKGB-MGB-MWD-KGB. 1917–1991, Moskwa 2003 (Яковлев, А. и др.: Лубянка: Органы ВЧК-ОГПУ-НКВД-НКГБ-МГБ-МВД-КГБ. 1917–1991. М.: МФД, 2003). https://autogear.ru/market/books.php?post=id1=4&category=history&author=yakovlev-an&book=2003&page=25.
8 Artamonow 2018, S. 183.
9 Ebd., S. 102.
10 Ebd., S. 102–103.
11 Ebd., S. 103–104.
12 Ebd., S. 38–39.
13 СУ, 1926, отд. 2–ой, ст. 44. Zit. n. Kasus 2009, S. 229,
14 RGALI, f. 1979, op. 1, fd. 20, S. 7.
15 Kasus 2009, S. 198.
16 Jeschegodnik Moskowskogo architekturnogo obschtschestwa Nr. 5, 1928, S. IV (Ежегодник Московского архитектурного общества. №5, 1928. С. IV).
17 Kasus 2009, S. 232.
18 Ebenda, S. 40.
19 »Die Namen der Mitglieder von Schtschussews Werkstatt, die die Arbeit fortsetzten, sind bekannt: M. M. Tschurakow, I. A. Golossow, W. D. Kokorin, A. W. Snigarjew, N. J. Tamonkin ...« A. Rogatschew: Pojesd idjot na wostok ..., W: Kwartira, datscha, ofis, Nr. 202, 2000 (Рогачев, А.: Поезд идет на Восток ... В: Квартира, дача, офис, 2000, №202).
20 Jeschegodnik Moskowskogo architekturnogo obschtschestwa, Nr. 5, 1928, S. 7 (Ежегодник Московского архитектурного общества, №5, 1928, с. 7).
21 P. W. Schtschussew: Stranizy is schisni akademika A. W. Schtschussewa, Moskwa 2011, S. 210 (Щусев, П. В.: Страницы из жизни академика А. В. Щусева. М.: С.Э. Гордеев, 2011. С. 210).
22 https://web.archive.org/web/20100407203057/; http://www.mosproject.ru/structure/m20history.html.
23 http://www.consultant.ru/cons/cgi/online.cgi?req=doc&base=ESU&n=8428#JACjOBTw3jo1hdRI1.
24 A. I. Kokurin, N. W. Petrow: Lubjanka. Organy WeTscheka–OGPU–NKWD–NKGB–MGB–MWD–KGB, Moskwa 2003, S. 47 (Лубянка: Органы ВЧК–ОГПУ–НКВД–НКГБ–МГБ–МВД–КГБ/авторы-сост. А. И. Кокурин, Н. В. Петров. М., 2003., с. 47).
25 http://www.demoscope.ru/weekly/2006/0239/tema07.php.
26 https://ru.wikipedia.org/wiki/%D0%93%D0%A3%D0%9B%D0%90%D0%93#cite_note-13.
27 O. Chlebnjuk: Sony sowjetskoj ekonomiki. Rasdeljenije i wsaimodejstwije. Prinuditelny trud w SSSR. Ekonomika, politika pamjat, Moskwa 2013, S. 9 (Хлевнюк, О.: Зоны советской экономики. Разделение и взаимодействие//Принудительный труд в СССР. Экономика, политика память. М.: РОССПЭН, 2013. С. 9).
28 https://www.kolyma.ru/magadan/index.php?newsid=389.
29 https://magadan.spravker.ru/.
30 https://cultmap.nbrkomi.ru/ru/page/History.gulag_m.GULAG_v_Komi/.
31 »Ihr Kern bestand aus den Arbeitern des Bauamts, den Häftlingen A. F. Orlow, N. P. Schischimontow, I. A. Kalinowski, S .N. Ptschelin, A. I. Schtefel, A. M. Lewitan und anderen, die sich der Tiefbaugruppe anschlossen. A. F. Orlow wurde zu ihrem Leiter ernannt. Im Dezember 1938 kamen L. I. Konstantinowa-Urban und 1940 A. N. Nowoschilow hinzu.« Aus: I. D. Woronzowa (Red.): Perwye architektory Uchty. Istoriko-kulturny atlas g. Uchty, Uchta 2009 (Первые архитекторы Ухты// Историко-культурный атлас г. Ухты: научно-популярная литература / ред.-сост. И. Д. Воронцова. Ухта, 2009. 507 с.).
32 Je. Malinowskaja: Repressirowannaja architektura, Almaty 2018, S. 160 (Малиновская, Е.: Репрессированная архитектура. Алматы. 2018., с. 160).
33 Ebenda.
34 Ebenda, S. 160–161.
35 Ebenda, S. 146–159.
36 A. Slabucha: Sodtschije Norillaga (»Gruppenporträt« aus einigen Zahlen der Statistik). Vortrag auf der Konferenz Monumentalita & Modernita 2010 in Sankt Petersburg.
37 A. I. Kokurin, N. W. Petrow: GULAG (Glawnoje uprawlenije lagerej) 1917–1960, Moskwa 2000, S. 4 (А. И. Кокурин, Н. В. Петров (сост.): ГУЛАГ (Главное управление лагерей) 1917–1960, М., 2000. С. 4).

III. Architekten der Staatssicherheit

1 https://ru.openlist.wiki/.
2 Die persönliche Sympathie Schtschussews für den Konstruktivismus (bis zu dessen Verbot im Jahr 1932) steht jedoch außer Frage.
3 An dieser Stelle sei erwähnt, dass in den Büros von Schtschussew viele Projekte unterschiedlicher Typologien entstanden sind, so dass seine tatsächliche Urheberschaft in einigen Fällen kaum nachvollzogen werden kann.
4 S. O. Chan-Magomedow: Iwan Fomin, Moskwa 2011, S. 90 (Хан-Магомедов, С. О.: Иван Фомин. Москва, 2011, с. 90).

5 »Auf der Grundlage eines Erlasses des Rates der Volkskommissare der UdSSR vom 17. April 1938 wurde die Aktiengesellschaft Intourist in die Zuständigkeit des NKWD der UdSSR überführt. Der Befehl Nr. 478s des NKWD der UdSSR vom 9. August 1938 unterstellte die Intourist AG dem AChU NKWD der UdSSR, und im Rundschreiben Nr. 165ss vom 16. August 1938 heißt es: ›Nur die Leiter der örtlichen Niederlassungen und Vertretungen von Intourist sollten über den Übergang in die Zuständigkeit des NKWD informiert sein. Die örtlichen Zweigstellen von Intourist behalten ihren früheren Namen, und die Tatsache der Überstellung von Intourist an das NKWD wird nicht bekannt gegeben.‹ Die Eingliederung von Intourist in das NKWD war jedoch nur von kurzer Dauer. Die Gliederung des NKWD der UdSSR, bekannt gegeben durch den Befehl des NKWD der UdSSR № 00641 vom 29. September 1938, führte Intourist nicht mehr auf.« Lubjanka. WeTscheKa–OGPU-KWD-NKGB-MGB-MWD-KGB 1917–1960, Sprawotschnik, Moskwa 1997 (Лубянка. ВЧК-ОГПУ-КВД-НКГБ-МГБ-МВД-КГБ 1917–1960 Справочник, М. 1997), http://lib.rus.ec/b/266728/read.

6 »Am 5. September 1931 verabschiedete der SNK eine Verordnung ›Über die Entwicklung des Auslandstourismus in der UdSSR und über die Sicherstellung der Durchführung des Tourismusprogramms für 1932‹. Der Intourist-Plan für 1932 wurde auf 75–80.000 Touristen und 30.000 Transitpassagiere festgelegt, um direkte Einnahmen für Intourist von nicht weniger als 30 Millionen Valuta zu erzielen. Es wurden Maßnahmen zur organisatorischen und materiellen Förderung dieses Programms ins Auge gefasst.« Sowjetskoje rukowodstwo. Perepiska 1928–1941, Moskwa 1999, S. 159 (Советское руководство. Переписка 1928–1941. Москва, 1999, с. 159).

7 https://ria.ru/spravka/20140412/1003201504.html.

8 Jeschegodnik Moskowskogo architekturnogo obschtschestwa, Nr. 6, 1930, S. 63 (Ежегодник Московского архитектурного общества, №6, 1930, с. 63).

9 N. S. Chruschtschow: Wremja. Ljudi. Wlast, Kniga 1, Moskwa 1999, S. 117–118 (Хрущев, Н. С.: Время. Люди. Власть. Книга I. М., 1999. с. 117–118).

10 I. Sinjewa: Akademik, in: Architektura i stroitelstwo Moskwy, Nr. 12, 1989, S. 15 (Синева, И.: Академик. Архитектура и строительство Москвы, №12, 1989, с. 15).

11 Es ist möglich, dass man 1942 an der Idee arbeitete, ganz Istra in eine geschlossene Abteilungssiedlung des NKWD zu verwandeln, und die Holzhäuser waren für die Abteilungsleiter bestimmt. Solche Siedlungen wurden dann an verschiedenen Orten unter Beteiligung führender Architekten gebaut. 1944 änderten sich die Pläne: »Ab 1944 begann der Plan von Schtschussew tatsächlich zu bröckeln. Der technische Sachverständigenrat der Mosoblkommunostroitelny-Abteilung schlug vor, dass Schtschussew den Plan von Istra als gewöhnliches Bezirkszentrum mit Industrie überarbeiten sollte …« Ju. Kosjenkowa: Sowjetski gorod 1940-ch–perwoj polowiny 1950-ch godow. Ot twortscheskich poiskow k praktikje stroitelstwa, Moskwa 2000, S. 44 (Косенкова, Ю.: Советский город 1940-х – первой половины 1950-х годов. От творческих поисков к практике строительства. Москва: УРСС, 2000, с. 44).

12 A. Michailow: Wydajuschtschijsja sodtschij sowjetskoj epochi, in: Architektura i stroitelstwo, Nr. 5, 1949, S. 6 (Михайлов, А:. Выдающийся зодчий советской эпохи, Архитектура и строительство. 1949, №5, с. 6).

13 Chan-Magomedow 2011, S. 72.

14 M. I. Astafjewa-Dlugatsch, Ju. P. Woltschek: I. W. Scholtowski. W sbornike »Sodtschije Moskwy«, Moskwa 1988, S. 52 (Астафьева-Длугач, М. И.; Волчек, Ю. П.: И. В. Жолтовский. В сборнике «Зодчие Москвы», Москва, 1988, с. 52).

15 Kasus 2009, S. 40.

16 Ebenda, S. 43.

17 ZGALI, f. 941, op. 10, Jed.chr. 217, L. 1–9. Gos-naja Akademija nauk, litschnoje delo Scholtowskogo 1922–1923 gg. Zit. n. Firsowa: Dissertatija … priloschenija, Kratkaja biografija Scholtowskogo, S. 37 (ЦГАЛИ, Ф. 941, ОП. 10, ЕД.ХР. 217, Л. 1–9. Гос-ная Академия Художественных наук, личное дело Жолтовского 1922–1923 гг. Цит. по. Фирсова, Диссертация … Приложения, Краткая биография Жолтовского, с. 37).

18 G. D. Oschtschepkow: I. W. Scholtowski. Projekty i postrojki, Moskwa 1955, S. 11; Sodtschije Moskwy, Moskwa 1988, S. 54 (Ощепков, Г. Д.: И. В. Жолтовский. Проекты и постройки. Москва 1955. С. 11; Зодчие Москвы, Москва. 1988. С. 54).

19 »Im Winter 1934/35 zogen wir in ein festes Haus in der Mochowaja, neben dem Nationalhotel. Die Zeit der technischen Schwierigkeiten endete und wir gingen zu unserer normalen diplomatischen Arbeit über. Doch zur gleichen Zeit ereigneten sich dramatische Ereignisse, die eine neue Wende in den Geschicken des modernen Russlands einleiteten. Am 1. Dezember wurde Kirow in Leningrad ermordet.« Diplomatija Wtoroj mirowoj wojny glasami amerikanskogo posla w SSSR Dschordscha Kennana, Moskwa 2002 (Дипломатия Второй мировой войны глазами американского посла в СССР Джорджа Кеннана. М. Центрполиграф, 2002); http://militera.lib.ru/memo/usa/kennan/03.html.

20 I. Je. Petschjonkin, O. S. Schurygina; Professionalnaja dejatelnost I. W. Scholtowskogo w gody Wtoroj Mirowoj wojny. K twortscheskoj biografii mastera, in: Architektura i stroitelstwo, Nr. 2, 2022, S. 19 (Печёнкин, И. Е., Шурыгина О. С.: Профессиональная деятельность И.В. Жолтовского в годы Второй мировой войны. К творческой биографии мастера. Архитектура и строительство, №2, 2022, с. 19).

21 Ebenda, S. 20.

22 Ebenda, S. 24.

23 »In den frühen Fünfzigerjahren war das Akademiemitglied I. W. Scholtowski an der künstlerischen Leitung von Akademprojekt beteiligt. Unter seiner direkten Aufsicht und in Absprache mit ihm wurden mehrere Projekte für wissenschaftliche Gebäude entworfen und einige davon auch gebaut. Eines der ersten Projekte war das Institut für Bergbauingenieurwesen, es wurde realisiert.« Sjem desjatiletij sluschbje otetschestwennoj naukje. K jubileju gipronii pan. Westnik rossijskoj akademiki nauk, Tom 78, Nr. 12, 2008, S. 1095 (Семь десятилетий службе отечественной науке. К юбилею гипронии ран. Вестник российской академии наук. Том 78, №12. 2008. С. 1095).

24 »Akademiker der Architektur« war ein Titel, der von der Kaiserlichen Akademie der Künste verliehen wurde, ähnlich wie der sowjetische »Kandidat der Wissenschaft«. Nicht zu verwechseln mit den Mitgliedern der 1939 gegründeten Akademie für Architektur der UdSSR

25 ГНИМА ОФ-5312/25. https://goskatalog.ru.

26 Artamonow 2018, S. 184.

27 M. Knjasew, N. Wassiljew: Architektura wedomstwennogo i kooperatiwnogo schilischtscha meschwojennoj Moskwy, in: Architecture and Modern Information Technologies, 2019, Nr. 1 (46), S. 41–55 (Князев, М./Васильев, Н.: Архитектура ведомственного и кооперативного жилища межвоенной Москвы. Architecture and Modern Information Technologies. 2019. No1 (46). С. 41–55 [Электронный ресурс]). http://marhi.ru/AMIT/2019/1kvart19/03_knjazev_vasilev/index.php.

28 »Es ist zu beachten, dass A. Ja. Langman ausschließlich unter der Schirmherrschaft des Direktors von Strojbjuro der OGPU der UdSSR, A. Ja. Lurje, zum Chefarchitekten von Strojdombjuro wurde.« Artamonow 2018, S. 183.

29 Alexander Lurje war ab 1919 Mitarbeiter der WeTscheka OGPU, ab 1925 Leiter des Baubüros, ab August 1931 Leiter der Abteilung für Ingenieur- und Bauwesen der OGPU UdSSR, später des NKWD UdSSR.

30 Lurje wohnte in einem von Langman errichteten Haus im Miljutinski pereulok. Nach seiner Verhaftung zog W. N. Merkulow, Leiter der Hauptverwaltung des NKWD der UdSSR, in diese Wohnung ein; von Februar 1943 bis zum 21. August 1953 lebte dort P. A. Sudoplatow, Leiter der Vierten Verwaltung des NKWD der UdSSR, mit seiner Familie. Siehe: Artamonow 2018, S. 185.

31 Ebenda, S. 183.

32 I. Ejgel: Boris Iofan, Moskwa 1978, S. 184 (Эйгель, И.: Борис Иофан. М., 1978, с. 184).

33 Weitere Einzelheiten siehe: D. Chmelnizki: Sodtschij Stalin, Moskwa 2007 (Хмельницкий, Д.: Зодчий Сталин. М., 2007.

34 Kasus 2009, S. 279.

35 Ebenda.

36 Ebenda, S. 251.

37 L. G. Kebke: Anonimny sotrudnik finskogo architekturnogo bjuro 1930–1960 gg.: architektor Iwan Pawlowitsch Antonow, in: Isobrasitelnoje iskusstwo, architektura i iskusstwowedjenije Russkogo sarubeschja: Sb. statjej, Fond im. D. S. Lichatschewa, red. O. L. Lejkind, СPB: Dmitrij Bulaninm, 2008, S. 404–409, hier: S. 405 (Кебке, Л. Г.: Анонимный сотрудник финского архитектурного бюро 1930–1960 гг.: архитектор Иван Павлович Антонов // Изобразительное искусство, архитектура и искусствоведение Русского зарубежья: Сб. статей / Фонд им. Д. С. Лихачева; отв. ред. О. Л. Лейкинд. – СПб: Дмитрий Буланин, 2008. С. 404–409. С. 405).

38 Ebenda.

39 http://www.8mart1.ru/project/Dom_bolshevikov/Dom_bolshevikov.htm

40 T. Pelipejko: Jekaterinburg, tschast 5: »gorodok tschekistow« kak proobras sozkultbyta, 1. Okt. 2017 (Пелипейко, Т.: Екатеринбург, часть 5: «городок чекистов» как прообраз соцкультбыта, 01 октября 2017); https://diletant.media/blogs/67288/37414280.

41 https://www.poslednyadres.ru/news/news433.htm

42 http://mos.memo.ru/shot-66.htm.

43 Iwan Rerberg war zu Sowjetzeiten ein hochrangiger, regierungsnaher Militäringenieur, der sich mit geheimen Einrichtungen befasste – der Militärschule des Allrussischen Zentralen Exekutivkomitees im Kreml, dem zentralen Telegrafengebäude usw.

44 https://ourreg.ru/2020/09/09/v-nju-jorke-i-vorkute/.

45 E. W. Markowa, W. A. Wolkow, A. N. Rodny, W. K. Jasny: Sudby intelligenzii w workutinskich lagerjach. 1930–1950-e god. Nowaja i nowejschtschaja istorija, Nr. 5, 1999, S. 58 (Маркова, Е. В./Волков, В. А./Родный, А. Н./Ясный, В. К.: Судьбы интеллигенции в воркутинских лагерях. 1930–1950-е год. Новая и новейшая история, №5, 1999, с. 58).
46 Vielen Dank an Alexander Pjatkowski für diese Informationen.
47 Artamonow 2018, S. 106.
48 Ebenda.
49 Ebenda.
50 N. S. Nessis: Kurort Sotschi-Mazesta, in: Architektura SSSR, Nr. 11, 1934, S. 2–14; Ders.: Giprogor pered nowym sadatschami, in: Planirowka i stroitelstwo gorodow, Nr. 1, 1934, S. 3–9 (Нессис, Н.: Курорт Сочи-Мацеста/ Архитектура СССР №11, 1934. С. 2–14.; Нессис, Н. З.: Гипрогор перед новыми задачами. Планировка и строительство городов №1, 1934. С. 3–9).
51 Artamonow 2018, S. 193.
52 Ebenda, S. 194.
53 Ebenda, S. 194–195.
54 S. Merschanow: Tschelowek: Miron Iwanowitsch Merschanow (1895–1975), in: Project Russia, Nr. 73, 2014, S. 200 (Мержанов, С.: Человек: Мирон Иванович Мержанов (1895–1975) / Проект Россия № 73, 2014, с. 200).
55 http://www.gulagmuseum.org/showObject.do?object=256298&language=1
56 https://topos.memo.ru/category/69.
57 Je. Lansere: Dnewniki. Kniga tretja. Chudoschnik i gosudarstwo, Moskwa 2009, S. 528 (Лансере, Е.: Дневники. Книга третья. Художник и государство. М., 2009, с. 528).
58 W. A. Rosow: Architektor B. K. Roerich. Rassekretschnoje archiwnoje djelo Nr. 2538, Westnik Ariawarty, 2008, Nr. 10, S. 41 (Росов, В. А.: Архитектор Б. К. Рерих. Рассекреченное архивное дело №2538/Вестник Ариаварты. 2008. №10., с. 41).
59 Ebenda, S. 46.
60 Ebenda, S. 43.
61 N. A. Troizki: »Ty moje stoletije …«, Moskwa 2006, S. 160 (Троицкий, Н. А.: «Ты мое столетие …», М., 2006, с. 160).

IV. Projekte der Staatssicherheit

1 Walentinow (Wolski), N. W.: Nowaja ekonomitscheskaja politika i krisis partii posle smerti Lenina, Moskwa 1991, S. 145 (Валентинов (Вольский), Н. В.: «Новая экономическая политика и кризис партии после смерти Ленина». Москва, 1991, с. 145).
2 Aus einem Gespräch des Akad. A. W. Schtschussew mit Studenten des Moskauer Architekturinstituts im Jahr 1946, RGALI, f. 2466, op. 1, d. 10, l. 2–12ob, Zit. nach: M. I. Astafjewa-Dlugatsch: Rasskasy ob architekturje Moskwy, Moskwa 1997, S. 58–59 (Из рассказа акад. А.В. Щусева студентам Московского архитектурного института в 1946 г. РГАЛИ, ф. 2466, оп. 1, д. 10, л. 2—12об. Цит. По: Астафьева-Длугач, М. И.: Рассказы об архитектуре Москвы. М., 1997. с. 58–59).
3 W. D. Bontsch-Brujewitsch: Wospominaniju Leninje, Moskwa 1969, S. 465 (Бонч-Бруевич, В. Д.: Воспоминанияо Ленине. М., 1969, с. 465).
4 »Um 3.30 Uhr trat das Präsidium des ZK der UdSSR zusammen, um die Mitglieder der Kommission für die Organisation des Begräbnisses von Lenin auszuwählen. Sie bestand aus Klim Woroschilow, Wladimir Bontsch-Brujewitsch, Wjatscheslaw Molotow und Felix Dserschinski, der zum Vorsitzenden der Kommission ernannt wurde.« B. I. Sbarskij: Mawsolej Lenina, Moskwa 1946, S. 12–13 (Збарский, Б. И.: Мавзолей Ленина. М., 1946. С. 12–13).
5 A. W. Schtschussew: Mawsolej Lenina, in: Architekturnaja Gasjeta, 22. Januar 1937, zit. nach: S. Chan-Magomedow: Mawsolej Lenina, Moskwa 1972, S. 42 (А. В. Щусев: Мавзолей Ленина. «Архитектурная газета» от 22 января 1937 г. Цит. по: Хан-Магомедов, С.: Мавзолей Ленина. М., 1972, с. 42).
6 A. Abramow: Mawsolej Lenina, Moskwa 1963, S. 36 (Абрамов, А.: Мавзолей Ленина. М., 1963, с. 36). In der Neuauflage von 1980 heißt es: »Das Grabmal des Führers – so erinnerte sich der hochbetagte Baumeister G. I. Grigorjew – wurde von mehr als 100 Mitarbeitern des Sokolnitscheskaja-Baubüros und der Moskauer Abteilung für kommunale Dienstleistungen errichtet … Der Bau des Mausoleums wurde permanent von den Mitgliedern der Regierungskommission für Lenins Beerdigung, dem Architekten A. W. Schtschussew und dem Leiter des Bauunternehmens Sokolniki M. Je. Borsow überwacht. Auf der Baustelle standen ständig die Leiter der Moskauer Gewerkschaft der Bauarbeiter … Wie sich der alte kommunistische Anstreicher A. F. Kusowatkin erinnerte, halfen revolutionäre Emigranten beim Bau des Mausoleums. Am 25. Januar kamen ungarische Kommunisten unter der Führung von Béla Kun in das Gebäude. Dann kamen die Polen, Österreicher, Finnen …« A. Abramow: Mawsolej Lenina, Moskwa 1980, S. 33–34 (Абрамов, А.: Мавзолей Ленина. М., 1980, с. 33–34).
7 https://rg.ru/2020/04/13/rodina-pervyj-mavzolej-dlia-lenina-pomogali-stroit-nepmany.html.
8 *Prawda* vom 29. Januar 1924. Zitiert nach: Chan-Magomedow 1972, S. 48.
9 https://www.culture.ru/institutes/13809/mavzolei-v-i-lenina.
10 https://goskatalog.ru/portal/?fbclid=IwAR0bfohvFHiGaY5p30DbqNnJiA4qYGsWePjNeOzQTqwoj3GO84vXbdD_BCY#/collections?id=30804576.
11 http://k-melnikov.livejournal.com/21381.html#cutid2.
12 P. W. Schtschussew 2011, S. 182.
13 http://k-melnikov.livejournal.com/21381.html#cutid2.
14 Abram Jakowlewitsch Belenki war 1921–1922 Leiter der Sonderabteilung des GPU-OGPU-Vorstands, die für den Schutz führender sowjetischer Politiker, darunter auch Lenin, zuständig war. Er wurde 1938 verhaftet und 1941 erschossen.
15 http://k-melnikov.livejournal.com/21381.html#cutid2.
16 Chan-Magomedow 1972, S. 91.
17 RGASPI, f. 17, op. 3, d. 747, l. 2 (РГАСПИ. Ф. 17. Оп. 3. Д. 747. Л. 2); http://sovdoc.rusarchives.ru/#showunit&id=73702.
18 RGASPI, f. 17, op. 3, d. 747, l. 7 (РГАСПИ. Ф. 17. Оп. 3. Д. 740. Л. 7); http://sovdoc.rusarchives.ru/sections/government/cards/73342.
19 P. W. Schtschussew 2011, S. 186.
20 Ebenda.
21 Chan-Magomedow 1972, S. 92–98.
22 Ebenda,S. 97.
23 Ebenda, S. 103.
24 I. A. Franzus: Raboty A. W. Schtschussewa, in: Architekturnaja Gasjeta, Nr. 63 (207), 8. sept. 1937, S. 3 (Француз, И. А.: Работы А. В. Щусева. // Архитектурная газета. М., 1937. №63 (207), 8 сентября, с. 3.
25 S. Schapiro: Lenin, Moskwa 1930, S. 7 (Шапиро, С.: Ленин. М., 1930, с. 7).
26 APRF, f. 3, op. 22, d. 311, l. 121. Zitiert nach: D. Wolkogonow: Lenin, kniga II, Moskwa 1999, S. 91 (АПРФ, ф. 3, оп. 22, д. 311, л. 121. Цит. По: Волкогонов, Д.: Ленин. Книга II Вожди. М., 1999, с. 91).
27 Lansere 2009, S. 644.
28 »Erlass des Ministerrats der UdSSR №1413 »Über die Verleihung von Stalinpreisen für hervorragende Leistungen in Kunst und Literatur im Jahr 1945«. Der Ministerrat der UdSSR beschließt: Verleihung der Stalinpreise für herausragende Arbeiten im Bereich der Architektur im Jahr 1945. Preis der zweiten Klasse in Höhe von 50.000 Rubel Schtschussew Alexej Wiktorowitsch, Mitglied der Akademie der Wissenschaften; Gorbatschow, Nikolai Wassiljewitsch, Kandidat der technischen Wissenschaften; Majsel, Sergej Ossipowitsch, verdienstvoller Mitarbeiter der Wissenschaft der RSFSR; Professor Jakowlew, Boris Iwanowitsch, Bildhauer; Fedotow, Nikolai Danilowitsch, Gestalter – für die Innenarchitektur des Lenin-Mausoleums. Moskau, Kreml, 26. Juni 1946«. Sobranije postanowlenij i pasporjaschenij prawitelstwa SSSR, 1946, Nr. 9, S. 164 (Собрание постановлений и распоряжений правительства СССР. 1946, №9, с. 164).
29 https://www.msk-guide.ru/page_19901.htm.
30 Lansere 2009, S. 611.
31 Erstmals erwähnt wird das »Haus der Kongresse« in den Tagesordnung des Politbüros am 5. Dezember 1930 (Bericht von Jenukidse).
32 A. Soldatov, I. Borogan: The Red Web: The Struggle Between Russia's Digital Dictators and the New Online Revolutionaries, New York 2015, p. 31.
33 Iwan Iwanowitsch Rerberg (1869–1932), Architekt zahlreicher Bauwerke, darunter des Brjansker (heute Kiewer) Bahnhofs in Moskau. Nach der Revolution gehörte Rerberg zu der Gruppe von Architekten, die unter der bolschewistischen Regierung hohe Posten besetzten. 1918 war Rerberg einer der Leiter der drei Architekturbüros von Mossowjet (mit Iwan Scholtowski und Alexei Schtschussew). 1920 wurde das Sonderkomitee für Bauwesen und Sanitärversorgung der Moskauer Stadtverwaltung (OSKOM) gegründet, das die Arbeit aller großen Bauorganisationen in Moskau vereinte. Rerberg übernahm die Leitung der Bau- und Technikabteilung (Scholtowski war der »Chefarchitekt« von OSKOM). Für die Allrussische Landwirtschaftliche und Handwerklich-Industrielle Ausstellung von 1923 errichtete Rerberg einen Holzpavillon für Chleboprodukt. In den Zwanzigerjahren war Rerberg der Architekt von drei Moskauer Theatern – dem Bolschoi-Theater, dem Maly-Theater und dem Kunst-Theater. Es ist davon auszugehen, dass er während der Sowjetzeit für das Militär arbeitete, in den Projektierungsbüros entweder des Volkskommissariats für Verteidigung oder der OGPU. Sein Rang als Oberst-Ingenieur am Ende seines Lebens und die Tatsache, dass sein Name mit einer Reihe von Regierungsprojekten in Verbindung gebracht wird, deren Planung geheim war, zeugen davon. Dies belegt auch das Fehlen genauer Daten in offenen Quellen hinsichtlich seines Arbeitsplatzes und seiner offiziellen Position ab Mitte der Zwanzigerjahre.
34 »Nach jedem Treffen der OGPU-NKWD-Führungskräfte im Kreml wurden sogenannte Empfänge mit einem üppigen Mittag- oder Abendessen veranstaltet. Die Organisation der Bankette wurde stets Jossif

Markowitsch Ostrowski als Leiter der administrativ-organisatorischen Abteilung der OGPU-NKWD anvertraut, der für die Gesundheitsbehörde mit allen Krankenhäusern, Sanatorien und Erholungsheimen, die Wirtschaftsbehörde mit den staatlichen Landwirtschaftsbetrieben, Wohnungen und Werkstätten, die Finanzbehörde, die Baubehörde, die für den Bau des Hotels ›Moskau‹, das Haus des Sownarkom, das neue Gebäude der OGPU, das Stadion, das Wasserwerk usw. zuständig war. Wenn man bedenkt, dass Ostrowski auch für alle Datschen und Resorts in der Nähe von Moskau zuständig war (deren Bau, Ausstattung und Verteilung an die Mitglieder des Politbüros und die leitenden Mitarbeiter der OGPU), ist es verständlich, welche grenzenlosen Möglichkeiten er hatte und warum selbst die ihm gleichgestellten Chefs der OGPU-Büros ihn beneideten, während seine Untergebenen vor ihm zitterten.« M. P. Schrejder: NKWD isnutri: Sapiski tschekista, Moskwa 1995, S. 23–24 (Шрейдер, М. П.: НКВД изнутри: Записки чекиста. М.: Возвращение, 1995. – 256 с. С. 23–24).

35 »In Nowosibirsk war die Wirtschaftsabteilung des Bevollmächtigtenbüros der OGPU der größte Bauherr konstruktivistischer Gebäude.« I. W. Newsgodin: Konstruktiwism w architekturje Nowosibirska, Nowosibirsk 2013, S. 19 (Невзгодин, И. В.: Конструктивизм в архитектуре Новосибирска. Новосибирск, 2013. С. 19).

36 Der Beschluss des Präsidiums des Mossowjet über die Zuteilung von Land stammt vom 23. August 1939. Lubjanka 2. Is istorii ojetschestwennoj kontrraswedki, Moskwa 1999, S. 70 (Лубянка 2. Из истории отечественной контрразведки. М., 1999, с. 70).

37 Eintrag von Jewgeni Lansere in sein Tagebuch am 3. November 1939: »Von Schtschussew (Akademprojekt) für NKWD-Perspektiven: 939.« Lansere 2009.

38 Lubjanka 2 1999, S. 71.

39 Rat der Volkskommissare der Russischen Föderation. Dekret vom 14. Dezember 1917 über das Verbot von Immobiliengeschäften, http://www.libussr.ru/doc_ussr/ussr_90.htm.

40 Kontrolnyje zifry narodnogo chosjajstwa na 1925–1926 god, Moskwa-Leningrad 1927, S. 66 (Контрольные цифры народного хозяйства на 1925–1926 год. М.-Л., 1927, 395 с., с. 66).

41 Kontrolnyje zifry narodnogo chosjajstwa na 1927/28 gg., Moskwa-Leningrad 1928, S. 527 (Контрольные цифры народного хозяйства на 1927/28 гг. М.-Л., 1928. С. 527).

42 Ebenda, S. 528–529.

43 Ebenda, S. 533.

44 143,302 Millionen Quadratmeter/25,9 Millionen Menschen.

45 149,824 Millionen Quadratmeter/26,9 Millionen Menschen.

46 Kontrolnyje zifry 1927/28 gg. 1928, S. 533.

47 G. Wolfenson: Perwy dom-kommuna, in: Stroitelstwo Moskwy, 1928, Nr. 2, S. 15 (Вольфензон, Г.: «Первый дом-коммуна»//Строительство Москвы. 1928. №2. С. 15).

48 N. N. Makarowa: Powsednewnaja schisn Magnitogorska w 1929–1935 gg. Dissertazija na soiskanije utschenoj stepeni kandidata istoritscheskich nauk, Tabl. 3 (Макарова, Н. Н.: Повседневная жизнь Магнитогорска в 1929–1935 гг. Диссертация на соискание ученой степени кандидата исторических наук. Табл. 3).

49 Ebenda, S. 11.

50 Wsesojusnaja perepis naselenija 1939 g. Osnowyje istogi, Moskwa 1992, S. 20 (Всесоюзная перепись населения 1939 г. Основные итоги. М. 1992 г., с. 20).

51 Wtoroj pjatiletnij plan raswitija narodnogo chosjajstwa SSSR (1933–1937), Moskwa 1934, S. 533 (Второй пятилетний план развития народного хозяйства СССР (1933–1937), Москва, 1934, с. 533).

52 Itogi wypolnenija perwogo pjatiletnego plana raswitija narodnogo chosjajstwa Sojusa SSR, Moskwa 1933, S. 186 (Итоги выполнения первого пятилетнего плана развития народного хозяйства Союза ССР, М., 1933, с. 186).

53 Itogi wypolnenija wtorogo pjatiletnogo plana, Moskwa 1939, S. 63 (Итоги выполнения второго пятилетнего плана. М., 1939, с. 63).

54 N. Markownikow: Perwyje obraszy kulturnogo schilogo stroitelstwa w Moskwe, in: Stroitelnaja promyschlennost, 1926, Nr. 9, S. 639 (Марковников, Н.: Первые образцы культурного жилого строительства в Москве. Строительная промышленность, 1926, №9, с. 639).

55 https://arenda.updk.ru/catalog/offices/building/object/?object_4=8959.

56 I. W. Newsgodin: Architektura Nowosibirska, Nowosibirsk 2005, S. 114 (Невзгодин, И. В.: Архитектура Новосибирска. Новосибирск, 2005, с. 114).

57 Ebenda, S. 104f.

58 http://theconstructivistproject.com/ru/object/1052/gorodok-chekistov-kompleks-zhilyh-domov-rabotnikov-nkvd.

59 Protokoly Strojdombjuro. Protokol ot 15 fewralja 1927 g. (Протоколы Стройдомбюро. Протокол от 15 февраля 1927 г. [Электронный ресурс]), https://a-dedushkin.livejournal.com/108521.html.

60 Stroitel: Kak ne nado stroitj, in: Stroitelstwo Moskwy, 1928, Nr. 7, S. 14 (Строитель: Как не надо строить.//.Строительство Москвы. 1928, №7. С. 14).

61 »PB-Protokoll Nr. 93 vom 31. März 1927, Abs. 20: Über den Bau des ZIK-SNK-Hauses (Schmidt; PB vom 24.03.1927, Protokoll Nr. 92, Abs. 34). Beschlossen: a) Keine Einwände gegen den Bau des ZIK-SNK-Hauses«. [Elektronische Ressource], http://sovdoc.rusarchives.ru/#showunit&id=69711.

62 »Der Expertenkommission gehörten an: Zjurupa, G. D., Welichow, P. A., Djutelj A. S.; Below N. S.; Ljudwig, G. M.; Krylow, D. P.; Lolejt A. F.; Belikow W. W., Krasin, G. B.; Rerberg, I. I.; Wesnin A. S.; Tschaplin W. M., Sergejew, D. Je.; Tschernyschew S. Je.«, Stroitelstwo Moskwy, 1928, Nr. 8, S. 23 (Строительство Москвы. 1928. №8. С. 23).

63 Resolution des Präsidiums des Moskauer Stadtexekutivkomitees und des Moskauer Rates der R. K. und K. D. vom 14. Juli 1932 über einen Typus von Wohngebäuden, in: Stroitelstwo Moskwy, 1932, Nr. 8–9, 2. Umschlagseite (Строительство Москвы. 1932. №8–9. вт. стр. обложки).

64 https://online47.ru/2019/05/28/sensatsiya-v-vyborgskom-arkhive-naydena-uteryannaya-istoriya-svirskogo-kontslagerya-6774-67747.

65 A. W. Firsowa: Twortscheskoje nasledije I. W. Scholtowskogo w otjetschestwennoj architekturje XX weka. Dissertazija, Moskwa 2004, priloschenije 5 (Фирсова, А. В.: Творческое наследие И. В. Жолтовского в отечественной архитектуре XX века. Диссертация на соискание ученой степени кандидата искусствоведения. Москва. 2004. Приложение 5).

66 I. I. Skosyrew: Opyt ulutschschenija katschestwa schilischtschnogo stroitelstwa, in: Stroitel, Nr. 11, 1983/84, S. 18 (Скосырев, И. И.: Опыт улучшения качества жилищного строительства/Строитель №11, 1983/84. С. 18).

67 Diplomatija Wtoroj mirowoj wojny glasami amerikanskogo posla w SSSR Dschordscha Kenanna, Moskwa 2002 (Дипломатия Второй мировой войны глазами американского посла в СССР Джорджа Кеннана. М., 2002), http://militera.lib.ru/memo/usa/kennan/03.html.

68 G. D. Oschtschenkow: I. W. Scholtowskij. Projekty i postrojki, Moskwa 1955, S. 12–13 (Ощепков, Г. Д:. И. В. Жолтовский. Проекты и постройки. Москва 1955. С. 12–13).

69 Pamjatniki architektury Moskwy, Moskwa 2015, S. 259 (Памятники архитектуры Москвы. М., 2015. С. 259).

70 Skosyrew 1983/84, S. 18.

71 Dies ist fünfmal höher als die Kostenobergrenze eines Kubikmeters für Wohngebäude nach der Norm für die RSFSR von 1933: 32,5 Rubel. Sobranije sakonow i rasporjaschenij Rabotsche-krestjanskogo prawitelstwa SSSR Nr. 24, 10 aprelja 1933 g. (Собрание законов и распоряжений Рабоче-крестьянского правительства СССР №24. 10 апреля 1933 г.).

72 Raboty architekturno-projektirowotschnych masterskich Mossowjeta, Moskwa 1936 (Работы архитектурно-проектировочных мастерских Моссовета. М., 1936).

73 RGASPI. f. 17, op. 3, d. 877, l. 2,19–21 (РГАСПИ. Ф. 17. Оп. 3. Д. 877. Л. 2,19–21. [Электронный ресурс]). http://sovdoc.rusarchives.ru/#showunit&id=82378.

74 Stroitelstwo Moskwy, Nr. 5, 1932, S. 40 (Строительство Москвы №5, 1932. С. 40).

75 Sobranije sakonow i rasporjaschenij Rabotsche-krestjanskogo prawitelstwa SSSR Nr. 34, 14 julja 1934 g. (Собрание законов и распоряжений Рабоче-крестьянского правительства СССР №34, 14 июля 1934 г.).

76 Newsgodin 2005, S. 118.

77 Ebenda, S. 120.

78 https://the-city.kiev.ua/ru/article/inzhener-vasiliy-aleksandrovich-osmak-40.

79 S. Chan-Magomedow: Architektura sowjetskogo awangarda, kniga wtoroja, Moskwa 2001 (Хан-Магомедов, С.: Архитектура советского авангарда. Книга вторая. М., 2001).

80 A. Mikojan: Tak bylo. Rasmyschlenija o minuwschem, Moskwa 2014 (Микоян, А.: Так было. Размышления о минувшем. М, 2014).

81 http://www.etoretro.ru/pic96638.htm.

82 https://zen.yandex.ru/media/tainyurala/zabroshennyi-sanatorii-nkvd-5a3bf5ed1410c3820e07a27c.

83 Vgl. Kap. III, Fußnote 5.

84 Vgl. Kap. III, Fußnote 6.

85 https://ria.ru/spravka/20140412/1003201504.html.

86 L. Bretanizki: Baku, Leningrad 1965, S. 201 (Бретаницкий, Л.: Баку. Ленинград, 1965, с. 201).

87 Perspektive Hotel in Baku, veröffentlicht in der *Stroitelnaja Gasjeta*, 1940, Beilage Nr. 22. Vgl.: N. B. Sokolow: A. W. Schtschussew, Moskwa 1952, S. 357 (Соколов, Н. Б.: А. В. Щусев. М., 1952, с. 357).

88 Ebenda, S. 349.

89 P. W. Schtschussew: Stranizy is schisni akademika Schtschussewa, Moskwa 2011, S. 198 (Щусев, П. В.: Страницы из жизни академика Щусева. М., 2011. С. 198.

90 A. Mostakow: 1000 nomerow, in: Stroitelstwo Moskwy, Nr. 11, 1931 (Мостаков, А.: «1000 номеров». Строительство Москвы, №11, 1931).

91 Wmesto ochotnorjadskich labasow otelj-gigant Mossowjeta, in: Stroitelstwo Moskwy, Nr. 6, 1932, S. 22 («Вместо охотнорядских лабазов отель-гигант Моссовета». Строительство Москвы, 1932, №6, с. 22).
92 Barbara Kreis: Bruno Taut. Moskauer Briefe 1932–1933, Berlin 2006, S. 131.
93 Ebenda.
94 Ebenda, S. 147.
95 Ebenda, S. 285.
96 D. M. Aranowitsch: Gostiniza »Moskwa«, in: Architektura SSSR, Nr. 2, 1935, S. 20 (Аранович, Д. М.: Гостиница «Москва». Архитектура СССР, №2, 1935, с. 20).
97 W. Paperny: Kultura 2, Moskwa 1996, S. 135 (Паперный, В.: Культура 2. М., 1996, с. 135).
98 S. A. Andrejew: Predupreschdenije awarij i powreschdenij sdanij, Moskwa 1947, S. 33 (Андреев, С. А.: Предупреждение аварий и повреждений зданий. М., 1947, с. 33).
99 https://amsmolich.livejournal.com/244239.html.
100 https://iakovlev-vv.livejournal.com/18829.html.
101 Karelo-Murmanskij Kraj sa 1935 god, Nr. 5–6, S. 72 («Карело-Мурманский край» за 1935 год, №5–6, с. 72).
102 K. Polowzewa: Medweschja gora buduschtschego, in: Pod snamenjem Belomorstroja, Nr. 3–4, S. 16; Dies.: Derewnjannaja architektura Belomorsko-Baltijskogo kanala, in: Belomorsko-Baltijskij kombinat, 1935, Nr. 5, S. 47–49, ill. (Половцева, К.: Медвежья гора будущего. Под знаменем Беломорстроя. №3–4, 1935. С. 16; Половцева, К.: Деревянная архитектура Беломорско-Балтийского канала.// Беломорско-Балтийский комбинат. 1935. №5. С. 47–49: илл.).
103 Stalinskije Strojki GULAGa. 1930–1953, Moskwa 2005, S. 66 (Сталинские стройки ГУЛАГа. 1930–1953. М., 2005, с. 66).
104 D. Nojtaz: Moskowskoje metro. Ot perwych planow do welikoj strojki stalinisma (1897–1935), Moskwa 2013, S. 161 (Нойтац, Д.: Московское метро. От первых планов до великой стройки сталинизма (1897–1935). М., 2013. С. 161).

V. Die Architektur des GULAG

1 Atlas GULAGa, Moskwa 2020, S. 11 (Атлас ГУЛАГА. М., 2020, с. 11)
2 Ebenda, S. 8.
3 Sprawka ob istorii wosniknowenija i raswitija ITL i GULAGa OGPU–NKWD-MWD SSSR, 25.05.1950, GARF, f. 9414, op. 1, d. 368, ll. 31–61 (beglaubigte Kopie) (Справка об истории возникновения и развития ИТЛ и ГУЛАГа ОГПУ—НКВД—МВД СССР. 25.05.1950. ГАРФ. Ф. 9414. Оп. 1. Д. 368. Лл. 31–61. Заверенная копия). https://www.alexanderyakovlev.org/fond/issues-doc/1009238.
4 Atlas GULAGa 2020, S. 45.
5 Sprawka ob istorii wosniknowenija i raswitija ITL i GULAGa 1950.
6 GULAG (Glawnoje uprawlenije lagerej). 1917–1960, sostawiteli: A. I. Kokurin, N. W. Petrow, Moskwa 2000, S. 2. (ГУЛАГ (Главное управление лагерей). 1917–1960. Составители: А. И. Кокурин и Н. В. Петров. М., 2000 С. 2). https://www.litmir.me/br/?b=187913&p=2.
7 Ebenda.
8 A. Applebaum: GULAG. Pautina Bolschogo terrora, Moskwa 2006, S. 536 (Эпплбаум, Э.: ГУЛАГ. Паутина Большого террора. М. 2006. С. 536).
9 P. Polian: Nje po swojej Wolje, Moskwa 2001, S. 239 (Полян, П.: Не по своей воле. М. 2001, с. 239).
10 Applebaum 2006, S. 538.
11 Ebenda, S. 587.
12 https://corporatelie.livejournal.com/149727.html.
13 P. A. Fedorow: Ochrana mest lischejnija swobody w SSSR w 1918–1960 gg. (istoriko-prawowoj aspekt), in: Westnik Sankt-Peterburgskogo uniwersiteta MWD Rossii, Nr. 4 (40), 2008, S. 19 (Федоров П. А.: Охрана мест лишения свободы в СССР в 1918–1960 гг. (историко-правовой аспект). Вестник Санкт-Петербургского университета МВД России, №4 (40) 2008. С. 19).
14 Ebenda, S. 19.
15 Vgl. Kap. I, Fußnote 4.
16 John Scott: Jenseits des Ural. Die Kraftquellen der Sowjetunion, Stockholm 1944, S. 103.
17 Hermann Greife: Zwangsarbeit in der Sowjetunion, Berlin 1936.
18 Ebenda, S. 12. Greife bezieht sich auf Daten der *Studienstelle der deutschen Rückkehrer aus der Sowjetunion.*
19 »The map was produced ›by two Polish military officers, Sylvester Mora and Pierre Zwierniak‹ in ›one of the first books to bring in firsthand accounts by prisoners and to feature some of the first attempts at quantifying slave labor.‹ (Barney 2013, 346). The book was *Sprawiedliwość Sowiecka*, published in Rome in 1945, also published as *La Justice Sovietique* and *Giustizia Sovietica*. Mora and Zwierniak were pseudonyms for S. Starzewski and Kazimierz Zamorski. ([Anne] Applebaum, *Gulag: A History*, 2003, 649.).« https://bostonraremaps.com/inventory/anti-soviet-gulag-map/.
20 K. B. Nikolajew: K woprosu isutschenija istorii Dalstroja, in: Istoritscheskije aspekty Sewero-Wostoka Rossii: ekonomika, obrasowanije, Kolymskij GULag, Magadan 1996, S. 44 (Николаев, К. Б.: К вопросу изучения истории Дальстроя// Исторические аспекты Северо-Востока России: экономика, образование, колымский ГУЛаг: Сб. ст. Магадан: СВКНИИ ДВО РАН, 1996. С. 44).
21 Is istorii magnitogorskogo metallurgitscheskogo kombinata i goroda Magnitogorska (1929–1941 gg.), Tscheljabinsk 1965, S. 249–250 (Из истории магнитогорского металлургического комбината и города Магнитогорска (1929–1941 гг.). Челябинск, 1965. С. 249–250).
22 A. W. Bakunin, W. A. Zybulnikowa: Gradostroitelstwo na Uralje w period industrialisazii, Swerdlowsk 1989, S. 34 (Бакунин, А. В., Цыбульникова В. А.: Градостроительство на Урале в период индустриализации. Свердловск, 1989. С. 34).
23 Sch. Je. Jesenow: Perwenjez neftepererabotki Kasachstana, in: Nowator, Nr. 27, 2010 (Есенов, Ж. Е.: Первенец нефтепереработки Казахстана, в: Новатор, №27, 2010), http://www.anpz.kz/Novator/novator-2010-27.pdf.
24 Makarowa, Dissertazija, S. 11.
25 Istorija stalinskogo GULaga, Tom 4, Moskwa 2004, S. 271 (История сталинского ГУЛага. Том 4. М.: РОССПЭН, 2004. С. 271).
26 Ebenda.
27 Ebenda, S. 296–297.
28 https://artefact.culture.ru/ru/subject/chertezh-baraka-karkasno-zasypnogo-tipa.
29 https://el.kz/ru/news/nauka/fabrika_slomannih_sudeb/.
30 Je. Malinowskaja: Repressirowannaja architektura, Almaty 2018, S. 160 (Малиновская, Е.: Репрессированная архитектура. Алматы. 2018, с. 160).
31 So steht es zum Beispiel in dem Buch von Tatjana Malinina *Is istorii sowjetskoj architektury 1941–1945* (Moskau 1978).
32 A. D. Igolkin: Neftepererabatywajuschtschije sawody, postawlennyje w SSR is SSchA po lend-lisu (Иголкин, А. Д.: Нефтеперерабатывающие заводы, поставленные в СССР из США по ленд-лизу). http://burneft.ru/docs/archived_docs/articles_tek/40.
33 S. Kriwenko, in: Sitema isprawitelno-trudowych lagerej w SSSR, sost.: M. B. Smironow, Moskwa 1998 (Кривенко, С.: Из справочника: «Система исправительно-трудовых лагерей в СССР». Составитель: М. Б. Смирнов. Москва 1998).
34 Sch. Asabajewa: Kak trudarmejzy priblischali pobedu, in: Prikaspijskaja kommuna (Асабаева, Ж.: Как трудармейцы приближали победу, в: Прикаспийская коммуна), 28.05.2010. http://pricom.kz/?p=1658.
35 Jesenow 2010.
36 Asabajewa 28.05.2010.
37 Sch. U. Kydyralina: Is istorii deportazii naselenija Ukrainy w Kasachstan, in: 65 let s natschala deportazii schitelej Ukrainy w Kasachstan, Karaganda 2012a, S. 47–58, S. 48 (Кыдыралина, Ж. У.: Из истории депортации населения Украины в Казахстан. В сборнике «65 лет с начала депортации жителей Украины в Казахстан». Караганда, 2012a, с. 47–58, с. 48).
38 Sch. U. Kydyralina: Is istorii deportazii krymtatarskogo naroda w Kasachstan, in: Kultura narodow Pritschernomorja, Nr. 228, 2012b, S. 75–77, S. 75 (Из истории депортации крымскотатарского народа в Казахстан / Ж. У. Кыдыралина // Культура народов Причерноморья. 2012b. №228. С. 75–77, с. 75).
39 Kydyralina 2012a, S. 50.
40 Jesenow 2010.
41 Ebenda.
42 Kydyralina 2012a, S. 51.
43 Jesenow 2010.
44 Ju. Schass: Architektura schilogo doma. Wyp. 1. Poselkowoje stroitelstwo 1918–1948 godow, Moskwa 1951, S. 34 (Шасс, Ю.: Архитектура жилого дома. Вып. 1. Поселковое строительство 1918–1948 годов. М. 1951, с. 34).
45 A. Arefjew: Stroitelstwo schilogo gorodka blis Gurjewa, in: Architektura SSSR, Nr. 11, 1945, S. 12 (Арефьев, А.: Строительство жилого городка близ Гурьева. Архитектура СССР, №11, 1945, с. 12).
46 Ebenda.
47 N. Wassiljewa: »Nowy gorod, postrojenny w pustynje«. Wsjesojusnoje obschtschestwo swjasej s sagranizej. Chronika architektury, Nr. 6, 1945. Zitiert nach: T. Malinina: Is istorii sowjetskoj architektury 1941–1945 gg. Dokumenty i materialy, Moskwa, S. 177 (Васильева, Н.: «Новый город, построенный в пустыне». Всесоюзное общество связей с заграницей. Хроника архитектуры. 1945, №6. Цит. по: Малинина, Т.: Из истории советской архитектуры 1941–1945 гг. Документы и материалы. М., с. 177).
48 Schass 1951, S. 36.
49 Pamjatniki istorii i kultury Kasachstana w ramkach programmy »Мәдени мұра«. Schiloj gorodok neftjanikow (Памятники истории и культуры Казахстана в рамках программы «Мәдени мұра».

Жилой городок нефтяников). http://www.made-nimura.kz/ru/culture-legacy/region/atyrau_oblast/memorial/gorodok_neftyanikov.
50 Schass 1951, Tafel 29.
51 Ebenda, Tafeln 32–33.

VI. Architektur des FSB

1 https://medium.com/snaruzhka/sbr-a71070684d19.

Personenregister

Glossar

A

Amtorg (*Amerikanskaja torgowlja*): auch Amtorg Trading Corporation, Außenhandelsvertretung der UdSSR in den USA, Gründung 1924 in New York.

ASNOWA (*Assoziazija nowych architektorow*): Assoziation neuer Architekten, 1923 in Moskau gegründet. Vertrat als Architekturauffassung den Rationalismus. Auflösung 1932.

B

Belbaltlag (*Belomorsko-Baltijski ITL*): Weißmeer-Ostsee Besserungs-Arbeitslager, Teil des GULAG-Systems.

D

Dalstroj: 1931 als Bauhauptverwaltung des Fernen Ostens gegründet, ab 1938 Bauhauptverwaltung des Fernen Nordens. Sowjetisches Staatsunternehmen sowie Lager-Industrie-Komplex im Nordosten Sibiriens in der Kolyma-Region, in Jakutien, auf der Tschuktschen-Halbinsel und der Halbinsel Kamtschatka. Siehe auch GUSDS.

F

FAPSI (*Federalnoje agentstwo prawitelstwennoi swjasi i informazii*): Föderale Agentur für Regierungsfernmeldewesen und Information. Russischer Nachrichtendienst, 1991–2003.

FSB (*Federalnaja sluschba besopasnosti Rossijskoi Federazii*): Föderaler Dienst für Sicherheit der Russischen Föderation. Inlandsgeheimdienst der Russischen Föderation, gegründet 1995.

FSO (*Federalnaja sluschba ochrany Rossijskoi Federazii*): Föderaler Dienst für Bewachung der Russischen Föderation, russischer Schutzdienst zur Bewachung des Präsidenten und der Regierung.

G

Giprogor: Russisches Institut für Stadtplanung und Investitionsentwicklung, 1930 gegründet, Hauptsitz Moskau.

Gipromes (*Gossudarstwenny institut po projektirowaniju metallurgitscheskich sawodow*): Staatliches Institut für die Planung von Metallurgiebetrieben, 1926–1992.

Glawgidrostroj: Hauptverwaltung für Wasserbau des NKWD.

Glawpromstroj: Hauptverwaltung für Industriebau des NKWD.

Gosdatscha (*Gossudarstwennaja datscha*): »Staatliche Datscha«, Landsitz der Regierung.

Gosplan (*Gossudarstwennaja planowaja komissija*): Komitee für die Wirtschaftsplanung der UdSSR.

GPU (*Gossudarstwennoje polititscheskoje uprawlenije*): Staatliche Politische Verwaltung, 1922 aus der WeTscheKa hervorgegangene sowjetische Geheimpolizei, ging 1934 im NKWD auf. Siehe auch OGPU.

GRU (*Glawnoje raswedywatelnoje uprawlenije*): Hauptverwaltung für Aufklärung. Zentralorgan des Nachrichtendienstes des russischen Militärs, gegründet 1918.

GULAG (*Glawnoje uprawlenije isprawitelno-trudowych lagerej i kolonij*): Hauptverwaltung der Besserungsarbeitslager und -kolonien. Netz der Straf- und Arbeitslager in der Sowjetunion sowie im weiteren Sinne Begriff für das gesamte sowjetische Zwangsarbeitssystem.

GUAS (*Glawnoje uprawlenije aerodromnogo stroitelstwa*): Hauptverwaltung für Flugplatzbau des NKWD.

GUGB (*Glawnoje uprawlenije gossudarstwennoj besopasnosti*): Hauptverwaltung für Staatssicherheit des NKWD.

GULGMP (*Glawnoje uprawlenije lagerej gorno-metallurgitscheskich predprijatij*): Hauptverwaltung für den Bau von Bergbau- und Hüttenbetrieben des NKWD.

GULLP (*Glawnoje uprawlenije lagerej lesnoj promyschlennosti*): Hauptverwaltung für Lager der Forstwirtschaft des NKWD.

GULSchDS (*Glawnoje uprawlenije lagerej schelesnodoroschnogo stroitelstwa*): Hauptverwaltung für Lager des Eisenbahnbaus des NKWD.

GU RKM (*Glawnoje uprawlenije rabotsche-krestjanskoj milizii*): Hauptverwaltung der Arbeiter- und Bauernmiliz des NKWD.

GU PiWO (*Glawnoje uprawlenije progranitschnoj i wnutrennej ochrany*): Hauptverwaltung für die Sicherheit an der Grenze und im Inland des NKWD.

GUPO (*Glawnoje uprawlenije poscharnoj ochrany*): Hauptverwaltung für Brandschutz des NKWD.

GUPWI (*Glawnoje uprawlenije po delam wojennoplennych i internirowannych*): Hauptverwaltung für Kriegsgefangene und Internierte des NKWD.

GUSDS (*Glawnoje uprawlenije stroitelstwa Dalnewo Sewera*) Bauhauptverwaltung des Hohen Nordens. Siehe Dalstroj.

K

KGB (*Komitet gossudarstwennoj besopasnosti*): Komitee für Staatssicherheit. Sowjetischer In- und Auslandsgeheimdienst sowie Geheimpolizei, 1954–1991.

Kolchose (*Kollektiwnoje chosjaistwo*): landwirtschaftliche Produktionsgenossenschaft in der Sowjetunion.

Komintern (Kommunistische Internationale): Internationaler Zusammenschluss kommunistischer Parteien, 1919 in Moskau auf Initiative von Lenin gegründet, 1943 Auflösung.

KPdSU: Kommunistische Partei der Sowjetunion, 1918–1991.

Kulak: russische Bezeichnung für relativ wohlhabende Bauern; wurde im Rahmen der Kollektivierungskampagne 1928–1933 auf alle selbstständigen Bauern bezogen.

I

INO (*Inostranny otdel*): Auslandsabteilung der WeTscheKa.

ITL (*Isprawitelno-trudowoj lager*): sogenanntes Besserungs-Arbeitslager für Strafgefangene, Teil des GULAG-Systems.

M

MGB (*Ministerstwo gossudarstwennoi besopasnosti*): Ministerium für Staatssicherheit der UdSSR, 1946–1953. Gilt als Vorgängerbehörde des KGB.

Mikrorajon: Siedlung außerhalb der Kernstadt (Entsprechung in der DDR: Wohngebiet, Wohnkomplex).

MSB (*Meschderespublikanskaja sluschba besopasnosti*): Interrepublikanischer Sicherheitsdienst der UdSSR, Rechtsnachfolger des KGB, Oktober 1991–1992.

MWD (*Ministerstwo wnutrennych del SSSR*): Ministerium für Innere Angelegenheiten der UdSSR, gegründet 1992.

N

Narkompros (Narodny Kommissariat Prosweschtschenija RSFSR): Volkskommissariat für Bildung der RSFSR.

Natschadminorgupr OGPU (*Natschalnik administratiwno-organisazionnogo uprawlenija*): Leiter der Administrations- und Organisationsverwaltung der OGPU.

NEP (*Nowaja ekonomitscheskaja politika*): Neue Ökonomische Politik. Wirtschaftspolitisches Konzept, 1921 von Lenin und Trotzki gegen den erheblichen Widerstand der Partei durchgesetzt. Dezentralisierung und Liberalisierung in Landwirtschaft, Handel und Industrie, die der Wirtschaft teilweise marktwirtschaftliche Methoden zugestand. Bis 1928 reale Politik, führte zu einer Verbesserung der Versorgung der Bevölkerung und zu relativen gesellschaftlichen Freiheiten.

NKGB (*Narodny kommissariat gossudarstwennoj besopasnosti SSSR*): Volkskommissariat für Staatssicherheit der UdSSR, 1941–1946.

NKWD (*Narodny kommissariat wnutrennich del*): Volkskommissariat für Innere Angelegenheiten, gegründet 1934 als sowjetisches Unionsministerium, dem als wichtigstes Ressort die Geheimpolizei der Sowjetunion OGPU eingegliedert wurde. 1946 Umwandlung zum Innenministerium MWD.

Nomenklatura: Führungsriege beziehungsweise Eliten in Partei, Verwaltung, Wirtschaft und Gesellschaft in den sozialistischen Ländern.

O

OGPU (*Objedinjonnoje gossudarstwennoje polititscheskoje uprawlenije*): Vereinigte Staatliche Politische Verwaltung, 1922 aus der WeTscheKa hervorgegangene sowjetische Geheimpolizei, zunächst GPU, ab 1923 OGPU. Ging 1934 im NKWD auf. Siehe auch GPU, NKWD.

OSA (*Objedinenije sowremennych architektorow*): Verband moderner Architekten, 1924 in Moskau durch Alexander Wesnin und Moissei Ginsburg gegründet. Vertrat als Architekturauffassung den Konstruktivismus und Funktionalismus. Bestand bis 1930.

P

PFL (*Prowerotschno-filtrazionnyje lagerja NKWD SSSR*): Verifikations- und Filtrierungslager des NKWD, dienten während des Zweiten Weltkriegs und in der Nachkriegszeit der Repatriierung von Sowjetbürgern und der Ausforschung von »Staatsfeinden«.

Prompartija (*Promyschlennaja partija*): Industriepartei. Der Prompartija-Prozess gegen die sogenannte Industriepartei vom 25. November bis 7. Dezember 1930 war einer der großen Schauprozesse unter Stalin. Die Angeklagten, eine Gruppe von Ingenieuren und Wirtschaftswissenschaftlern, wurden der Wirtschaftsspionage und der Sabotage bezichtigt.

R

RSFSR (*Rossijskaja Sozialistitscheskaja Federatiwnaja Sowjetskaja Respublika*): Russische Sozialistische Föderative Sowjetrepublik, 1917–1991. Ab 1936/37 *Rossijskaja Sowjetskaja Federatiwnaja Sozialistitscheskaja Respublika*.

S

SNK (*Sowjet Narodnych Komissarow*): Rat der Volkskommissare der Sowjetunion, 1923–1946 oberstes ausführendes und gesetzgebendes Organ der Sowjetunion, ab 1946 Ministerrat der UdSSR (*Sowjet ministrow*).

Sowchose (*Sowjetskoje chosjaistwo*): staatlicher landwirtschaftlicher Großbetrieb in der Sowjetunion.

Sownarkom (*Sowjet Narodnych Komissarow*): Rat der Volkskommissare der Sowjetunion. Siehe SNK.

SSA (*Sojus sowjetskich architektorow*): Union sowjetischer Architekten, 1932–1955. Danach bis 1991 Union der Architekten der UdSSR (*Sojus architektorow SSSR*).

STO (*Sowjet truda i oborony*): Rat für Arbeit und Verteidigung. Staatliche Kommission 1920–1937, war dem Rat der Volkskommissare zugeordnet. Aufgabe: Organisation und Lenkung der sowjetischen Wirtschaft. Erste zentrale sowjetische Planungsbehörde, Vorläufer von Gosplan.

SWR (*Sluschba wneschnei raswedki*): Dienst der Außenaufklärung der Russischen Föderation. Russischer Auslandsgeheimdienst, gegründet 1991.

T

Torgsin (*Torgowlja s inostranzami*): Allunionsverband für den Handel mit Ausländern, 1929–1936.

W

WeTscheKa/TscheKa (*Wserossijskaja tschreswytschainaja komissija po borbe s kontrrewoljuziej, spekuljaziej i sabotaschem*): Allrussische außerordentliche Kommission zur Bekämpfung von Konterrevolution, Spekulation und Sabotage. Geheimpolizei Sowjetusslands, 1917–1922, Leiter: Felix Dserschinski.

WIEM (*Wsjesojusny institut eksperimentalnoj mediziny*): Allunions-Institut für experimentelle Medizin in Moskau, 1932–1944.

WKP(b) (*Wsjesojusnaja kommunistitscheskaja partija bolschewikow*): Kommunistische Partei der Allunion (der Bolschewiki), 1925–1952.

WSNCh (*Wysschi sowjet narodnowo chosjaistwa*): Oberster Rat für Volkswirtschaft. Oberste Verwaltungsbehörde für Volkswirtschaft, 1917–1932.

Z

ZIK (*Zentralny ispolnitelny komitet SSSR*): Zentrales Exekutivkomitee der Sowjetunion. Oberstes Organ der Staatsmacht in der UdSSR, 1922–1938.

Die *Deutsche Nationalbibliothek* verzeichnet diese Publikation in der *Deutschen Nationalbibliografie*; detaillierte bibliografische Daten sind im Internet über *http://dnb.d-nb.de* abrufbar.

ISBN 978-3-86922-837-2

Aufgrund der Sensibilität des Themas und der gegenwärtigen politischen Situation haben sich Autor und Verlag bei der Bildauswahl darauf verständigt, die Texte ausschließlich mit öffentlich zugänglichem Material zu illustrieren. Die jeweilige Nennung der Quellen und Urheber erfolgt nach bestem Wissen und Gewissen.

Lektorat
Uta Keil

Gestaltung
Nicole Wolf

Druck
Master Print Super Offset, Bukarest
www.masterprint.ro